ADRIANE LOCHNER
Mein erster Tamaskan

1. Auflage 2024

Adriane Lochner

Mein erster Tamaskan

Impressum

Über die Autorin: www.adriane-lochner.de
Bilder und Grafiken soweit nicht anders angegeben: Adriane Lochner (alo)
Titelbild und Rückseite: Max Hörath Design
Matthäus-Schneider-Str. 26, 95326 Kulmbach
Korrektorat: Janis Purucker
1. Auflage, Juni 2024, Copyright: Adriane Lochner
Herstellung und Verlag: BoD – Books on Demand, Norderstedt
ISBN: 978-3-7583-7054-0

Tamifiziert

Neuschöpfung aus den Worten „Tamaskan" und „infiziert". Bedeutet so viel wie vom lebensfrohen, intelligenten und teils sturköpfig-schelmischen Gemüt des Tamaskans in den Bann gezogen werden. Über die Maßen begeistert sein von dieser noch seltenen und einzigartigen Wolfhundrasse.

Inhalt

VORWORT

Der Titel „Mein erster Tamaskan" ist eine Kombination aus „Mein Tamaskan" und „Mein erster Hund", denn mein Tamaskan ist tatsächlich mein erster eigener Hund. Die Entscheidung, gleich mit einem Wolfhund anzufangen, schien durchaus gewagt. Aber ich habe sehr lange darüber nachgedacht. Viele Jahre lang habe ich mich mit dieser relativ jungen Rasse beschäftigt, mit ihrer Zuchtgeschichte und mit dem Wolfsanteil. Ein Wildtier im Haus wollte ich nicht. Ich wollte einen ganz normalen Hund, einen Alltagsbegleiter, den ich überall hin mitnehmen konnte, nicht nur in die Natur, sondern auch die Innenstadt, ins Büro, zu Kundenterminen, auf Wochenmärkte und vieles mehr. Was mich an Wolfhunden faszinierte, war ihr ursprüngliches Aussehen: die wolfsgraue Fellfarbe, die man „Agouti" nennt, und ihre natürlichen Proportionen weit jenseits jeder Qualzucht. Aber kann es wirklich einen „Hund im Wolfspelz" geben? Was unterscheidet eigentlich Hunde von Wölfen? Und wo zieht man die Grenze? Ich bin mir sicher, dass die ersten Kapitel nicht nur für Privatleute interessant sind, sondern auch für Menschen, die in Tierheimen arbeiten, oder für Behörden wie Polizei oder Veterinäramt. Denn die legale Haltung eines wölfisch aussehenden Hundes verschwimmt oft stark mit der illegalen Haltung eines Wolf-Hund-Mischlings. Vor allem das leidige Thema des Aussetzens ungewollter Tiere nimmt im Fall von Wolfhunden ungeahnte Dimensionen an. Zwar sehen die Tiere aus wie ihre wilden Verwandten, aber sie verhalten sich nicht so. Das bringt oft schlechte Publicity, unter der vor allem der Wolf leidet - ein Grund mehr, sich die Anschaffung gut zu überlegen. Auch wenn man sich am Ende doch für Schäferhund oder Golden Retriever entscheidet, wird die zweite Hälfte dieses Buchs sehr nützlich sein. Mit der Auswahl einer seriösen Zuchtstätte legt man den Grundstein für einen souveränen Hundecharakter und verhindert kriminelle Machenschaften mit Hinterhofzuchten und Welpenfabriken. Trainingskonzepte für Hunde gibt es wie Sand am Meer, eine einheitliche Richtlinie zur Hundeerziehung gibt es nicht. Man möchte meinen, in der Tiermedizin sei es anders, aber leider klaffen auch hier große Qualitätsunterschiede zwischen einzelnen Einrichtungen. Mit diesem Buch möchte ich meinen Leserinnen und Lesern das Lehrgeld ersparen, das beim Suchen auf der Strecke bleibt. Denn die Irrfahrt richtet nicht nur finanziellen Schaden an, sondern kostet auch Nerven. Ich spreche aus Erfahrung. Könnte ich die Zeit zurückdrehen, käme ich schneller und entspannter zum Ziel, einen gut erzogenen, ausgeglichenen und rundum gesunden Hund zu haben. Dieses Buch ist ein absolutes Herzensprojekt, mit dem ich hoffe, vielen Menschen helfen zu können. Es richtet sich an Hundeanfänger und Fortgeschrittene und soll Denkanstöße liefern, um den eigenen Weg zu finden. Denn „One fits all", ein Konzept, das für alle passt, gibt es weder beim Training, noch bei der Gesundheit. Es ist unmöglich, alles Wissen um die moderne Hundehaltung in ein einziges Buch zu packen.

Daher enthalten die Kapitel zahlreiche Hinweise zu weiterführender Literatur sowie zu Bildern, Videos oder Blog-Beiträgen via QR-Codes. Web-Adressen können sich jederzeit ändern. Daher bitte ich um Verständnis, wenn der eine oder andere Link irgendwann nicht mehr funktioniert. Vielleicht kommt man über eine eigene Internetsuche zum Ziel.

Der Blickwinkel, aus dem dieses Buch geschrieben wurde, ist der einer hochmotivierten Anfängerin. Ich bin weder Züchterin, noch Hundetrainerin, Ernährungsberaterin oder Tierärztin. In sämtliche Themenbereiche musste ich mich sozusagen neu einfuchsen. Was zumindest in den Bereichen Genetik und Ernährung geholfen hat, ist mein Biologie-Studium sowie die anschließende Promotion in den Fachrichtungen Mikrobiologie und Biochemie. Ebenfalls hilfreich ist meine Zusatzausbildung im Fachjournalismus. Seit dem Jahr 2013 schreibe und recherchiere ich freiberuflich für verschiedene deutsch- und englischsprachige Zeitungen und Fachzeitschriften. Aber, wie Johann Wolfgang von Goethe schon sagte:

Was auch als Wahrheit oder Fabel
In tausend Büchern dir erscheint,
Das alles ist ein Turm zu Babel,
Wenn es die Liebe nicht vereint.

Meine größte Lehrmeisterin für dieses Buch war meine Hündin Chaska, sprich „Tschaska". Schon weit vor ihrer Geburt war sie mein Antrieb, mich mit sämtlichen Themen rund um den Hund zu beschäftigen. Als Welpe und Junghund hielt sie mich in jederlei Hinsicht auf Trab. Ihr zuliebe befasste ich mich intensiv mit allen möglichen Aspekten der Hundewelt, angefangen von der richtigen Leine, über die passende Ernährung bis hin zur geeigneten Zeckenprävention und Impfstrategie. Ihr zuliebe tigerte ich von Tierarztpraxis zu Tierarztpraxis, um akzeptable Lösungen zu finden. Ihr zuliebe probierte ich zahlreiche Hundeschulen aus, bis ich ein Konzept fand, das für uns beide passte. Gemeinsam erleben wir immer wieder Abenteuer mit neuen Menschen und ihren Hunden. Nicht immer will Chaska so wie ich will. Bis heute gibt sie mir unverblümt Rückmeldung, wenn sie einen anderen Weg gehen möchte. Dafür bin ich ihr dankbar. Denn auch über mich selbst lerne ich immer wieder ein bisschen mehr dazu. Ohne meine vierbeinige Assistentin könnte es dieses Buch gar nicht geben. Daher möchte ich es ihr widmen: Für Chaska, den hellsten Stern am Morgenhimmel. Diese schöne Bedeutung hat der Name in Quechua, einer alten Sprache südamerikanischer Ureinwohner. Beim Volksstamm der Sioux in Nordamerika war „Chaska" ein beliebter Name für den erstgeborenen Sohn. Daher ist er für mich nicht nur ein Symbol für Ursprünglichkeit, sondern auch für Gleichberechtigung. Warum sollen nur Söhne so bedeutungsschwere Namen tragen? Chaska war schließlich auch die Erstgeborene ihres Wurfs. Als erste von zehn Welpen erblickte sie im Jahr 2020 in einer Zuchtstätte nahe Frankfurt das Licht der Welt.

Chaska

Steckbrief

Zuchtname: Elara vom Winterstein
Geburtstag: 3. Oktober 2020
Beruf: Schulhund in der Umweltbildung
Hobbys: Mantrailing, Dummytraining und Bikejöring
Lieblingsessen: Rippchen, Leberwurst und Wienerle
Besondere Vorliebe: Flauschige Teppiche

Foto: Lisa Wedel

DER TAMASKAN
UND SEINE GESCHICHTE

Der Tamaskan fällt in die Kategorie der Wolfhunde. So bezeichnet man wölfisch aussehende Hunde. Nicht zu verwechseln sind sie mit den Wolfshunden mit „s". Bei Letzteren handelt es sich um Windhundrassen, die ursprünglich für die Jagd auf Wölfe gezüchtet wurden, etwa der Irische Wolfshund oder der Barsoi aus Russland. Im Englischen ist der Unterschied klarer: „wolfhound" für den Wolfshund und „wolfdog" für den Wolfhund. Bei den meisten Wolfhunden handelt es sich um Rückzüchtungen, bei denen absichtlich wieder Wölfe eingekreuzt wurden. Es gibt anerkannte

Rassen, bei denen diese Einkreuzungen bereits viele Jahrzehnte zurückliegen. Daneben gibt es auch solche Wolfhunde, bei denen immer noch regelmäßig Wölfe eingekreuzt werden. Man kann sich streiten, ob man hier den Begriff „Wolfhund" nicht besser durch „Hybrid" oder „Mischling" ersetzen sollte. Dazu mehr im Kapitel zum Wolfsanteil.

Wie ist also der Tamaskan einzuordnen? Schließlich handelt es sich um eine Rasse, die noch nicht anerkannt ist durch die Fédération Cynologique Internationale (FCI), dem weltweit größten Dachverband für Hundewesen. Auch beim Verband für das Deutsche Hundewesen (VDH) sucht man den Tamaskan in der Rasseliste vergebens. Viele Men-

Tamaskan-Hündin Chaska im Alter von drei Jahren   Foto: alo

schen denken, das liege am Wolfsanteil. Tatsächlich aber haben FCI und VDH bereits Wolfhundrassen anerkannt, die einen höheren Wolfsanteil besitzen als der Tamaskan. Dass die FCI-Anerkennung noch aussteht, liegt daran, dass der Tamaskan eine relativ junge Hunderasse ist und es im Moment nicht genügend verschiedene Blutlinien gibt. Anhand der Zuchtgeschichte möchte ich im folgenden Kapitel zeigen, wie der Tamaskan entstanden ist und wo sich die Rasse heute befindet.

International anerkannte Wolfhundrassen

Der Tamaskan unterscheidet sich von den Wolfhundrassen, die von FCI und VDH bereits anerkannt sind, dem Tschechoslowakischen Wolfhund (TWH) und dem Saarlooswolfhund (SWH). Um zu verstehen, was den Tamaskan so besonders macht, sollte man die Geschichte dieser Rassen kennen. Beide sind durch Kreuzung von Deutschem Schäferhund mit Eurasischem Wolf entstanden.

Die Zucht des TWH begann zu einer Zeit, als die Tschechoslowakische Republik als Staat noch existierte, im Jahr 1955 beim dortigen Grenzschutz. Ursprünglich hatte man die Absicht, einen robusten und nervenstarken Militärhund für das Gebirge zu schaffen. Die Rechnung ging nur bedingt auf. Die Gene des Wolfs brachten eine gewisse Scheu mit sich und nur wenige der Tiere eigneten sich als Gebrauchshunde. Das militärische Zuchtprojekt wurde Anfang

der 1970er Jahre eingestellt und erst etwa ein Jahrzehnt später von Liebhabern im „Klub für Tschechoslowakische Wolfhunde" fortgeführt. Ab jetzt ging es um die private Haltung der Tiere, nicht um den Einsatz als Gebrauchshunde. 1999 wurde die Rasse durch die FCI anerkannt. Im Rassestandard ist zwar noch immer vorgeschrieben, dass die Tiere gesundes Misstrauen gegenüber allem Unbekannten zeigen sollten, doch schreckhafte oder aggressive Hunde werden von der Zucht ausgeschlossen. Je nach Zuchtlinie findet man heute auch sehr ausgeglichene Tiere.

Während das tschechoslowakische Militär bei der Zucht des TWH einen Diensthund im Sinn hatte, wollte der Niederländer Leendert Saarloos aus Liebe zur Natur einen ursprünglichen und gesunden Hund schaffen. Dazu kreuzte er bereits in den 1930er Jahren seinen eigenen Schäferhundrüden Gerard mit einer Wölfin aus dem Tiergarten in Rotterdam. Inzucht, auch Linienzucht genannt, war in der Hundezucht ein gängiges Mittel, um schnell bestimmte Eigenschaften zu festigen. So kreuzte Saarloos einige der Nachkommen wieder mit dem Vater. Die Tiere, die dabei herauskamen, waren so ausgeglichen, dass sie als Blindenhunde eingesetzt werden konnten. Um die genetische Vielfalt und das wölfische Aussehen zu erhalten, wurde später erneut Wolf eingekreuzt. Die Folgegenerationen eigneten sich allerdings nicht mehr als Begleithund. Der Fluchttrieb der Tiere in unbekannten Situationen überwog. Doch war, wie ursprünglich gewünscht, ein na-

Tschechoslowakischer Wolfhund (TWH)   Foto: iStock/Ekaterina Gorokhova

türlich aussehender Hund entstanden. Im Jahr 1975 wurde der Saarlooswolfhund (SWH) in den Niederlanden als Rasse anerkannt, 1981 auch international von der FCI. Ähnlich wie beim TWH ist eine natürliche Reserviertheit rassetypisch für den SWH. Informationen zu beiden Wolfhundrassen sowie eine Liste von Zuchtstätten findet man auf der Website des Verbands für Deutsches Hundewesen (VDH).

++ Lesetipp ++

Mehr zu Wolfhunden und den Finessen ihrer Haltung erfährt man im Buch „Wolfhunde in Deutschland" von Karolin Fuchs, erschienen im Selbstverlag, 1. Auflage 2019.

Anfänge in den 1980er Jahren

Im Vergleich zu TWH und SWH verlief die Geschichte des Tamaskan ziemlich chaotisch. Sie begann ein gutes Stück später, nämlich um das Jahr 1987. Die Ausgangssituation war eine andere. Die Engländerin Edwina, kurz „Eddie", Harrison und eine kleine Gruppe engagierter Züchter machten es sich zum Ziel, einen Familienhund zu schaffen, der zwar wie ein Wolf aussah, aber kein Wolfsblut enthielt. Auf Wolfseinkreuzung wurde offiziell verzichtet, denn die Haltung von Wolf-Hund-Mischlingen war damals in Großbritannien verboten. Im Gegensatz zu TWH und SWH liegt Harrisons Wolfhunden keine Verpaarung von Wolf und Hund zugrunde. Anstatt dessen verwendete sie Mischlinge verschiedener nordischer Rassen wie Alaskan Husky, Alaskan Malamute, Kanadischen Eskimohund, Labrador Husky und Siberian Husky, mit Anteilen von Deutschem Schäferhund. Sie importierte fünf Hunde aus den USA und Kanada nach England und verpaarte sie dort mit anderen wolfsähnlichen Mischlingshunden. Züchterinnen und Züchter kreuzten die verschiedenen Blutlinien und führten Outcross-Hunde ein. Die Nachkommen waren als „Harrison Wolfdogs" bekannt, oder einfach als „Wolfalikes", übersetzt „Wolfsähnliche". Dieses ursprüngliche Zuchtprogramm war schlecht dokumentiert, wahrscheinlich absichtlich. Wie gesagt, in Großbritannien war es verboten, Hunde mit Wolfsanteil zur Zucht zu

verwenden. Viele Jahre später wurde der Tamaskan als „Wolfhund ohne Wolf" bezeichnet. Heute weiß man, dass diese Aussage nicht stimmt. DNA-Analysen zeigten, dass bei der Begründung der Rasse durchaus Wolfsblut im Spiel war.

Outcross, übersetzt Auskreuzung

So nennt man die Verpaarung zweier Hunde, die keine gemeinsamen Vorfahren haben, mit dem Ziel, neue Eigenschaften in eine Zucht zu bringen oder die Tiere durch genetische Vielfalt gesund zu halten. Das Gegenteil wäre Inzucht oder Linienzucht, bei der nahe verwandte Tiere gekreuzt werden, um bestimmte Eigenschaften zu festigen.

Saarlooswolfhund (SWH)   Foto: iStock/Wirestock

Northern Inuit Dog und Utonagan

Harrisons „Wolfalikes" bildeten die Grundlage für eine Rasse namens „Northern Inuit Dog", benannt nach den indigenen Volksgruppen in Grönland und den arktischen Gebieten Kanadas. Im Jahr 1988 wurde in England der Zuchtverein „Northern Inuit Society" gegründet.

Schattenwölfe

In der ersten Staffel der TV-Serie „Game of Thrones" aus dem Jahr 2011 wurden Northern Inuit Dogs als Schattenwölfe eingesetzt. Später wurden sie von computeranimierten Wölfen abgelöst.

Schon kurze Zeit später, in den 1990er Jahren, gab es keine klare Linie mehr. Die Blutlinien einzelner Züchter unterschieden sich stark und es gab große Variation zwischen den Würfen. Unerwünschte Merkmale wie Schlappohren oder blaue Augen traten auf. Darüber hinaus handelten einige Züchterinnen und Züchter unethisch, setzten noch nicht ausgewachsene Hunde zur Zucht ein oder verzichteten auf die Voruntersuchungen auf Erbkrankheiten. Zusätzlich hatten sich die Menschen auf die Fahne geschrieben, den berühmten „Wolfhund ohne Wolf" zu schaffen. Wahrscheinlich wurde die Einkreuzung von Wolfhunden oder Hybriden verborgen. Unter den Züchtenden kam es zu Interessenkonflikten bis hin zu persönlichen Auseinandersetzungen. Im Jahr 2002 beschloss eine Gruppe, sich selbstständig zu machen und den Namen der Rasse in „Utonagan"

zu ändern. Neben der „Northern Inuit Society" wurde die „Utonagan Society" gegründet. Wenn man verschiedenen Internet-Seiten glaubt, bedeutet das Wort „Utonagan" in der Sprache der Stammesgruppe der Chinook, Ureinwohner im Nordwesten der USA, soviel wie „Spirit of the Wolf", übersetzt „Geist des Wolfs". Da es für den Utonagan sehr wenige Gründungstiere gab und die Rasse wegen gesundheitlicher Probleme einen schlechten Ruf erhielt, begannen im Jahr 2009 einige Züchterinnen und Züchter unter dem Namen "British Utonagan" mit der Einkreuzung unter anderem von Alaskan Malamute, Siberian Husky, Schäferhund, Northern Inuit Dog und auch Tamaskan Dog. Letzteren gab es bereits seit 2006. Dazu später mehr. Zunächst weiter zum „Utonagan". Man distanzierte sich von dem Namen und nannte die neuen Hunde "Caledonian Wolfalike", nach dem östlichen Teil Schottlands, der von den Römern in der Antike als „Kaledonien" bezeichnet wurde. Im Jahr 2016 wurde die Caledonian Wolfalike Association (CWA) gegründet. Sie umfasst verschiedene wolfsähnliche Rassen, auch den Northern Inuit Dog und die Nachfahren des Utonagan. Aber zurück zur Entstehung des Tamaskans mehr als ein Jahrzehnt zuvor.

Frisches Blut aus Finnland

Sowohl in den Blutlinien des Northern Inuit Dog als auch des Utonagan traten Gesundheitsprobleme auf. Daher suchten einige Züchterinnen und Züchter in den frühen 2000er Jahren nach anderen wolfsartig aussehenden Hunden, die sie als neue Auskreuzungen einführen konnten. Unter ihnen war die Engländerin Lynn Hardey. Im Jahr 2004 entdeckte sie geeignete Outcross-Hunde im Levi Huskypark in Lappland. Der Besitzer, Reijo Jääskeläinen, züchtete unter dem Zwingernamen „Polar Speed" wolfsähnliche Hunde für die Filmarbeit. Lynn hatten es die Husky-Mischlinge angetan. Sie wollte mit ihnen weiterzüchten. Aufgrund des offensichtlichen Wolfsanteils lehnte die britische „Utonagan Society" das ab. Kurzerhand begründete Lynn Hardey gemeinsam mit ihrer Tochter Jennie Saxby eine neue Rasse. Dafür brauchten sie auch einen neuen Namen. Sie entschieden sich für ein Wort, von dem sie glaubten, dass es aus der Sprache der nordamerikanischen Ureinwohner stammt: „Tamaska", übersetzt „mächtiger Wolf". Bis heute wird diskutiert, ob es dieses Wort wirklich gab. Die Antwort lautet „Jein".

Unter den Ureinwohnern Nordamerikas gab es verschiedene Sprachfamilien und darunter viele verschiedene Dialekte. Im Munsee-Dialekt der Lenape oder Delawaren, der Ureinwohner, die entlang des Delaware River lebten, steht das Wort „Tëme" für „Wolf". Das „ë" spricht man wie in „Fett", also eher wie ein „ä". Daher klang es für die Briten wie ein „ae" wie in „flat". Geschrieben wurde also ein „a" daraus. Gemäß einem Eintrag vom 7.

Namen für die wolfsähnlichen Hunderassen suchte man in den Sprachen nordamerikanischer Ureinwohner, wahrscheinlich wegen des romantischen Bildes, das sie vermitteln. Illustration: iStock/Nastastic

Mai 2013 im internationalen Tamaskan-Forum (tamaskan-forum.com) bedeutet der Zusatz „maskaeet" in manchen Lenape-Dialekten „derjenige, der stark/groß/mächtig ist". Ins Englische übertragen wurde vermutlich aus „Tëme-maskaeet" kurz und knackig „Tamaska". Für besseren Klang hängten Hardey und Saxby ein „n" an, sodass man im Deutschen eher das asiatische Wort für Herrscher hört: „-khan". Man könnte sich vielleicht darauf einigen, dass das Wort Tamaskan zumindest seine Ursprünge in der Sprache nordamerikanischer Ureinwohner hatte, aber in dieser Form nie existierte, zumindest nicht mit der zugehörigen Bedeutung. Abgesehen von den nebulösen Hintergründen hat das Wort nach wie vor einen schönen Klang.

Hardey und ihre Tochter blieben zwei Jahre in Finnland, um dort ihre Hunde mit denen vom Polar-Speed-Zwinger zu kreuzen. Zwei Welpen schickten sie zu ihren Mitstreiterinnen, Liz Wilson von der Zuchtstätte „Alba" in Schottland und Zee Turner von der Zuchtstätte „Moonstone" in England. Es heißt oft, der Tamaskan sei eine finnische Züchtung, doch die ersten registrierten Tamaskan-Welpen wurde im Jahr 2006 in Schottland geboren.

Viele der ersten Tamaskane tragen Hardeys Zwingernamen „Blustag UK". Auf einer amerikanischen Website heißt es, „Blustag" bedeutet in der Sprache des indigenen Volks der Komantschen „pack leader", also „Anführer des Rudels".

Alaska-Tundrawolf Foto: iStock.com/Wirestock

Wenn man es genau nimmt, entstand der Tamaskan in Großbritannien, doch stammen viele seiner Vorfahren aus Nordamerika. Wie zu Beginn des Kapitels beschrieben, wurden bereits im Jahr 1987 Schlittenhunde nach England importiert. Aber auch einige der Siberian Huskys aus dem Levi Huskypark in Lappland stammen aus einer nordamerikanischen Seppala-Linie.

Der Schlittenhundeführer Leonhard Seppala erlangte weltweite Berühmtheit durch die Schlittenhundestafette, die im Jahr 1925 Medikamente in die Kleinstadt Nome in Alaska brachte und zahlreiche Menschen vor der Diphtherieepidemie bewahrte. Seppalas Gespann legte die weiteste und schwierigste Etappe zurück, dank des charakterstarken Leithunds Togo. Mit ihm begründete Seppala eine neue Zuchtlinie, aus der später unter anderem die Igloo-Pak-Linie entstand. Einer der Polar-Speed-Gründungshunde war Igloo Pak's Candy II. Er taucht im Stammbaum vieler Tamaskane auf. Man könnte sagen, in den Hunden steckt ein kleiner Tropfen Togo-Blut.

Aber auch nordamerikanisches Wolfsblut taucht in der Rasse auf. Auf ihrer Website www.tamaskans.sylvaen.com schreibt Züchterin Debby Mergl (ehem. Stainforth), dass im Polar-Speed-Zwinger die Rennhuskys nicht nur mit einem Tschechoslowakischem Wolfhund (TWH) gekreuzt wurden, sondern auch mit einem höherprozentigen Tier, nämlich mit Ivan, Rufname „Boogie". Ihn bezeichnet Debbie als Amerikanischen Wolfhund (AWH). Diese Tiere werden mit nordamerikanischen Unterarten des Wolfs gezüchtet, etwa mit Polarwolf (*Canis lupus arctos*) oder Timberwolf (*Canis lupus lycaon*), im Gegensatz zu TWH und SWH, die mit Eurasischem Wolf (*Canis lupus lupus*) gezüchtet wurden.

Im September 2022 stellte ich eine Anfrage an den Levi Huskypark zur Herkunft Boogies. Die Antwort kam prompt. Man wolle keine Auskunft zur Entstehung des Tamaskans geben, da man mit Lynn Hardey im Argen lag. Manche Informationen deuten darauf hin, dass Boogie kein Wolfhund war, sondern tatsächlich ein Wolf, genauer ein Alaska-Tundrawolf (*Canis lupus tundrarum*). Diese Unterart des Wolfs lebt in Nordamerika. Nicht zu verwechseln ist der Alaska-Tundrawolf mit dem Tundrawolf aus Russland (*Canis lupus albus*).

Auf dem Youtube-Kanal des Wolfhund-Experten Christian Berge findet man ein Video in finnischer Sprache, bei dem Tuomas Holopainen, ein Gründungsmit-glied der Band Nightwish, Reijo Jääs-keläinen zu seinen Tieren interviewt. In dem Video wird Boogie als Alaska-Tun-drawolf vorgestellt, der aus schlechter Haltung stammt und von einer Tier-schutzorganisation gerettet wurde.

 YouTube-Video von Wolfdogs-Siouxtala @hanninadina „Ta-maskan Gründungs-tier - Boogie, Alaskan Tundra Wolf"

Es ist also nicht klar, ob Boogie ein Wolf oder ein hochprozentiger Wolfhund war. Eigentlich ist es aber auch egal. Der Urvater der Tamaskane taucht zwar in vielen Stammbäumen auf, das Alaska-Tundrawolf-Blut ist aber genetisch nicht mehr nachweisbar. Wichtig ist, dass in der heutigen Zucht keine hochprozenti-gen Tiere eingesetzt werden dürfen.

Zerwürfnis mit den Gründerinnen

Im Jahr 2006 gründeten Hardey und ihre Tochter das Tamaskan Dog Register (TDR), ein Rasseregister für Tamas-kan-Hunde weltweit. Sie erstellten eine umfassende Liste von Regeln und Vor-schriften für registrierte Züchterinnen und Züchter sowie einen Ethikkodex. Im Jahr 2009 wurde ihnen vorgeworfen, sich selbst nicht daran zu halten. Sie

hätten Ahnentafeln gefälscht, den wahren Wolfsanteil der Rasse verheimlicht und Hunde ohne ausreichende Gesundheits-tests zur Zucht eingesetzt. Im Jahr 2012 wurden beide vom TDR ausgeschlossen. Die Zuchtstätte „Blustag" existiert bis heute (Stand 2023). Auf ihrer Website www.tamaskan-dog.com/Blustag/ schil-dert Hardey ihre Perspektive, nämlich dass ihr Zuchtprojekt gestohlen worden sei. Dass sie ohne Genehmigung gezüch-tet hat, gibt sie zu.

Auch wenn es zu dieser Geschichte sicherlich verschiedene Perspektiven gibt, sind die Vorwürfe aus den Sozialen Medien erdrückend. Eine Facebook-Gruppe mit dem Namen „Tamaskan Puppy Farmers UK" hat sich nach eige-nen Angaben ausschließlich der Aufgabe gewidmet, „potenzielle Welpenbesitzer auf die abscheulichen Zuchtpraktiken von Lynn Hardy (Blustag) und Jennie Peacock (Blufawn) aufmerksam zu machen". Die Gruppe hat 660 Mitglieder (Stand 2023). Dort berichten Menschen, die Welpen gekauft haben, von gravie-renden Gesundheitsproblemen, nicht nur durch Erbkrankheiten, sondern auch durch Unterernährung und mangelnde Sozialisierung. In der Facebook-Grup-pe werden Hardey und ihre Tochter als „Vermehrerinnen" bezeichnet und ihre Zuchtstätten als „Welpenfabriken". Was das genau bedeutet, erkläre ich im Kapi-tel zu den Zuchtstätten.

Das erste internationale Zuchtregister für den Tamaskan, das Tamaskan Dog Register (TDR), findet man unter www.tamaskandogregister.com. Im Jahr 2012 wurde es als gemeinnütziges Unternehmen in Schottland registriert und geleitet von einem internationalen Komitee, das sich aus Vertretern der verschiedenen Landesvereine weltweit zusammensetzte.

Unter der neuen Leitung machte die Zucht große Fortschritte: Im Jahr 2013 wurde der Tamaskan Dog offiziell von der American Rare Breed Association anerkannt. Halterinnen und Halter dürfen daher an offiziellen Rassehund-Shows in ganz Nordamerika teilnehmen. Im Jahr 2015 beschloss das TDR-Komitee, zusätzliche Gesundheitstests einzuführen. Wer züchten will, muss neben Hüft- und Ellbogenbefund eine Augenuntersuchung vorlegen sowie einen DNA-Test auf die Rückenmarkserkrankung Degenerative Myelopathie. Zusätzlich muss via DNA-Profil die Abstammung überprüft werden, um die Integrität der Stammbäume zu wahren. Mehr zu den Untersuchungen auf Erbkrankheiten erkläre ich im Kapitel zur passenden Zuchtstätte.

Im Jahr 2016 beschloss das TDR, seine schottische Niederlassung zu schließen und die gemeinnützige Gesellschaft in den Vereinigten Staaten zu registrieren. Meinungsverschiedenheiten führten dazu, dass das Züchterkomitee im Jahr 2019 das TDR verließ beziehungsweise entlassen wurde – Genaues ist nicht bekannt. Diese Züchterinnen und Züchter gründeten daraufhin das „International Tamaskan Register" (ITR). Eine davon ist die gebürtige Amerikanerin Debby Mergl (früher Stainforth), die in Kroatien die Zuchtstätte „Sylvaen Tamaskans" betreibt. Viele der in diesem Kapitel genannten Informationen, gekürzt und aus dem Englischen übersetzt, stammen von ihrer Website.

„Die definitive Geschichte des Tamaskans" auf der Website www.tamaskans.sylvaen.com

Obwohl bereits in den Vorjahren vereinzelt Tamaskane nach Deutschland kamen, begann hierzulande erst im Jahr 2009 die Zucht. Verpaart wurden die Tamaskanhündin Summer (Zuchtname: Blustag Little Sunshine) und der Outcross-Rüde Bobbi (Zuchtname: Djoser van Rijneckerhof), ein Saarlooswolfhund. Dieser erste Wurf erblickte in der Zuchtstätte "Tamaskan vom Münsterland" das Licht der Welt. Im Jahr 2010 entstand der Tamaskan Germany Club. Zwei Jahre später wurde in Deutschland ein eigenes Zuchtbuch gegründet. Das war in etwa die Zeit, in der das internationale Zuchtregister umstrukuriert wurde, da sich die Vorwürfe gegen die Begründerinnen der Rasse, Lynn Hardey und ihre Tochter verhärteten. Wahrscheinlich verloren viele Menschen, die in der

Tamaskanzucht aktiv waren, das Vertrauen in das internationale Zuchtregister TDR. Denn im Jahr 2013 wurde auch der Landeszuchtverein der Niederlande gegründet, der „Nederlandse Tamaskan Club", der beschloss, unabhängig vom internationalen TDR zu operieren, mit eigenem Stammbaumregister und Richtlinien, ähnlich wie der Tamaskan Germany Club. Doch auch hierzulande ließen Unstimmigkeiten nicht lange auf sich warten, unter anderem in Bezug auf die Zuchtvorschriften.

Im Juni 2016 beschlossen einige Züchterinnen und Züchter, den „Tamaskan Germany Club" zu verlassen und die „Interessengemeinschaft Tamaskan e.V." (IGT) zu gründen, mit eigenem Rassestandard und Zuchtbuch. Ein Jahr später wurde auch der Tamaskan Germany Club zu einem gemeinnützigen Verein. Er trägt heute den Namen „Tamaskan Germany e.V." (TG). Auf der zugehörigen Facebook-Plattform @TamaskanDE betreiben die Mitglieder bis heute Aufklärung für Interessierte. Nach Auskünften von TG-Vorstandsmitglied Jaqueline Kaletha habe die Tamaskan-Szene mittlerweile verstanden, dass zwischenmenschliche Konflikte der Rasse schaden. Eine neue Generation von Menschen, die Tamaskane züchten und halten, sei bestrebt, gemeinsam und konstruktiv die Zukunft der Rasse zu gestalten. In Deutschland kooperierten Züchterinnen und Züchter beider Vereine, IGT und TG, und nutzten gemeinsame Ressourcen an Erfahrung, Möglichkeiten und Kontakten. Die

Zuchtregeln hierzulande entsprächen weitgehend denen der Niederlande. „Mit Züchtern anderer Nationen herrscht ein freundlicher Austausch. Verpaarungen erfolgen länder- und vereinsübergreifend", so Jaqueline Kaletha. Seit 2021 sei wieder Leben in den TG eingekehrt. Züchterinnen und Züchter sowie neue Mitglieder engagieren sich mit ihrem Wissen über Genetik, Zucht, Gesundheit und der Welpenfrühförderung wieder verstärkt im Verein.

Aktueller Stand der Tamaskanzucht

Im Jahr 2022 gab es laut Tamaskan-Datenbank (www.wolflookalike.com) etwa 3030 Tamaskane weltweit, davon etwa 300 Tiere in Deutschland. Um den Genpool zu erweitern, werden häufig neue Auskreuzungen zugelassen, vor allem Schäferhund- und Schlittenhundrassen, aber auch Wolfhunde mit weniger als 30 Prozent Wolfsanteil. Das führt dazu, dass Tamaskane noch relativ unterschiedlich sind. Sie variieren in Größe, Fellfarbe, Felllänge und auch Charakter, je nach der Rasse, die am stärksten in der jeweiligen Zuchtlinie vertreten ist. Ein Tamaskan mit hohem Alaskan-Malamute-Anteil wird stämmiger sein, als einer mit einem schlanken Siberian Rennhusky in der nahen Verwandtschaft. Bei manchen Tamaskanen erinnern die Gesichtszüge eher an einen Schäferhund, wieder andere tragen die helle Gesichtszeichnung mancher Schlittenhunde. Tiere, die aus einer Outcross-Verpaarung mit TWH oder SWH stammen, werden andere Ansprüche an die Haltung stellen, als Tiere mit wenig oder gar keinem Wolfsanteil. Zuchtziel ist und bleibt allerdings, neben der Gesundheit der Tiere, das ursprüngliche Aussehen in Verbindung mit einem freundlichen Charakter.

Der Tamaskan ist nicht von der FCI anerkannt, weil die Rasse noch sehr jung ist. Die Voraussetzungen für eine vorläufige Anerkennung, aus der Geschäftsordnung der FCI, Anhang 5 (Stand 2019) lauten:

Die Population muss sich aus mindestens 8 Blutlinien zusammensetzen, jede mit wenigstens zwei Rüden und 6 Hündinnen aus zwei verschiedenen Würfen in jeder Blutlinie, die innerhalb von fünf Jahren geboren wurden. Während drei Generationen dürfen keine gemeinsamen Ahnen vorkommen.

Ob der Tamaskan jemals von der FCI und damit auch vom VDH anerkannt werden wird, steht in den Sternen. Gemessen am großen Engagement vieler Züchterinnen und Züchter, wären die Voraussetzungen wahrscheinlich in den nächsten Jahren erfüllt, doch wird nach Auskunft der Tamaskan-Germany-Vorstandschaft eine Anerkennung durch den VDH derzeit nicht angestrebt (Stand 2022). Grund dafür sei die große Menge zusätzlicher Bürokratie, die damit verbunden wäre.

Fazit zur Zuchtgeschichte

Homo homini lupus – Der Mensch ist dem Menschen ein Wolf.
Thomas Hobbe, Staatstheoretiker und Philosoph

Vielleicht sind Wolfhundehalterinnen und -halter ein besonderer Menschenschlag, aber vielleicht ist es normal, dass es in der Hundezucht Unstimmigkeiten und schwarze Schafe gibt. Mit der Geschichte anderer Rassen habe ich mich nicht im Detail befasst, und kann daher nicht sagen, ob es dort immer harmonisch verlief. Wahrscheinlich nicht. Die chaotische Entstehungsgeschichte des Tamaskans ist heute kaum mehr von Bedeutung. Wichtig ist, was aktuell in der Zucht passiert. Menschen, die sich für einen Tamaskan interessieren, sollten wissen, dass die Rasse noch immer in Arbeit ist. Hier kommt es auf die einzelnen Personen an, die Hunde züchten, sowie auf die Zuchtvereine, die die Richtlinien festlegen. Die Welt ist nicht einfach schwarz oder weiß. Viele Menschen, die an der Entstehung des Tamaskans beteiligt waren, hatten sicherlich gute Absichten. Daneben gab es bestimmt auch solche, denen das Geld mehr am Herzen lag, als das Wohl der Tiere. Wer gerade erst beginnt, sich mit der Rasse zu beschäftigen, sollte wissen, dass unterschiedliche Meinungen und Blickwinkel existieren, und hier und da auch starke persönliche Befindlichkeiten. Auf der Suche nach einer passenden Zuchtstätte sollte man sich selbst eine Meinung bilden. Heute ist die Zucht in der Regel sehr transparent.

GESCHICHTE
DES TAMASKANS

1987 Transport von fünf Schlittenhunden unbekannten Ursprungs von Nordamerika nach England

Auf internationaler Ebene:

2006 Gründung des Tamaskan Dog Registers in Großbritannien
2013 Der Tamaskan wird in den USA als Rasse anerkannt
2016 Das Tamaskan Dog Register wird in den USA registriert
2019 Gründung des International Tamaskan Register

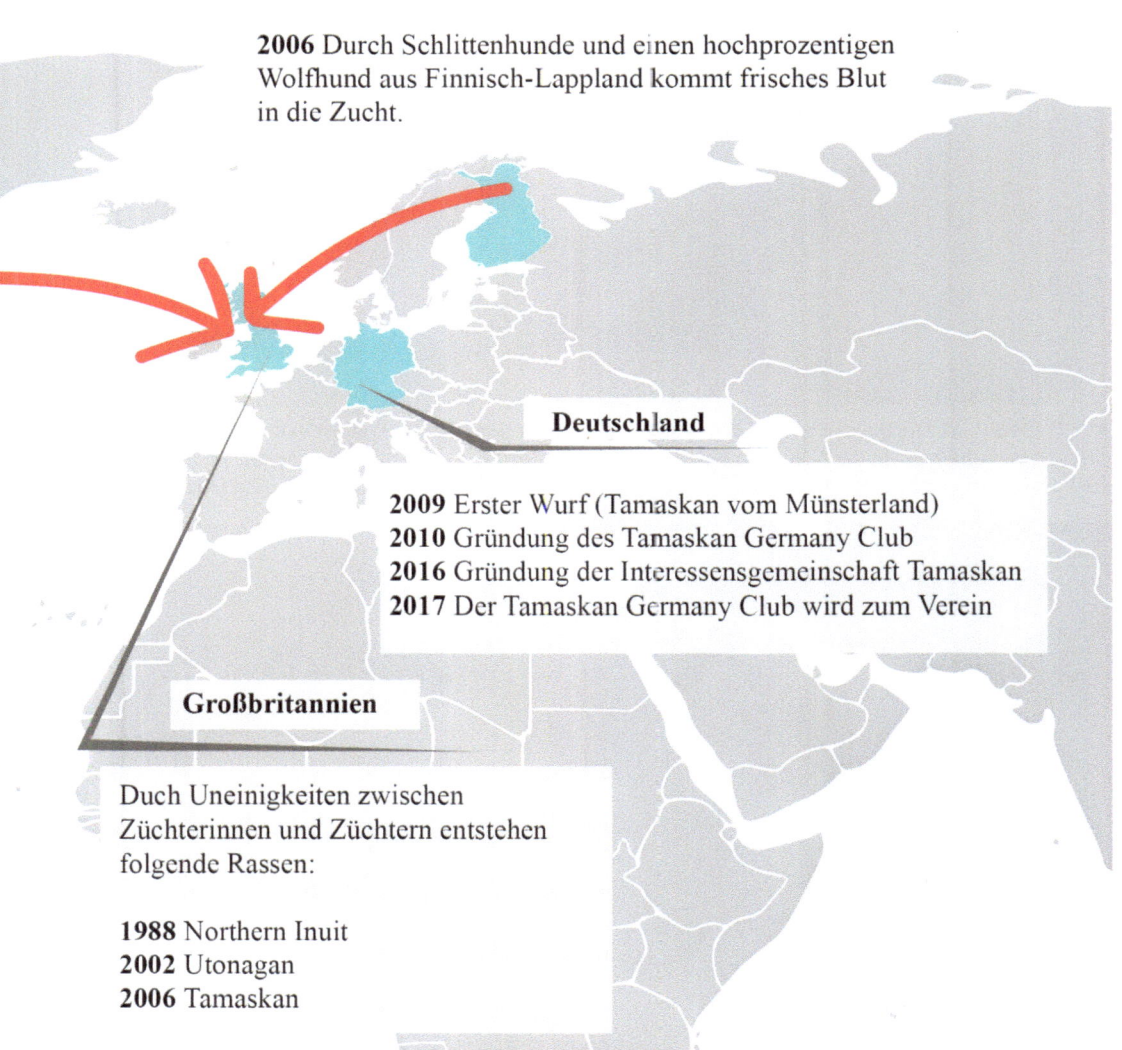

2006 Durch Schlittenhunde und einen hochprozentigen Wolfhund aus Finnisch-Lappland kommt frisches Blut in die Zucht.

Deutschland

2009 Erster Wurf (Tamaskan vom Münsterland)
2010 Gründung des Tamaskan Germany Club
2016 Gründung der Interessensgemeinschaft Tamaskan
2017 Der Tamaskan Germany Club wird zum Verein

Großbritannien

Duch Uneinigkeiten zwischen Züchterinnen und Züchtern entstehen folgende Rassen:

1988 Northern Inuit
2002 Utonagan
2006 Tamaskan

Alle Fotos auf der Doppelseite zeigen denselben Wurf: sieben Wochen alte Welpen in der Zuchtstätte „Mountain Tamaskan" in der Nähe von Berlin im Dezember 2014. Man sieht, dass sich die Welpen in der Färbung unterscheiden. Manche ähneln eher einem Schäferhund, andere einem Siberian Husky.

Die Welpen stammen aus einer Outcross-Verpaarung mit einem Siberian Husky als Deckrüden, siehe unten. Trotz des unterschiedlichen Aussehens sind die Welpen allesamt sehr aufgeschlossen und menschbezogen, siehe oben. Fotos: alo

WIE VIEL WOLF STECKT IM TAMASKAN?

Die zynische Antwort auf diese Frage würde lauten: So viel du willst. Denn es gibt immer Möglichkeiten, Zuchtvorgaben und Tierschutzgesetze zu umgehen und sich einen Wolf ins Haus zu holen, mit gefälschten Zuchtpapieren als TWH, SWH oder eben als Tamaskan. Wo könnte man besser ein Wildtier verstecken als in einer Hunderasse, die ohnehin aussieht wie ein Wolf? In diesem Kapitel möchte ich darauf eingehen, warum es eine denkbar schlechte Idee ist, ein Wildtier als Haustier zu halten, was Hunde von Wölfen unterscheidet, und worauf man achten sollte, wenn man sich für einen Wolfhund interessiert.

Wolfhund oder Hybrid? - Das ewige Missverständnis

„Adriane hat einen Wolfshybriden", habe ich neulich jemanden sagen hören. – „Nein, hat sie nicht!" Bei dieser Verwechslung könnte ich jedes Mal die Hände über dem Kopf zusammenschlagen. Besser ist es, tief durchzuatmen und das Missverständnis aufzuklären. Mit „Hybrid" ist in der Regel eine Kreuzung aus Wolf und Hund gemeint. Dem Gesetz nach wäre das ein Wildtier, das ich nicht ohne Weiteres zu Hause halten dürfte. Die Verwirrung in der Gesellschaft ist aber durchaus verständlich, denn auch die Medienwelt trägt dazu bei, dass es hier so viele Missverständnisse gibt. In Bezug auf den Wolf hat der Begriff „Hybrid" einen negativen Unterton bekommen. Mischlinge aus Wolf und Hund werden in freier Wildbahn häufig abgeschossen. Artenschützer glauben, dass Hybriden die Wolfspopulation genetisch gefährden. Zudem wird befürchtet, sie hätten weniger Scheu vor dem Menschen und würden sich näher an Siedlungen wagen als ein „reinrassiger" Wolf - obwohl es einen solchen im Zeitalter des Menschen, im sogenannten „Anthropozän", so gut wie gar nicht mehr gibt. Im Grunde kommt es auf das einzelne Tier an, auf dessen genetische Ausstattung und seine bisherigen Erfahrungen mit dem Menschen. Mehr dazu später.

Biologische Definition eines Hybriden

Als Hybrid bezeichnet man ganz allgemein eine Kreuzung zweier verschiedener Varianten. Dabei kann es sich um Tiere oder Pflanzen handeln, um verschiedene Arten, Unterarten oder Rassen. Das Maultier, die Kreuzung aus Pferd und Esel, wäre demnach ein Hybrid, genauso wie der Labradoodle, eine Kreuzung aus Labrador und Pudel.

Zunächst nur soviel: Wenn Menschen Wolfhunde und Wolfshybriden verwechseln, ist das eine ernst zu nehmende Angelegenheit, denn das eine ist legal, das andere nicht. Oft ist die Grenze nicht klar und die Unterscheidung schwierig. Allein anhand des Aussehens zu erkennen, ob es sich um einen Wolfhund oder einen Wolf-Hund-Mischling handelt, ist oft auch für Experten schwierig. Wo liegt also der Unterschied?

Mischlinge aus Wolf und Hund

Die Gretchenfrage lautet: Wo hört der Wolf auf und wo fängt der Hund an? Die beiden Tiere sind so eng verwandt, dass der Haushund in der Wissenschaft als domestizierte Unterart des Wolfs gilt. Sein lateinischer Name lautet *Canis lupus familiaris*. Wie schon im vorherigen Kapitel erwähnt, kann man sich aus diesen Namen die Verwandtschaftsbeziehungen herleiten. Somit gehört der Hund zur gleichen Art wie der Wolf (*Canis lupus*), im Gegensatz zum Goldschakal (*Canis aureus*) oder gar dem Rotfuchs (*Vulpes vulpes*). Mit einem Fuchs könnte sich ein Wolf nicht paaren, wohl aber mit fast jeder Hunderasse. Ein Beispiel dafür ist der „Pudelwolf" oder „Puwo", eine Kreuzung aus Königspudel und Wolf, den der Verhaltensforscher Erik Ziemen Ende der 1960er Jahre aus experimentellen Gründen züchtete. Auch kuriose Verpaarungen aus Jack Russell Terrier und Wolf soll es schon gegeben haben.

Fotos von verschiedenen Wolf-Hund-Mischlingen auf dem Tumblr-Blog „Ivar the Real Wolfdog"

Der Hund ist also wesentlich näher mit dem Wolf verwandt als etwa das Pferd mit dem Esel. Wenn Letztere zu Maultieren verpaart werden, sind diese nicht mehr zeugungsfähig, so auch der Liger, eine Kreuzung aus Löwe und Tiger.

Bei der Verpaarung von Wolf und Hund entstehen zeugungsfähige Nachkommen, die keine körperlichen Beeinträchtigungen durch die Vermischung des Erbguts haben. So gesehen wäre ein Wolfshybrid nichts anderes als ein Mischling, genauso wie ein gezüchteter Labradoodle oder eine zufällige Promenadenmischung. Doch sollte jedem einleuchten, warum der Gesetzgeber hier unterscheiden muss. Schließlich ist der Wolf ein Wildtier, ein geschütztes noch dazu. Daher muss der Umgang mit wildlebenden Hybriden geregelt werden, genauso wie ihre Zucht und Haltung in menschlicher Obhut.

Die Senckenberg Gesellschaft für Naturforschung gilt bundesweit als das Referenzzentrum für genetische Wolfsanalysen. Seit dem Jahr 2010 werden dort DNA-Proben untersucht, auch in Zusammenhang mit Nutztierrissen. Dabei ist es wichtig, unterscheiden zu können, ob eine Probe von Wolf, Hund, Wolfhund oder Hybrid stammt. Als ich bei der Pressestelle der Senckenberg Gesellschaft nach der Definition von Wolfshybriden fragte, bekam ich folgende Antwort:

Es existiert keine klar abgegrenzte Definition, was ein Wolfshybrid ist. Man meint damit jedoch meist Tiere, die innerhalb der letzten Generationen sowohl Wolfs- als auch Haushunde-Eltern hatten, genetisch also einen deutlich messbaren Anteil mehrerer Elternformen tragen. Handelt es sich um lange zurückliegende Hybridisierungsereignisse, spricht man nicht mehr von Hybriden, auch wenn man die Spuren daraus noch mit modernen genomweiten Verfahren messen kann; so sind wir Europäer auch keine Hybriden, obwohl wir Spuren des Neandertalers in uns tragen.

Die Definition eines Wolfshybriden scheint nicht einfach. Doch spätestens die Behörden brauchen eine klare Abgrenzung. Wie sollen sie sonst entscheiden, ob die Haltung oder der Import legal ist oder nicht? International bildet die Grundlage für die Regelung zum Schutz und Handel von Wildtieren und -pflanzen das Washingtoner Artenschutzabkommen (CITES). Auf EU-Ebene werden die CITES-Vorgaben durch die Verordnung (EG) 338/9744 umgesetzt. In beiden ist der Wolf als potenziell gefährdete Art gelistet, das heißt, er ist geschützt und sein Lebensraum muss erhalten werden. Das gilt ausdrücklich auch für Hybriden bis zur vierten Generation. In der Verordnung Nr. 1497/2003 zur Änderung der Verordnung Nr. 338/97 aus dem Jahr 2003 steht Folgendes:

*„Hybride Tiere, bei denen in den **vier** vorhergehenden Generationen in direkter Linie ein oder mehrere Exemplare einer Art der Anhänge A oder B vorkommen, fallen wie reine Arten unter die Verordnung, auch wenn die betreffende Hybridart nicht ausdrücklich in den Anhängen aufgeführt ist.“*

Oft lässt sich schwer sagen, ob sich in einem Mischlingshund ein Stück Wolf verbirgt.
Foto: iStock.com/Elena Zaretskaya

Im Gegensatz zur Definition der Senckenberg Gesellschaft versucht der Gesetzgeber klipp und klar auszudrücken, wo die Grenze liegt. So unterliegen Wolf-Hund-Mischlinge grundsätzlich bis zur vierten Filialgeneration dem gleichen Schutzstatus wie Wölfe.

Filialgeneration (F)

Das ist ein gängiger Begriff aus der Genetik, der auch beispielsweise für Erbsen oder Mäuse verwendet wird. Filialgeneration meint die Nachkommengeneration und wird mit dem Buchstaben F abgekürzt. Die erste Generation von Nachkommen aus einer Kreuzung wäre F1, die zweite F2, und so weiter.

Laut CITES- und EU-Verordnung sind Wolf-Hund-Mischlinge bis zur vierten Generation (F4) Wildtiere und ab der fünften Generation (F5) Hunde. Kinderleicht, oder? Leider nein. Die Natur lässt sich nicht so einfach in Schubladen stecken. Die Definition aus CITES und EU-Verordnung hinkt gewaltig.

Der Wolfsanteil - Theorie vs. Realität

Die gesetzliche Definition von Hybriden beruht auf einer theoretischen Annahme. Man geht von einem errechneten Wolfsanteil aus. Das heißt, man nimmt an, dass bei einer Kreuzung aus Wolf und Hund die erste Filialgeneration (F1) 50 Prozent Wolfsanteil besitzt. Würde man diese Tiere wieder mit einem Hund kreuzen, hätte die zweite Filialgeneration

Vererbung von Wolfsanteilen

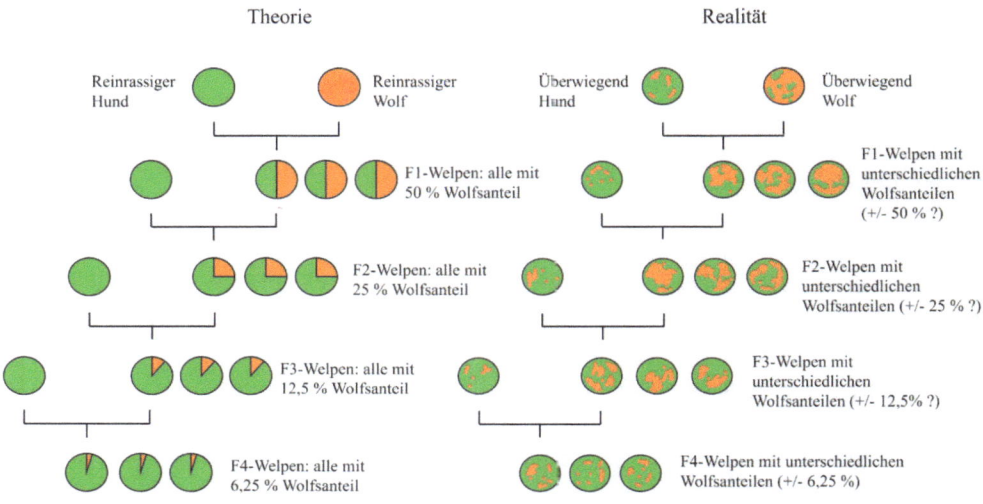

Vereinfachte Darstellung der Vererbung von Wolfsanteilen Grafik: alo

(F2) 25 Prozent Wolfsanteil, die dritte (F3) 12,5 und die vierte (F4) 6,25. Ab der fünften Generation wäre der Wolfsanteil mit rund drei Prozent so gut wie ausgewaschen. Diese Milchmädchen-Rechnung entspricht selten der Realität. Denn so einfach funktioniert Vererbung nicht. Bei jeder Verpaarung werden Gene bunt durcheinander gemischt und in unterschiedlichem Ausmaß an die Nachkommen weitergegeben. In ihrem Buch „Wolfhunde in Deutschland", erschienen im Selbstverlag im Jahr 2019, erklärt Autorin Karolin Fuchs diesen komplizierten Mechanismus anhand eines anschaulichen Beispiels:

„Bei der Verpaarung geben beide Elternteile 50 Prozent ihres Erbguts in einen Topf. Der Vater schüttet blaue Bälle, die Mutter rote Bälle in den Topf (...). Jetzt greifst du hinein. Was holst du aus dem Topf? Sicher keine fünf roten und fünf blauen Bälle – das wäre theoretisch natürlich möglich. Praktisch ist es aber eher selten. "

Der Zufall bestimmt, wie viele Wolfsgene an die nächste Generation weitergegeben werden. Hierin liegt das erste Problem. Spätestens innerhalb eines F2-Wurfs erhält man eine bunte Mischung von Welpen, von denen manche mehr Wolf sind und andere mehr Hund. Weil das immer so weitergeht, kann es auch passieren, dass manche Welpen eines F4-Wurfs weitaus mehr Wolfsgene besitzen als die errechneten 6,25 Prozent und ihre Geschwister vielleicht viel weniger. Das zweite Problem liegt in der Annahme, dass die Nachkommen immer wieder mit Hunden verpaart werden. Wachsen Wolfshybriden in freier Natur unter Wölfen auf, verpaaren sie sich wieder mit Wölfen. Dann würden wohl die Hundegene allmählich verdünnt und die F2-Generation hätte einen Wolfsanteil deutlich über 25 Prozent. Beispielsweise stammt das schwarze Fell mancher nordamerikanischer Timberwölfe von Zufallsverpaarungen mit Haushunden. Und auch in Europa tragen viele Wölfe ein wenig Hunde-DNA in sich. Das zeigte eine wissenschaftliche Studie aus dem Jahr 2018[1]. Hybridisierungen in freier Wildbahn sind kein neues Phänomen, sondern fanden über die Jahrhunderte immer wieder statt. Würde nun jemand beim Züchten die CITES-Konvention umgehen wollen, könnte er das genauso machen. Um hochprozentige Wolfhunde für die Privathaltung zu schaffen, würde Züchter oder Züchterin beispielsweise zwei F1-Mischlinge miteinander verpaaren. So kann in der F2-Generation wieder ein fast hundertprozentiger Wolf entstehen. Mit dieser Methode kann man in der fünften Generation (F5) ein sehr wolfsnahes Tier schaffen, das man offiziell als Hund halten und verkaufen darf. Dann tappen die Behörden im Dunkeln. „Da hilft nur ein DNA-Test", möchte man glauben, aber auch der ist nicht der Weisheit letzter Schluss.

---

1 M. Pilot et al., Widespread, long-term admixture between grey wolves and domestic dogs across Eurasia and its implications for the conservation status of hybrids, Evolutionary Applications 11 (5), (2018)

Ob sich in einem Hund ein Stückchen Wolf verbirgt oder andersherum, ist auch mit molekularbiologischen Methoden nicht immer festzustellen. Das liegt daran, dass die beiden sehr eng verwandt sind. Wie eng, darüber wird viel gestritten. Manche sagen, es sind 99,8 Prozent, andere meinen, es wären sogar 99,96. Demnach läge der genetische Unterschied bei 0,2 beziehungsweise 0,04 Prozent. Aufgrund dieser Zahlen könnte man argumentieren, dass der Wolf eigentlich nur so etwas wie eine andere Hunderasse ist. Aber so einfach ist das nicht. Der genetische Code der Lebewesen stellt die Wissenschaft bis heute vor große Rätsel. Kleine Unterschiede haben oft große Wirkung. Immerhin stimmen Mensch und Schimpanse in 98,7 Prozent ihres Erbguts überein. Nur, weil man die Buchstaben in einem Buch lesen kann, heißt das noch lange nicht, dass man den Inhalt versteht. Und so tasten sich Wissenschaftlerinnen und Wissenschaftler immer noch Schritt für Schritt voran, um einzelne Teilbereiche genetischer Informationen zu entschlüsseln.

DNA / DNS

Das Molekül heißt auf Englisch desoxyribonucleic acid (DNA), auf Deutsch Desoxyribonukleinsäure (DNS). Da sich hierzulande der Begriff DNA eingebürgert hat, bleibe ich dabei. Man meint damit das Biopolymer, das in den Zellen eines jeden Lebewesens vorkommt und die Erbinformationen trägt.

Wenn man von Genomen spricht, meint man in der Regel diejenige DNA, die schön verpackt als Chromosomen im Zellkern liegt. Es gibt noch eine andere. Sie liegt außerhalb des Kerns in den Zellkraftwerken, den Mitochondrien, und wird deshalb mitochondriale DNA genannt, kurz mtDNA. Im Gegensatz zu den Chromosomen wird die mtDNA nur über die Eizelle der Mutter vererbt, nicht aber über die Spermien des Vaters. Allerdings verändert sie sich über die Generationen nur wenig und ist daher ein zuverlässiger Zeuge der Evolutionsgeschichte. Die mtDNA des Hundes war bereits in den 1990er Jahren bekannt.[2] Denn sie ist mit etwa 16.700 Basenpaaren viel kleiner und damit leichter zu sequenzieren als die DNA im Zellkern. Letztere besteht beim Hund laut Website des Hundegenomprojekts aus etwa drei Milliarden Basenpaaren.

Englischsprachige Website zum Hundegenomprojekt des National Human Genome Research Institute (NHGRI) im US-Bundesstaat Maryland.

Im Hundegenom enthalten sind die Codes für um die 20.000 Gene, die für die verschiedensten Proteine kodieren. Diese werden für alle Schlüsselsysteme im Körper benötigt, wie etwa das Nervensystem oder das Verdauungssystem.

2 K.S. Kim, S.E. Lee, H.W. Jeong, J.H. Ha, The complete nucleotide sequence of the domestic dog (Canis familiaris) mitochondrial genome, Mol. Phylogenet. E 10 (1998) 210–220.

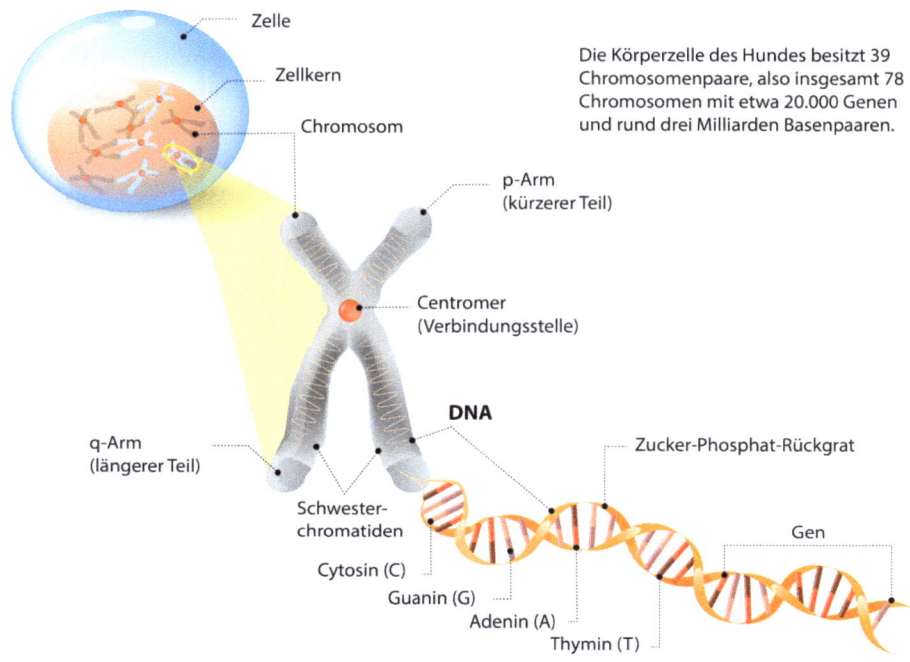

Die Körperzelle des Hundes besitzt 39 Chromosomenpaare, also insgesamt 78 Chromosomen mit etwa 20.000 Genen und rund drei Milliarden Basenpaaren.

Darstellung der DNA im Zellkern. Nicht gezeigt ist die mtDNA. Grafik: iStock/ttsz

Die kodierenden Gene machen allerdings den kleinsten Teil des Genoms aus, nämlich nur ein bis zwei Prozent.[3] Viel mehr Platz nehmen die Zwischenräume ein, die sogenannten nicht-kodierenden Bereiche. Sie sind weniger gut erforscht und können beispielsweise eine regulatorische Rolle spielen, Gene an- und abschalten oder die Menge des zu produzierenden Proteins bestimmen.

Die erste, umfassende Studie zum Hundegenom wurde geleitet von Eric Lander vom Broad Institute, einem biomedizinischen und genomischen Forschungs-

zentrum in Cambridge, Massachusetts. Die Studie mit Hauptautorin Kerstin Lindblad-Toh erschien im Jahr 2005 in der renommierten Fachzeitschrift Nature.[4] Das Team hatte das Genom der Boxerhündin Tasha sequenziert, das zweite Hundegenom überhaupt. Die Forschenden wählten im Boxergenom zwölf kodierende Bereiche aus mit insgesamt 8.080 Basenpaaren, und vier nicht-kodierende mit 3.029 Basenpaaren. Diese Bereiche waren besonders aussagekräftig, weil sie auch bei anderen Säugetieren vorhanden waren, aber dennoch Unterschiede aufwiesen. Genau

3 P. Sahlén, L. Yanhu, J. Xu, E. Kubinyi, G.-D. Wang, P. Savolainen, Variants That Differentiate Wolf and Dog Populations Are Enriched in Regulatory Elements, Genome Biol. Evol., Volume 13, Issue 4, April 2021

4 K. Lindblad-Toh and others, Genome sequence, comparative analysis and haplotype structure of the domestic dog. Nature. 2005 Dec 8;438(7069):803-19

diese Bereiche sequenzierten sie in 30 wilden Hundeartigen, vom Fuchs bis zum Afrikanischen Wildhund. Aus den Ähnlichkeiten berechneten sie die Verwandtschaftsgrade. Dadurch fanden sie heraus, dass der Hund mit dem Wolf am nächsten verwandt ist, dicht gefolgt von Kojote, Goldschakal und Äthiopischem Wolf, drei Arten, die in freier Wildbahn mit Hunden hybridisieren können. Bei Boxer und Wolf wird der Sequenzunterschied mit 0,04 Prozent für die kodierenden Bereiche angegeben und mit 0,21 Prozent für die nicht-kodierenden.

Das bedeutet: Wer sich über die prozentualen Unterschiede zwischen Hunde- und Wolfs-DNA streiten möchte, der sollte wissen, dass beide Zahlen stimmen, je nachdem welche Bereiche im Genom man sich ansieht.

Aufgepasst! Man hat nicht das komplette Genom eines Hundes über das komplette Genom eines Wolfs gelegt und dann den Unterschied ausgerechnet. Das wäre nicht aussagekräftig, denn auch Wölfe untereinander unterscheiden sich genetisch, und erst recht sämtliche Hunderassen. DAS Wolfsgenom und DAS Hundegenom gibt es nicht!

DNA-Tests und ihre Grenzen

Beim Berechnen von Verwandtschaftsbeziehungen sind manche Bereiche eines Genoms besser geeignet als andere. Um schnellstmöglich viele Vergleiche anstellen zu können, hilft man sich in der Wissenschaft mit genetischen Markern. Das sind bestimmte, leicht zu identifizierende Gene, DNA-Abschnitte oder einzelne Basenaustausche, deren Ort im Genom bekannt ist. Beispielsweise nutzten die Forschenden um Kerstin Lindblad-Toh und Eric Lander genetische Marker, um die DNA von Wolf und Boxer mit anderen Hunderassen zu vergleichen. Ihre Methode der Wahl waren einzelne Basenaustausche in der DNA, die über das ganze Genom verteilt sind, sogenannte Einzelnukleotid-Polymorphismen oder SNPs. Diese Basenaustausche werden vererbt und dienen daher als genetische Marker, um Verwandtschaftsbeziehungen zu analysieren.

SNP, sprich „Snip"

Das ist die Abkürzung der englischen Schreibweise single nucleotide polymorphism, zu Deutsch: Einzelnukleotid-Polymorphismus. Der genetische Code besteht aus vier Buchstaben, den Nukleotiden, auch Basen genannt: Adenin (A), Thymin (T), Guanin (G) und Cytosin (C). Eine DNA-Sequenz liest sich etwa GGAAACCTGGTATA. Wenn man von einem SNP spricht, meint man, dass sich zwei Individuen in einem dieser Buchstaben unterscheiden. Je mehr SNPs man beim Vergleich zweier Individuen findet, desto mehr unterscheiden sie sich genetisch.

Die Wissenschaftlerinnen und Wissenschaftler erstellten für ihre berühmte Nature-Fachpublikation aus dem Jahr 2005 eine SNP-Karte des Hundegenoms mit mehr als 2,5 Millionen verschiedener Basenaustausche. Diese SNPs wurden mit neun anderen Hunderassen, vier Wölfen und einem Kojoten verglichen. Hier gilt: Je weniger SNPs, desto näher verwandt. Beim Vergleich des Boxers mit den anderen Hunderassen, etwa Labrador, Schäferhund oder Rottweiler, fand man die wenigsten Austausche. Der einzige Ausreißer war der Alaskan Malamute, der dem Wolf näher stand als die anderen Rassen. Was man sich hieraus mitnehmen kann ist, dass beim Vergleich von Wolf und Hund auch die Hunderasse eine Rolle spielt. Sogenannte „Hunde vom Urtyp" sind in ihrer genetischen Ausstattung meist näher am Wolf. Dazu zählen Spitz, Chow-Chow oder eben Alaskan Malamute und Siberian Husky, beides Rassen, die zur Zucht des Tamaskans verwendet wurden.

SNP-Karten sind heute noch immer das Mittel der Wahl, wenn man wissen will, aus welchen Hunderassen ein Mischling besteht, oder ob sich in einem Hund ein Stückchen Wolf verbirgt. Welche SNPs hierzu verwendet werden, bestimmt jedes Labor selbst. Das US-amerikanische Unternehmen Embark für Hundegenomik und Biotechnologie mit Sitz in Boston im Bundesstaat Massachusetts ist der weltweit führende Anbieter von Hunde-DNA-Tests. Nach eigenen Angaben nutzt Embark einen SNP-Microarray mit mehr als 230.000 genetischen Markern (Stand 2023). Das kann man sich so vorstellen wie einen Computerchip, der viele Informationen auf kleinstem Raum enthält. Wenn man nun mittels Speichelprobe die DNA eines Hundes einreicht, wird analysiert, mit welchen

Elara vom Winterstein

Gemischte Abstammung

50,0 % Weißer Schweizer Schäferhund

27,4 % Siberian Husky

14,3 % Deutscher Schäferhund

8,3 % Alaskan Malamute

Ashana vom Rotkäppchenland

Gemischte Abstammung

32,6 % Siberian Husky

19,7 % Deutscher Schäferhund

18,1 % Saarlooswolfhund

12,5 % Tschechoslowakischer Wolfhund

12,4 % Alaskan Malamute

4,7 % Samojede

Die Embark-Profile von Chaska (Elara) und Ashana zeigen, dass Tamaskane genetisch noch sehr unterschiedlich sind. Grafik: alo, modifiziert nach Embark

Stellen auf dem Chip sie übereinstimmt. Durch einen Abgleich mit der hauseigenen Datenbank können Embark-Wissenschaftlerinnen und -Wissenschaftler über drei Generationen beziehungsweise bis zu fünf Prozent des genetischen Erbes von Hunden aufklären.

Erklärung zu Embarks Stammbaumanalyse auf der firmeneigenen Website (Stand 2023)

Drei Generationen! Danach wird es in der Regel schwierig. Da die meisten Labore mit eigenen Methoden und Datenbanken arbeiten, kann man als Außenstehender schwer einschätzen, was dahinter steckt, wenn jemand behauptet, er könne den Stammbaum eines Tieres mittels molekularbiologischer Methoden weiter als ein paar wenige Generationen zurückverfolgen. Ich wäre da skeptisch und würde nach einer detaillierten Erklärung fragen.

Warum Wölfe keine Hunde sind

Auch wenn sie genetisch nah beieinander liegen, gibt es doch große Unterschiede zwischen Wolf und Hund. Wildtiere kann man zähmen, dann sind sie zwar zutraulich, aber immer noch Wildtiere. Um aus einem wilden Tier des Menschen besten Freund zu machen, braucht es einen langfristigen Veränderungsprozess, den man als Domestikation bezeichnet. Das bedeutet, dass der Mensch über viele Generationen immer wieder solche Tiere zur Zucht ausgewählt hat, die die gewünschten Eigenschaften besaßen. Wie lange das dauert, untersuchte der russische Genetiker Dmitrij Belyaev. Im Jahr 1959 startete er ein Experiment mit Silberfüchsen von einer Fellfarm. Er begann mit 30 männlichen und 100 weiblichen Tieren. Er kategorisierte ihr Verhalten in verschiedene Klassen, je nach Aggression und Ängstlichkeit in Bezug auf den Menschen. Nur mit den freundlichsten Tieren züchtete er weiter. Bereits nach etwa zehn Generationen waren einige der Füchse so zahm, dass man sie als Haustiere halten konnte. Das kontaktfreudige Verhalten war Änderungen im Hormonhaushalt geschuldet. In der 15. Generation waren die Stresshormonspiegel der zahmen Tiere nur etwa halb so hoch wie die von Wildfüchsen. Die Nebenniere, der Ort, an dem Adrenalin produziert wird, war kleiner geworden. Der Serotoninspiegel stieg an, was einen ähnlichen Effekt hat wie beim Menschen, und zu „glücklichen" und nervenstarken Tieren führte.[5]

Obwohl die Füchse nur nach Zahmheit ausgewählt wurden, kam es nebenbei auch zu körperlichen Veränderungen. Manche der Nachkommen hatten hängende Ohren, eingerollte Ruten oder einen weißen Fleck auf der Brust. Dieses Phänomen ist als Domestizierungssyndrom bekannt, weil es auch bei anderen Tierarten auftritt, etwa bei Kaninchen

5 L.A. Dugatkin, The silver fox domestication experiment. Evo Edu Outreach 11, 16 (2018)

oder Schweinen. Das stellte bereits der Naturforscher Charles Darwin im 19. Jahrhundert fest. Seit einiger Zeit gibt es eine Theorie, dass die Ursache für das Domestizierungssyndrom in der frühen Embryonalentwicklung zu finden ist, nämlich wenn eine Gruppe von Zellen, sogenannte Neuralleistenzellen, zu verschiedenen Orten im Embryo wandert und dort die verschiedenen Gewebe beeinflusst. In Bezug auf die Domestikation des Hundes könnte man daraus folgern: Je weniger ein Hund nach Wolf aussieht, desto mehr Hund ist er. Das stimmt aber nur bedingt, schließlich hat nicht jeder Hund Schlappohren, blaue Augen oder Ringelrute. Das Aussehen allein kann also keinen Aufschluss geben.[6] Letzten Endes liegt der größte Unterschied zwischen Wolf und Hund im Verhalten.

Im ersten Teil der arte-Dokumentation „Die Geschichte von Mensch und Tier" wird auch im Wolfsforschungszentrum in Ernstbrunn in Österreich gedreht. Dort erforscht Kurt Kotrschal die Hintergründe der Beziehung von Mensch und Wolf. Vor allem die Fähigkeit, menschliche Gesten zu interpretieren, etwa das Zeigen mit dem Finger, ist eindeutig eine Fähigkeit des Hundes. Während der Wolf selbstständig Probleme löst, orientiert sich der Hund am Menschen. Diese Zusammenarbeit zwischen Mensch und Tier ist es, die während der Domestikation im Mittelpunkt stand.

---

6 M. Johnsson, R. Henriksen, D. Wright, The neural crest cell hypothesis: no unified explanation for domestication, Genetics, Volume 219, Issue 1, (2021)

++ TV-Tipp ++

In der arte-Dokumentation „Die Geschichte von Mensch und Tier - Teil 1" - verfügbar in der arte Mediathek - spielt Chaskas Mutter Namida die Rolle eines Wolfs, der sich von den Steinzeit-Jägern zähmen lässt.

Neben dem Verhalten gibt es noch ein paar andere gravierende Unterschiede zwischen Wolf und Hund. Unter anderem betreffen sie die Reproduktion. Domestizierte Tiere haben generell viel längere Zeitfenster zur Fortpflanzung als ihre wilden Verwandten. Hunde werden spätestens mit einem Jahr geschlechtsreif, Wölfe erst mit etwa zwei Jahren. Während Hunderüden das ganze Jahr über zeugungsfähig sind, und Hündinnen in der Regel zwei Mal im Jahr läufig werden, ist die Paarungszeit bei Wölfen auf den Winter beschränkt. In den Monaten Dezember bis Februar werden sowohl Wolfsrüden als auch weibliche Wölfe, Fähen genannt, paarungsbereit. In dieser Zeit ändern sich die Hormonspiegel drastisch, und vor allem männliche Tiere neigen zu Aggression ihren Artgenossen gegenüber. Dieses sogenannte Winterwolfsyndrom ist ein wichtiger Aspekt, den Menschen kennen müssen, wenn sie die Wildtiere im Privatzoo halten möchten.

Im Jahr 2013 publizierte ein internationales Forscherteam in der Fachzeitschrift Nature, dass im Genom von Hunden mehr Genkopien für stärkeabbauende Enzyme zu finden sind, sogenannte

Amylasen.[7] Das ist wahrscheinlich deshalb so, weil Hunde über Jahrhunderte immer wieder die Tischabfälle des Menschen zu fressen bekamen, die reich an Getreide und Kartoffeln waren. Allerdings liegt der Zeitpunkt der Domestikation weit vor der Entstehung der Landwirtschaft, nämlich in der Jäger-Sammler-Zeit vor mehr als 11.000 Jahren. Auch hier entscheidet, welches Hundegenom man zum Vergleich heranzieht. Während der Siberian Husky, eine Rasse, die bei den nomadischen Jägern und Sammlern der Arktis entstand, nur drei bis vier Kopien des Amylasegens besitzt, hat der Saluki, ein persischer Windhund, 29 Kopien.[8] Die Rasse wurde in Vorderasien gezüchtet, wo die Landwirtschaft ihren Ursprung hat.

Nur weil man den genetischen Code eines Lebewesens entziffern kann, heißt das noch lange nicht, dass man ihn versteht, zumindest nicht komplett. Neben solchen Genen, die für Enzyme oder Proteine kodieren, gibt es nämlich auch solche, die regulieren. Sie bestimmen, welche Teile der DNA in welcher Körperzelle, wann und wie stark abgelesen werden. Beispielsweise zeigte eine Studie aus dem Jahr 2021, dass deutliche Unterschiede zwischen Wolf und Hund in der Genregulation liegen.[9] Das betrifft vor allem die Signalwege des Bindungshormons Oxytocin, die Kohlenhydratverdauung, das Zellwachstum sowie Gesichts- und Körpermerkmale, die mit dem Domestizierungssyndrom in Verbindung stehen. Die Autoren schreiben:

„Die Ergebnisse unterstreichen die Bedeutung regulatorischer Mutationen während der Domestikation von Hunden und motivieren zur funktionellen Annotation des nichtkodierenden Teils des Hundegenoms."

Das heißt, hier ist weitere Forschung nötig. Wahrscheinlich verbirgt sich in den Feinheiten der Genregulation die Ursache, warum nur wenige genetische Veränderungen einen so großen Unterschied machen.

Zusammenfassung

Unterschiede zwischen Wolf und Hund liegen in folgenden Bereichen:

- Gehirnbiochemie
- Hormonhaushalt
- Verdauung
- Genregulation
- Kooperation mit dem Menschen
- Fortpflanzung
- Körperliche Merkmale

7 E. Axelsson, A. Ratnakumar, M-J Arendt, K. Maqbool, M.T. Webster, et al. The genomic signature of dog domestication reveals adaptation to a starch-rich diet. Nature 495: 360–364. (2013)
8 A.H. Freedmann et. al., Genome Sequencing Highlights the Dynamic Early History of Dogs, Plos one (2014)

9 P. Sahlén , L. Yanhu, J. Xu , E. Kubinyi, G.D. Wang, P. Savolainen, Variants That Differentiate Wolf and Dog Populations Are Enriched in Regulatory Elements. Genome Biol Evol. (2021) Apr 5;13(4)

Nicht jeder Hund ist zu 100 Prozent Hund und nicht jeder Wolf zu 100 Prozent Wolf. Ein Team von Forschenden der britischen University of Lincoln und der nordamerikanischen University of California veröffentlichte im Jahr 2018 eine Studie, bei der sie 61.000 SNPs auf den Genomen von Wölfen analysierten und sie mit Hundegenomen verglich.[10] Insgesamt verglichen sie 252 Individuen: 54 osteuropäische Wölfe, 20 italienische Wölfe, sechs iberische Wölfe, 17 mutmaßliche Wolf-Hund-Hybride, davon neun aus Osteuropa und acht aus Italien, 28 asiatische Wölfe, 125 Hunde verschiedener Rassen sowie zwei freilaufende Mischlingshunde. Die Ergebnisse zeigten, dass 62 Prozent der Eurasischen Wölfe vom Hund stammende Chromosomenblöcke in sich trugen. Doch unterschieden sie sich genetisch immer noch eindeutig von Hunden. Daraus folgerten die Forschenden, „dass Hybridisierungen in geringer Häufigkeit die Unterscheidungskraft des Wolfsgenpools nicht beeinträchtigen".

Dass Wölfe und Hunde genetisch ein wenig verschwimmen, finde ich nur logisch. Aus Deutschland kennt man es nicht, aber während meiner Reisen durch Osteuropa und Asien habe ich gesehen,

wie nah Menschen, Vieh, Hunde und auch Wölfe zusammenleben, ohne Zäune oder andere Hindernisse. Zwar vertragen sich Wölfe und Hunde in der Regel nicht - ein Wolfsrudel würde einen Hund in seinem Revier verjagen oder töten - doch wenn Hormone im Spiel sind, wird das Kriegsbeil schnell begraben. Eine läufige Wölfin lässt sich – falls kein besserer Bewerber vorhanden ist – auch von einem freilaufenden Haushund beschlagen. Und ein liebestoller Wolfsrüde wird eine läufige Hündin nicht verschmähen. Solche Zufallshybridisierungen geschehen meist dort, wo Wolf und Hund die Möglichkeit haben, sich zu begegnen, in Ländern mit herrenlosen Straßenhunden oder dort, wo Herdenschutzhunde ohne sichere Zäune ihre Weidetiere bewachen. Im Liebesrausch werden Feinde zu Freunden, wenn auch nur für kurze Zeit. Wölfe sind nur im Winter paarungsbereit. Damit es also zwischen Wolf und Hund zur Paarung kommt, muss vor allem der Zeitpunkt stimmen. Daher ist die Wahrscheinlichkeit gar nicht so hoch, wie man meinen möchte. Dennoch gibt es seit der Mensch Hunde züchtet immer wieder zufällige Hybridisierungen. Da sich Wölfe mit fast allen Hunderassen fortpflanzen können, entstehen bei Zufallsverpaarungen nicht unbedingt wölfisch aussehende Tiere. Der Nachwuchs aus einer Verpaarung von Herdenschutzhund und Wolf wird sich wahrscheinlich optisch klar vom Wolf unterscheiden lassen. Hybriden können also ein Zufallsprodukt sein, das sich in manchen Regionen der Welt kaum vermeiden lässt.

10 M. Pilot, C. Greco, B. M. vonHoldt, E. Randi,W. Jędrzejewski,V. E. Sidorovich, M. K. Konopiński, E. A. Ostrander, R. K. Wayne Widespread, long-term admixture between grey wolves and domestic dogs across Eurasia and its implications for the conservation status of hybrids, Evolutionary Applications 11 (5), (2018)

Das schwarze Fell mancher nordamerikanischer Timberwölfe stammt von zufälliger Einkreuzung mit freilaufenden Haushunden. Foto: iStock/Andyworks

In kleinstrukturierten Ländern wie Deutschland sollte es nicht zu zufälligen Verpaarungen von Wild- und Haustier kommen, weil Herdenschutzhunde sicher hinter Zäunen untergebracht sind, und Hundehalter generell dafür sorgen sollten, dass ihre Tiere nicht unbeaufsichtigt durch die Wälder streifen. Kommt es hierzulande doch zu Hybridisierungen in freier Wildbahn, sieht es nicht gut aus für die Welpen. Seit dem Jahr 2000 gibt es einen europäischen Aktionsplan für Wölfe, demnach die Vermischung mit Haushunden ein Risiko für das Überleben der geschützten Art darstellt. In den Leitlinien wird empfohlen, Hybridisierungen zu verhindern und Mischlinge der Natur zu entnehmen. Ursprünglich unterlagen Hybriden bis zur vierten Generation in Deutschland dem gleichen Schutzstatus wie Wölfe. Für ihre Tötung brauchte man bis zum Jahr 2020 eine naturschutzrechtliche Ausnahmegenehmigung. Dann trat ein neues Bundesnaturschutzgesetz (BNatSchG § 45a Abs 3) in Kraft, das vorsieht, Wolfshybriden grundsätzlich aus der freien Natur zu entnehmen. Das Tötungsverbot wurde aufgehoben. Diese Neuerung wurde heftig kritisiert, steht sie doch in Kontrast zum Schutzstatus, der im Washingtoner Artenschutzabkommen und der zugehörigen EU-Verordnung vorgeschrieben ist. Die Juristin Claudia Altenberger, Mitglied der

Deutschen Juristischen Gesellschaft für Tierschutzrecht e.V. schreibt in ihrer Publikation aus dem Jahr 2020 „Deutschland und seine Bastarde. Wolf-Hund-Hybriden – schützenswert oder Gefahr und Entnahme?"[11]:

„Der Umgang auch mit den rechtlichen Vorschriften in Bezug auf Wolf-Hund-Mischlinge in Deutschland spiegelt die international bestehende Unsicherheit wider."

In Bezug auf freilebende Hybriden ist also vieles noch nicht geklärt, und man findet zahlreiche, verschiedene Meinungen.

Wolfhund ist nicht gleich Wolfhund

Neben der zufälligen Hybridisierung von Wolf und Hund in freier Wildbahn, gibt es auch absichtliche. Weltweit züchten Menschen Wolfshybriden für den Privatgebrauch. Diese Tiere finden ihre Abnehmer. Es gibt Leute, die in ihrem Privatzoo Wölfe halten, beziehungsweise Mischlinge mit mittlerem oder hohem Wolfsanteil. Das ist eine Messgröße, mit der man ungefähr abschätzen kann, wie viel Wolf in einem Mischling steckt. Sie wird mit einer Prozentzahl wiedergegeben, die entweder anhand des Stammbaums theoretisch errechnet oder über DNA-Tests ermittelt wurde. Hier lohnt es sich nachzufragen, denn der DNA-

Test ist, obwohl er seine Grenzen hat, näher an der Realität. Es heißt, dass Tiere mit mehr als 30 Prozent Wolfsanteil im Verhalten deutlich wölfischer sind, als solche, deren Wolfsanteil darunter liegt.

Low-, Mid- und High-Content

Man unterscheidet zwischen sogenannten Low-, Mid- und High-Content-Tieren mit niedrigem, mittlerem beziehungsweise hohem Wolfsanteil. Wo genau man hier die Linie zieht, ist nicht klar definiert, aber Pi mal Daumen sagt man, einen niedrigen Wolfsanteil haben Tiere bis ungefähr 30 Prozent, einen mittleren bis 70 Prozent, und einen hohen ab 70 Prozent aufwärts.

Diese Prozentangaben sind unabhängig von der Filialgeneration. Denn mit dem richtigen Zuchtprogramm erhält man in der fünften Generation immer noch fast reinrassige Wölfe. Hier greift die F4-Hybrid-Grenze nicht. Gesetzlich ist das eine Grauzone, und man kann hochprozentige Tiere relativ einfach als Hunde nach Deutschland importieren. Oft – aber nicht nur – kommen sie aus den USA. Dort heißen sie alle „wolfdogs", übersetzt „Wolfhunde", und das führt zu großen Missverständnissen. Schließlich gibt es auch den Tschechoslowakischen Wolfhund und den Saarlooswolfhund, von der FCI anerkannte Rassen, die über Jahrzehnte hinsichtlich bestimmter Eigenschaften gezüchtet wurden. Hier gilt ein und derselbe Begriff für Zuchthybriden und Rassehunde. Wie sollen Privatleute oder Behörden nun abschätzen, welche

---

11 C. Altenberger, Deutschland und seine Bastarde. Wolf-Hund-Hybriden - schützenswert oder Gefahr und Entnahme?, TiRuP, Heft 4 (2020), Seiten 105-145, Universitätsbibliothek Salzburg, 2020

Art von Tier sich hinter Bezeichnungen wie „Amerikanischer Wolfhund" oder „Iberischer Wolfhund" verbirgt?

Dass man die Begrifflichkeiten unbedingt auf offizieller Ebene klären müsste, hat noch andere Gründe. Eine Kreuzung aus Wolf und Hund wäre hierzulande in freier Wildbahn ein Hybrid. Wird dasselbe Tier in menschlicher Obhut gezüchtet, heißt es „Wolfhund". Das scheint unfair, den wilden Hybriden gegenüber. Dieser verqueren Logik zufolge könnte man sie, anstatt sie abzuschießen, schließlich auch an erfahrene Wolfhundehalter vermitteln. Dass sie in der Wildnis geboren sind, wäre ebenfalls kein Argument.

Denn auch Wölfe oder hochprozentige Wolfhunde für die Privathaltung werden oft im Alter von wenigen Tagen von der Mutter getrennt und mit der Flasche aufgezogen. Das geschieht, damit sie sich besser an den Menschen gewöhnen. Würde man das mit Hunden machen, gäbe es einen Aufschrei aus dem Tierschutz. Mit zweierlei Maß zu messen, scheint hier nicht richtig. Entweder sind alle Wolf-Hund-Mischlinge Hunde, oder alle sind „Hybriden". Es gilt nachhaltig zu klären, wo man gesetzlich die Grenze ziehen will.

Wolf-Hund-Mischlinge mit Wolfhunden gleichzusetzen, scheint ebenfalls nicht

Wie Hunde mit hohem Wolfsanteil gezüchtet werden

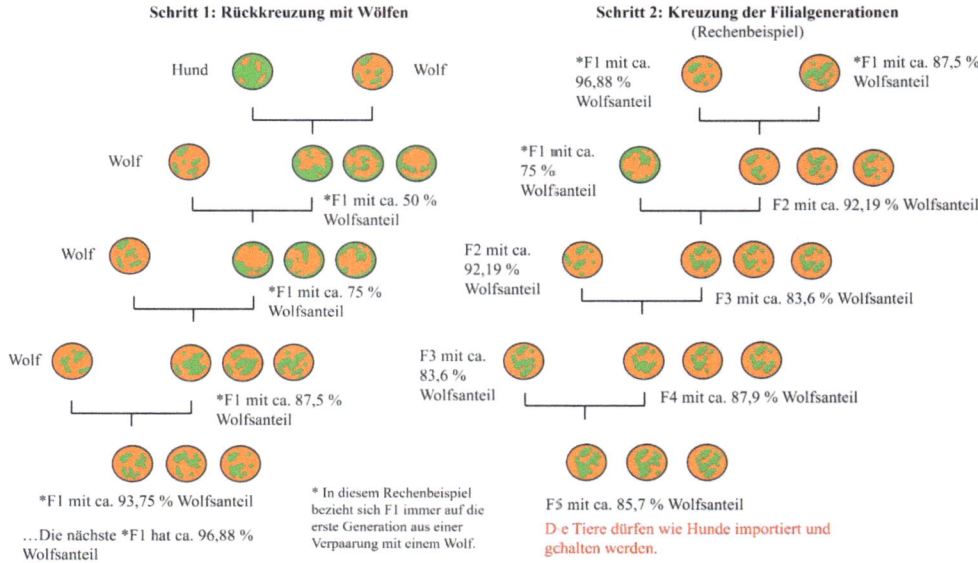

Gesetzliche Grauzone: In diesem Rechenbeispiel entsteht ein F5-Tier, das offiziell als Hund gilt, doch mehr als 85 Prozent Wolfsanteil besitzt. Zahlreiche weitere Kombinationen und Generationen, auch mit höheren Prozentzahlen wären denkbar. Grafik: alo

fair, und zwar den Menschen gegenüber, die diese Hunderassen züchten und halten. In der Dokumentation des Bayerischen Rundfunks (BR) aus dem Jahr 2019, „Zwischen Wolf und Hund - Wie gefährlich sind Wolfshybriden?", verfügbar in der BR-Mediathek, geht es um die Problematik der Privathaltung.

Kontroverse Dokumentation über Wolfshybriden auf dem YouTube-Kanal des Bayerischen Rundfunks.

Aufklärung ist wichtig und die Dokumentation ist sinnvoll, damit unbedarfte Menschen nicht auf die Idee kommen, ein Wildtier wie einen Hund halten zu wollen. Doch zeigt sich hier, wie wichtig klare Definitionen sind. In der Dokumentation werden die Begriffe „Wolfhund" und „Hybrid" ebenfalls durcheinander geworfen, und das gefällt nicht jedem. Ich hatte damals mit der VDH-Rassebetreuerin für Wolfhunde, Petra Caspelherr, Kontakt aufgenommen. Sie betonte, dass im Jahr 1983 der letzte Wolf in den TWH und 1963 in den SWH eingekreuzt wurde. Beide Rassen gelten heute als Low-Content-Wolfhunde mit genetisch messbaren Wolfsanteilen bis um die 30 Prozent. Diese Information bekommen Halterinnen und Halter beim Genomik-Dienstleister Embark nur auf Nachfrage, denn TWH und SWH werden dort genetisch als eigene Rassen geführt, nicht als Mischlinge. Dass die Tiere bis heute

einen messbaren Wolfsanteil haben, kommt daher, dass bei der Begründung der Rassen immer wieder Wolf-Hund-Mischlinge miteinander verpaart wurden. Hier muss man differenzieren. Dieser alte Wolfsanteil wurde über viele Zuchtgenerationen nach bestimmten Eigenschaften selektiert, ohne neuen Wolfsanteil beizumischen. Im Vergleich dazu kann ein Wolf-Hund-Mischling der zweiten Generation (F2) ebenfalls um die 30 Prozent Wolfsanteil haben. Die Frage ist, um welche 30 Prozent des Wolfs es sich hierbei handelt. Das lässt sich nämlich nicht vorhersagen.

Alter und neuer Wolfsanteil

Aus den Experimenten des russischen Genetikers Dmitrij Belyaev haben wir gelernt, dass Domestikation relativ schnell gehen kann. Zehn Generationen hat es gedauert, bis er einige seiner Farmfüchse als Haustiere halten konnte. Dabei muss man aber bedenken, dass nach den bunten Regeln der Vererbung in jeder Generation auch wieder aggressive und scheue Tiere auftauchen können. Daher dauert es in der Hundezucht trotzdem relativ lange, bis man bestimmte Eigenschaften so zuverlässig festigen kann, dass man tatsächlich eine neue Rasse erhält. Eine Gruppe italienischer und tschechischer Forschender veröffentlichte im Jahr 2018 eine Studie in der Fachzeitschrift BMC Genomics, die belegte, dass beim Tschechoslowakischen Wolfhund bestimmte Gene durch die Zucht selektiert wurden, nach wölfischem Aussehen und hündischem Verhalten.[12] Genau das unterscheidet Wolfhund-Rassehunde von Wolfhund-Hybriden, bei denen die Rückzüchtung nicht so lange zurückliegt. Bei Letzteren sind die Gene noch relativ wild durcheinander gewürfelt, und jedes Tier ist ein Überraschungsei. Darauf sind Menschen, die „neue" Wolfhunde mit mittlerem und hohem Wolfsanteil halten, in der Regel gut eingestellt. Sie kennen sich mit dem Verhalten von Wölfen aus, haben ein großes Außengehege, hängen nicht an ihren Möbeln und haben keine Erwartungshaltung an ihre Tiere. Das heißt, sie freuen sich, wenn der mittel- oder hochprozentige Wolfhund an der Leine spazieren geht oder entspannt in der S-Bahn fährt. Tut er das aber nicht, kommen sie damit zurecht. Solche Menschen können bei Bedarf ihren Tieren Freiraum gönnen. Sie wissen, was das Winterwolfsyndrom ist und sind darauf vorbereitet, wenn ihr Schützling nach etwa zwei Jahren geschlechtsreif wird. Hochprozentige Tiere landen selten bei Haltern, die nicht wissen, worauf sie sich einlassen. Tun sie es aber doch, ist die Katastrophe vorprogrammiert. Wer sich ohne Fachwissen, aus romantisch-naiven Motiven ein solches Tier ins Haus holt, erlebt oft sein blaues Wunder. Zerstörte Möbel, Ausbruchsversuche sowie Angriffe auf andere im Haus lebende Hunde oder Menschen können durchaus vorkommen.

„Die private Haltung von Wolfshybriden wird äußerst kritisch betrachtet und erscheint darüber hinaus wenig sinnvoll, da die Tierbesitzer mit der Haltung oftmals überfordert sind, was für sie selbst und ihre Umgebung eine verringerte Lebensqualität und sogar Gefährdung bedeuten kann."

So steht es in einer Publikation zur privaten Haltung von Wolfshybriden in der Zeitschrift „Amtstierärztlicher Dienst und Lebensmittelkontrolle" aus dem Jahr 2017.[13] Die Autoren schildern den Fall einer hochprozentigen Wolfhündin, die mit neun Wochen aus den USA über Kanada und die Schweiz nach Deutschland eingeführt wurde. Angeblich stammte das Tier aus einer Kreuzung zwischen Grönlandhusky und Polarwolf, und lag genetisch weit über der fünften Filialgeneration (F > 5). Im Alter von zehn Tagen wurde sie beim Züchter von der Mutter entfernt und von Hand aufgezogen. Die neuen Halter in Deutschland hielten sie mit zwei anderen Hunden in einem etwa hundert Quadratmeter kleinen Außengehege. Im Alter von etwas mehr als einem Jahr schien sie in der Nachbarschaft aufzufallen. Jemand informierte die Tierärzte im Veterinäramt, die der Halterin einen Besuch abstatteten. Sie berichteten:

„Die Hündin verhielt sich dabei auf dem Gelände ängstlich, scheu und versuchte

---

12 R. Caniglia, E. Fabbri, P. Hulva et al., Wolf outside, dog inside? The genomic make-up of the Czechoslovakian Wolfdog. BMC Genomics 19, 533 (2018).

13 M. Robanus & F. Robanus, Grundsätze der tierschutzrechtlichen Beurteilung zur privaten Haltung von Wolfshybriden, Amtstierärztlicher Dienst und Lebensmittelkontrolle (2017)

zu flüchten. Darüber hinaus zeigte sie Stressmerkmale wie spontanes Urinieren, mehrfaches Kotabsetzen, Hecheln, starke Unruhe, ständiges Umherlaufen, Ducken oder die Suche nach Deckung. Zur Ruhe kam die Hündin während des gesamten Beobachtungszeitraumes von etwa einer halben Stunde zu keiner Zeit. Ferner zeigte die Hündin Drohverhalten durch Knurren und Warnbellen…"

So steht es im Bericht der Amtstierärzte. Ein externer Gutachter wurde hinzugezogen, der zusätzlich zum „psychopathischen Verhalten" eine Stoffwechselerkrankung der Knochen feststellte. Nach Auffassung der Behörde zeigte die Wolfhündin gemäß Tierschutzgesetz erhebliche Leiden unter den praktizierten Haltungsbedingungen. In diesem Zusammenhang fiel das Wort „Tierquälerei". Die Hündin wurde an eine andere Einrichtung abgegeben, wo sie kastriert werden sollte und während der Narkose verstarb. Aussagen von Wolfhundexperten zufolge steigt bei tierärztlichen Behandlungen durch die fehlende Gewöhnung der Adrenalinspiegel des Tieres stark an, wodurch Narkosemittel erst sehr spät wirken. Wird aus Unwissenheit nachgespritzt, kann es zu einer Überdosierung kommen. Vermutungen, dass Wölfe bestimmte Narkosemittel nicht vertragen, konnten weder ein Wildpark-Tierarzt noch ein Sprecher des Wolfcenters Dörverden bestätigen.

Hier sei noch einmal angemerkt, dass es durchaus Menschen gibt, die mittel- und hochprozentige Wolfhunde artgerecht halten können. Doch wer entscheidet, ob jemand für diese Aufgabe geeignet ist? Im Moment sind das nicht die Behörden, sondern lediglich die Menschen, die die Tiere verkaufen. Wenn man bedenkt, dass ein einziger Welpe um die 5.000 Euro einbringt, stellt sich die Frage, wie streng manche Züchterinnen und Züchter die Eignung der Menschen beurteilen, die sich für ihre Welpen interessieren. Allerdings sind hoch- und mittelprozentige Wolfhunde auf eine relativ kleine Szene in Deutschland beschränkt. Nur wenige Hartgesottene wollen wirklich ein Wildtier im Wohnzimmer. Daher könnten die Probleme mit Low-Content-Wolfhunden künftig zunehmen, denn hier ist die Hemmschwelle nicht so hoch, schließlich sind die Tiere zum größten Teil Hund. Wenn man aber bedenkt, wie viel Können notwendig ist, einen „normalen" Hund gut zu führen, ist der Ärger vorprogrammiert. Auch wenn sich „nur" ein Hund im Wolfspelz verbirgt, so hinterlässt er doch Eindruck.

Das Rotkäppchen-Syndrom

Die Autorin Karolin Fuchs stellt in ihrem Buch „Wolfhunde in Deutschland" die Frage: Sind Wolfhunde gefährlicher als andere Hunde? Und beantwortet sie gleich mit „Nein":

„Ein schlecht geführter TWH zum Beispiel richtet genauso viel Schaden an wie jeder andere schlecht geführte Haushund in derselben Größe."

Ähnlich wie bei den Haltern von Dobermann und Rottweiler, muss man als

Wolfhund-Halter oder -Halterin damit rechnen, dass man vom Umfeld streng überwacht wird.

Rotkäppchen.

Durch alte Volksmärchen wurde über viele Generationen das Bild vom „bösen Wolf" geprägt. Rotkäppchen-Chromolithographie aus dem Jahr 1898. Grafik:iStock/ZU_09

Bei Wolfhunden greift das sogenannte Rotkäppchen-Syndrom. Damit ist gemeint, dass wölfisch aussehende Hunde bei vielen Menschen Assoziationen mit dem bösen Märchenwolf hervorrufen. Dessen sollte man sich bewusst sein, auch dann, wenn der eigene Wolfhund freundlich und gut erzogen ist. Die Verantwortung ist hier viel größer als bei einem „hündisch" aussehenden Hund. Wenn Lumpi versehentlich ausbüxt, sei es nur für kurze Zeit, kann es zu fatalen Missverständnissen kommen. Nicht auszudenken die Panik der Eltern, wenn

ein übermütiger Isegrim-Doppelgänger einen Spielplatz stürmt. Das ist so ähnlich wie bei den als potenziell gefährlich geltenden Listenhunden. Rottweiler oder Dobermann können sehr freundliche Hunde sein, doch hält die Öffentlichkeit bei ihrem Anblick erst einmal die Luft an. Ein Golden Retriever kommt eben ganz anders an.

Was tun, wenn man plötzlich merkt, dass man der Aufgabe nicht gewachsen ist? Den Wolfhund einfach im nächsten Tierheim abzugeben, ist nicht so einfach. Davon können Anna-Caroline und Marcel Hein von Camchatca ein Lied singen. Weil Tierheime mit den wölfisch aussehenden Hunden meist überfordert sind, haben sie im Jahr 2012 eine gemeinnützige Wolfhundhalterhilfe gegründet . Bis zum Jahr 2024 nahmen sie solche Tiere auf, mit denen die Halter nicht mehr zurechtkommen. Meist waren das keine reinrassigen Wolfhunde, sondern Mischungen aus Amerikanischem, Iberischem oder Tschechoslowakischem Wolfhund, selten aus seriöser Zucht. Wenn es möglich war, wurden die Hunde in ein neues Zuhause mit erfahrenen Halterinnen und Haltern vermittelt. Auf www.camchatca.de waren die Geschichten der einzelnen Wolfhunde ausführlich beschrieben. Man fand solche, die noch zur Vermittlung standen, und auch jene, die bereits vermittelt worden waren. Die Geschichte der Wolfhund-Mix-Dame Kalypso war besonders aussagekräftig. Gemeinsam mit ihren beiden Geschwistern streifte sie wochenlang allein durch ein Wohngebiet und den nahegelegenen

Wald. „Vermutlich hatte der Besitzer die Hunde nach seinem Umzug einfach zurückgelassen. Anwohner kümmerten sich um das Anfüttern der Tiere und nahmen Kontakt mit dem Ordnungsamt auf", heißt es in Kalypsos Beschreibung. Die Tiere konnten durch eine Distanznarkose betäubt und eingefangen werden. Zunächst wurden sie in das zuständige Tierheim gebracht, das daraufhin Camchatca kontaktiert hatte. Auf der Website hieß es weiter:

„Obwohl es sich um äußerst gut geschultes Personal handelt, das gerade im Umgang mit schwierigen ‚Fellen‘ eigentlich wirklich was auf dem Kasten hat, waren die Mitarbeiter des Tierheims durch das augenscheinlich wölfische, sehr scheue Verhalten dieser Tiere gehemmt. Wenn es einfach nur schlappohrige, rumänische Mischlinge gewesen wären, mit demselben Verhalten wie die drei Wolfhunde, hätten alle gewusst was zu tun ist! Klarer Fall von ‚Rotkäppchensyndrom‘."

Das Einzige, was überforderten Hundehaltern meist einfällt ist, ihre Tiere auszusetzen. Im Fall von Wolfhunden ist das nicht nur Tierquälerei, sondern auch ein Problem für den Artenschutz. Was der Wolf in Deutschland definitiv nicht braucht, ist ein schlechtes Image durch freilaufende, wolfsähnliche Tiere, die bereits beim Menschen gelebt haben und daher viel weniger scheu sind. Gleichzeitig kann ein gut geführter, freundlicher Wolfhund dem Artenschutz sogar dienlich sein und der Öffentlichkeit ein positives Bild von Isegrim vermitteln.

Verantwortung

Einen Hund zu halten, der aussieht wie ein Wolf, bedeutet Verantwortung - der Gesellschaft und dem Tier zuliebe. Ein gut geführter, freundlicher Wolfhund kann ein positives Bild des Wolfs prägen.

Im September 2020 wurde in der Eifel ein Rüde eingefangen, weil er einer Wandergruppe stundenlang gefolgt war. Im Tierheim verhielt sich der zwei- bis dreijährige Wolfsähnliche sehr nervös, weshalb er in einer Wildtier- und Artenschutzstation untergebracht wurde. Zum Transport musste er betäubt werden. Bei der Untersuchung fand der Tierarzt heraus, dass der Rätselwolf gechippt war, was nahe legt, dass er aus menschlicher Obhut stammt. Das Ergebnis eines DNA-Tests zeigte, dass es sich um einen Hybriden der dritten Generation (F3) handelte, mit einem Wolfsanteil von fast 90 Prozent. Anhand des Chips konnte kein Halter ermittelt werden, lediglich die Herkunft aus Weißrussland. Ihn wieder freizulassen kam nicht infrage. Auch eine Unterbringung in einem Zoo oder Wildpark war schwierig, da man dort an Wölfen interessiert ist, nicht an Mischlingen. Schließlich fand das Tier im nordbayerischen Wildpark Hundshaupten eine neue Heimat. Neben der Infotafel zum Eurasischen Wolf steht dort nun eine weitere zum Hybriden. Man sieht also, ein Wolfhund kann schnell zum Hybriden werden und andersherum. Für diesen Rüden ist die Geschichte gut ausgegangen. Er hat seinen Platz in der Welt gefunden.

Der Wolfshybrid im Tierpark Hundshaupten, der in der Eifel Wanderer verfolgte, stammt wahrscheinlich aus menschlicher Obhut. Foto: alo

„Neue Heimat für den Rätselwolf gefunden" - Bericht aus 2021 auf aktiontier.org

Ein ungewollter, hochprozentiger Wolfhund ist so etwas wie eine verlorene Seele. Scheuer als ein Hund und zutraulicher als ein Wolf, sind diese Tiere gefangen zwischen den Welten. Weder beim Menschen, noch in der Natur finden sie ihren Platz. Was ich damit sagen will ist, dass es mit Tierliebe nichts zu tun hat, wenn man unbedarft ihre Zucht unterstützt.

Äußerliche Unterschiede zwischen Tamaskan und Wolf

Kann man auch den Tamaskan mit einem Wolf verwechseln? Der größte Unterschied zwischen den beiden liegt ganz klar im Verhalten. Gut sozialisierte Tamaskane sind in der Regel alles andere als scheu, sondern freundlich und nervenstark. Belyaevs Experimente mit den Silberfüchsen haben gezeigt, dass die Domestikation eines Tieres auch körperliche Veränderungen mit sich bringt. Das erklärt auch bei Hunden vom Urtyp wie etwa dem Siberian Husky die blauen Augen oder die Ringelrute. Für einen Laien, der Wölfe nur aus Filmen kennt, mögen TWH, SWH oder Tamaskan vielleicht aussehen wie Wölfe. Doch wer schon einmal einen echten Wolf gesehen hat, erkennt deutliche Unterschiede unter anderem im Körperbau, in der Kopfform oder im Verhältnis von Kopf zu Ohren.

- Ein Wolf hat kleinere Ohren als die meisten Wolfhunde. Sie sind kürzer, runder und haben eher die Form eines gleichseitigen Dreiecks. Die Ohren des Tamaskans sind in der Regel spitzer und länger.

- Die Fellfarbe des Wolfs variiert von grau bis rot mit einem fließenden Übergang vom dunklen Rücken bis zum hellen Bauch. Obwohl die meisten Wolfhunde ebenfalls ein wildfarbenes Fell besitzen, ist es homogener.

- Wolfhunde wie der Tamaskan haben häufig einen weißen Streifen hinter der Schulter. Beim Wolf fehlt er.

- Die italienisch-französische Unterart des Wolfs besitzt einen schwarzen Streifen auf den Vorderbeinen, der den meisten Wolfhunden fehlt.

- Die Gesichtsmaske des Wolfs reicht bis zum Halsansatz, bei Wolfhunden ist sie oft kleiner.

- Die Rute des Wolfs ist gerade und kürzer als beim Wolfhund. Bei letzterem reicht sie häufig bis unter das Sprunggelenk und ist mehr oder weniger geschwungen.

Man sieht also, dass sich ein „Sofawolf" von seinem Artgenossen in freier Wildbahn immer noch stark unterscheidet.

Mittel- und hochprozentige Tiere, deren Haltung sich in einer gesetzlichen Grauzone bewegt, sind optisch in der Regel dem Wolf ähnlicher. Halterinnen und Halter solcher Tiere belächeln häufig die niedrigprozentigen Wolfhunde, da deren Körperproportionen doch eher ihren hündischen Ahnen ähneln, TWH und SWH dem Deutschen Schäferhund, und der Tamaskan zusätzlich den nordischen Schlittenhunden. Dafür kann man sie aber auch halten wie Hunde, und muss sich nicht auf wildtiertypische Eigenarten einstellen. Worüber man sich klar sein sollte, ist, dass in der Öffentlichkeit, auch bei den Behörden, wenig detailliertes Know-How zu Wolfhunden existiert. Es kann sein, dass auch ein niedrigprozentiger Wolfhund, oder einer, der gar keinen nachweisbaren Wolfsanteil besitzt, zunächst einmal als Hybrid wahrgenommen wird. Trotzdem: Die Chance, dass ein entlaufenes Tier in der Innenstadt mit einem Wolf verwechselt wird, ist geringer, wenn der Hund nicht eins zu eins aussieht wie sein wilder Verwandter.

Reisen nach Norwegen

Neben anderen potenziell gefährlichen Hunderassen wie Pit Bull Terrier oder Amerikanischer Staffordshire Terrier sind der Tschechoslowakische Wolfhund sowie Mischlinge aus Hund und Wolf in Norwegen verboten. Theoretisch könnte man mit einem Tamaskan, der keinen nachweisbaren Wolfsanteil besitzt, einreisen, doch sollte man sich erkundigen, welche Dokumente notwendig sind.

Der Eurasische Grauwolf hat andere Körperproportionen als die meisten Low-Content-Wolfhunde.
Foto: iStock/Vasyl Helevachuk

Tamaskan-Hündin Chaska hat längere und spitzere Ohren als ein Wolf. Foto: alo

Fazit zum Wolfsanteil

Der Tamaskan ist ein Low-Content-Wolfdog, ein niedrigprozentiger Wolfhund, ähnlich wie TWH und SWH. Beim Tamaskan darf der Wolfsanteil bei maximal 30 Prozent liegen. Das ist von den meisten Zuchtverbänden so vorgegeben. Häufig aber ist der Wolfsanteil beim Tamaskan niedriger, teils sogar im einstelligen Bereich. Der Tamaskan wäre daher sozusagen ein Very-Low-Content-Wolfdog. Doch man muss zwischen altem und neuem Wolfsanteil unterscheiden. Ausgehend vom Zuchttier Boogie aus Lappland wären viele Tamaskane heute in der siebten Filialgeneration (F7) nach dem Alaska-Tundrawolf beziehungsweise einem hochprozentigen Abkömmling davon. Da aber nicht mit hochprozentigen Tieren weitergezüchtet wurde, taucht dieser Wolfsanteil in den DNA-Tests heute nicht mehr auf. Als Outcross-Hunde wurden gelegentlich TWH und SWH eingesetzt. Obwohl diese Rassen einen nachweisbaren Wolfsanteil haben, wurde dieser über zahlreiche Generationen so selektiert, dass man relativ zuverlässig die gewünschten Eigenschaften bekommt. Man könnte sagen, hier hat eine neue Domestikation stattgefunden. Kritisch würde ich einen Wolfsanteil betrachten, der von einem erst kürzlich rückgekreuzten Tier stammt, egal, ob man es Hybrid, Mischling oder Wolfhund nennt. Menschen, die sich für einen Tamaskan interssieren, wollen in der Regel einen ursprünglich aussehenden, gesunden Familienhund, der einen so geringen Wolfsanteil wie möglich hat, am besten gar keinen. Da die Wolfhundeszene ein bisschen ist wie der Wilde Westen, ist bei der Suche nach den passenden Zuchttieren besondere Achtsamkeit geboten. Wer sich für einen Tamaskan interessiert, will einen zuverlässigen Alltagsbegleiter, kein Überraschungsei. Hier steht und fällt alles mit der Einstellung der Menschen, die die Hunde züchten und kaufen.

Die genetische Vielfalt und gleichzeitig das wölfische Aussehen nur mit Schäferhund- und Schlittenhund-Auskreuzungen aufrecht zu erhalten, ist nicht einfach. Für möglichst naturnahe Wildtierproportionen müssten Züchterinnen und Züchter theoretisch hochprozentige Tiere einkreuzen, was sich wiederum auf das Verhalten auswirken würde. In erster Linie bestimmen Käuferinnen und Käufer die Entwicklung der Rasse durch ihre Wünsche und Vorstellungen. Hier sollte die Gesundheit und der gute Charakter der Tiere das Hauptanliegen sein, nicht eine möglichst realistische Wolfsoptik.

ÜBERLEGUNGEN VOR DER ANSCHAFFUNG

Es gibt Menschen, die suchen sich ihren neuen besten Freund aus wie ein Modeaccessoire, ohne zu überlegen, wie der Alltag aussehen soll. Leider ist das vor allem bei Wolfhunden ein großes Problem, da der Wolf eine starke symbolische Bedeutung hat und Stoff für Träumereien liefert. Weit über spirituelle Kreise hinaus gilt er als Krafttier, als Symbol für Macht und Mystik. Spätestens seit der TV-Serie „Game of Thrones", in der jedes Königskind seinen eigenen Schattenwolf besaß, ist ein regelrechter Run auf Wolfhunde ausgebrochen. Auch ich bin im Tierbedarfsgeschäft schon auf meine Hündin angesprochen worden: „Wie toll! Die sieht ja aus wie ein Schattenwolf!" Kein Wunder, schließlich waren es die Vorgänger des Tamaskans, die Northern Inuit Dogs, die als Schattenwölfe für die erste Staffel der Serie gecastet wurden. Ich muss zugeben, ein bisschen stolz war ich schon, aber es gehört eben so viel mehr dazu, einen Hund „rassegerecht" zu halten. Das Problem haben Wolfhunde nicht für sich allein gepachtet. Seit eh und je holen sich Leute beispielsweise Jagd-, Wind- oder Hütehunde ins Haus, einfach, weil sie das Aussehen der Tiere schön finden. Nicht selten gibt es dann Probleme, weil die Hunde genau das machen, wofür sie gezüchtet wurden. Neben äußerlichen Merkmalen werden nämlich auch rassetypische Charakter- und Verhaltensmerkmale vererbt. Das bedeutet: Für die Haltung einer jeden Hunderasse benötigt man etwas Hintergrundwissen sowie den Willen, sich auf die rassetypischen Eigenarten und Talente des Tieres einzulassen. Was das bedeutet, und worauf man sich beim Tamaskan einstellen kann, folgt in diesem Kapitel.

Jeder Hund braucht eine Aufgabe

Dass es heute so viele Hunderassen gibt, liegt vor allem an den vielfältigen Einsatzgebieten, die wir für unsere vierbeinigen Begleiter hatten. Historisch sind die meisten Hunde keine Familienmitglieder, sondern - salopp gesagt - lebende Werkzeuge, die sich der Mensch über die Jahrhunderte zurecht geschliffen hat. Ähnlich einem Satz Schraubenschlüssel gibt es beispielsweise ein ganzes Sortiment von Jagdhunden, allesamt mit eigenem Spezialgebiet. Während beispielsweise der Labrador Retriever geschossenes Federwild aus dem Wasser holen sollte, wurden Laufhunde wie Bracken oder Beagle dazu gezüchtet, Wildtiere zu finden und sie laut bellend zu verfolgen - und zwar so lange, bis Jägerin oder Jäger die Beute mit dem Gewehr erlegen konnte. Im Gegensatz dazu wurden viele alte Windhundrassen dafür gezüchtet, Wildtiere lautlos zu hetzen und zu packen, als Ersatz für eine Waffe sozusagen. In Deutschland ist diese Art der Jagd heutzutage verboten, in manch anderen Ländern nicht.

Hütehunde wie der Border Collie oder der Australian Shepherd mussten nicht nur ausdauernd, sondern auch ausgesprochen gelehrig sein, um Schäferin oder

Hütehunde wie der Border Collie wurden für die enge Kooperation mit dem Menschen gezüchtet. Sie sind sehr agil, feinfühlig und gelehrig. Foto: iStock/Zocha_K

Schäfer optimal beim Hüten unterstützen zu können. Im Gegensatz dazu wurden Herdenschutzhunde nicht für die Kooperation mit dem Menschen gezüchtet, sondern für eigenständiges Arbeiten. Sie leben gemeinsam mit Nutztieren auf der Weide und beschützen diese vor Wölfen und anderen Eindringlingen, rund um die Uhr. Das Lernen zahlreicher Kommandos interessiert sie in der Regel nicht so sehr. Wozu auch? Würden sie erst auf einen Befehl warten, wäre es für die Schafe längst zu spät. Auf diese Eigenständigkeit verlassen sich Nutztierhalterinnen und -halter, doch bei Privatleuten zu Hause oder auf dem Hundeplatz kann sie für großen Frust sorgen.

Menschen, die auch heute noch Hunde von Berufs wegen halten, sei es bei der Jagd, in der Landwirtschaft, bei der Polizei oder beim Militär, freuen sich bis über beide Ohren, wenn ein Welpe bereits das rassetypische Verhalten zeigt. In der Jägersprache sagt man, es sei „angewölft", also angeboren, wenn der Apportierhund gerne apportiert, der Stöberhund viel stöbert, der Vorstehhund fleißig vorsteht und so weiter. Für die Züchtenden der betreffenden Rassen ist es ein Qualitätskriterium, dass den Hunden der Arbeitswille und teils auch schon die entsprechende Fähigkeit im Blut liegt. Schwierig wird es allerdings dann, wenn ein typischer Gebrauchshund plötzlich „nur" Familienhund sein soll. Dann stört das mühsam angezüchtete, rassetypische Verhalten eher, als dass es begeistert, etwa wenn der arbeitslose Hütehund die Kinder zusammentreibt, der arbeitslose Wachhund die Gäste stellt oder der Jagdhund im Wald verschwindet, um ganz pflichtbewusst für seinen Menschen Wild aufzustöbern. Da ihre Talente oft nicht mehr erwünscht sind, leiden viele Hunde unter Langeweile und suchen sich Alternativbeschäftigungen. Diese stören Herrchen oder Frauchen irgendwann so sehr, dass sie mit dem auffällig gewordenen Gebrauchshund in eine Hundeschule gehen. Dort werden sie zunächst einmal darüber aufgeklärt, welcher Rassekategorie ihr Vierbeiner angehört, und wie man einen Vertreter dersolchen am besten beschäftigt, den Apportierhund zum Beispiel mit Dummytraining, den Stöberhund mit Fährtenarbeit, den Hütehund mit Treibball oder am besten gleich mit der Anschaffung einer kleinen Schafherde. „Hätte ich mir das doch besser vorher überlegt", ist sicherlich ein Gedanke, der an diesem Punkt häufig in den Sinn kommt. Genau deshalb sollte die Frage nach dem ursprünglichen Gebrauch der Rasse eine der ersten sein, die man sich vor der Anschaffung eines Hundes stellt.

Aber wie ist das beim Tamaskan? Schließlich handelt es sich um eine relative neue Rasse, die mit dem Ziel gezüchtet wurde, einen wölfisch aussehenden Familienhund zu schaffen.

Herdenschutzhunde wie der Pyrenäenberghund wurden als eigenständige Beschützer gezüchtet. Sie sind ruhig, stark, geduldig und nicht so sehr an Kommandos interessiert. Foto: iStock/-RoMy-

Obwohl der Tamaskan kein typischer Gebrauchshund ist, wurde er aus solchen gezüchtet. Daher kann man ihn bei der Vorrecherche wie einen Mischling betrachten und sich über die Ursprungsrassen informieren. Sie verraten bereits einiges über die genetischen Anlagen, die ein einzelner Hund haben kann, aber nicht muss. Ob ein Hund seine rassetypischen Eigenschaften entwickelt, liegt auch daran, wie gut der Mensch sie fördert. Generell ist die Hundezucht ein Spiel mit Wahrscheinlichkeiten. Egal, welche Rasse man sich aussucht, man sollte im Hinterkopf behalten, dass jeder Hund individuell verschieden ist. Mit der Wahl eines Rassehundes steckt man sich einen Rahmen und erhöht die Chancen, dass der Hund genau die Eigenschaften mitbringt, die man sich wünscht. Es gibt aber beispielsweise auch Labrador Retriever, die ungern ins Wasser gehen. Genauso kann es Schlittenhunde geben, die nicht gerne Lasten ziehen. Auf solche Überraschungen sollte man immer gefasst sein.

Rassennomenklatur der FCI

Eine umfassende Informationsquelle zu den Hunderassen dieser Welt ist die Website des internationalen Dachverbands für Hundewesen, der Fédération Cynologique Internationale (FCI). Dies ist diejenige Organisation, die entscheidet, ob eine neue Hunderasse offiziell anerkannt wird oder nicht. Hier sind alle Rassen hinterlegt inklusive ihrer Zuchtstandards, also dem körperlichen Erscheinungsbild und dem Wesen der Tiere.

Website der FCI mit der Gruppeneinteilung aller weltweit anerkannten Hunderassen.

Im Gegensatz zur biologischen Systematik aus Kapitel 2 kategorisiert die Systematik der FCI weniger nach Verwandtschaft, sondern eher nach dem Zweck, für den eine Hunderasse gezüchtet wurde. In der FCI-Rassennomenklatur gibt es zehn Gruppen. Die Gruppe 1 umfasst „Hüte- und Treibhunde" und beinhaltet beispielsweise den Kelpie aus Australien, den Border Collie aus Großbritannien oder den Mallinois aus Belgien. Äußerlich sind das sehr unterschiedliche Rassen, die sich aber in ihrem Arbeitswillen und ihren Talenten stark ähneln. Zur Gruppe 2 gehören „Pinscher, Schnauzer und Molosser" inklusive Dobermann, Dogge, Boxer und Rottweiler, also überwiegend große, muskulöse Tiere. Die Gruppe 3 umfasst eine Vielzahl von „Terriern", ursprünglich kleine bis mittelgroße Jagdhunde, die dafür gezüchtet wurden, Fuchs und Dachs aus ihrem Bau zu treiben, genauso wie die „Dachshunde" in Gruppe 4. Diese Gruppe ist relativ klein und besteht aus den verschiedenen Versionen des in Deutschland gezüchteten Dackels. In Gruppe 5 findet man „Spitze und Hunde vom Urtyp". Diese Gruppe ist sehr vielfältig und besteht aus Schlitten-, Jagd-, Wach- und Hütehunden, vom Norwegischen Elchhund

Rassennomenklatur der FCI

Sektion 1: Schäferhunde • Deutscher Schäferhund • Schweizer Schäferhund • Tschechoslowakischer Wolfhund • Saarlooswolfhund	**Gruppe 1**	Hütehunde und Treibhunde (ausgenommen Schweizer Sennenhunde)	**Gruppe 2** Pinscher und Schnauzer, Molosser, Schweizer Sennenhunde
Ursprungsrassen des Tamaskans	**Gruppe 3**	Terrier	**Gruppe 4** Dachshunde
Sektion 1: Nordische Schlittenhunde • Sibirischer Husky • Alaskan Malamute …und andere	**Gruppe 5**	Spitze und Hunde vom Urtyp	**Gruppe 6** Laufhunde, Schweißhunde und verwandte Rassen
	Gruppe 7	Vorstehhunde	**Gruppe 8** Apportierhunde, Stöberhunde, Wasserhunde
	Gruppe 9	Gesellschafts- und Begleithunde	**Gruppe 10** Windhunde

Einordnung der Tamaskan-Ursprungsrassen in die Rassennomenklatur der FCI.

über den Deutschen Spitz bis zum Chow Chow aus China. Diese Hunderassen verbindet, dass sie sich über die Jahrhunderte kaum verändert haben. Kennzeichnend sind stehende Ohren und eine nach oben getragene Ringelrute. In ihrem Verhalten sind sie sehr ursprünglich, das heißt eigenständig, willensstark und im Vergleich zu anderen Hunderassen nicht so leicht zu erziehen.

Moderne Jagdspezialisten, die ebenfalls sehr eigenständig arbeiten können, sind Bracken oder Beagle aus Gruppe 6, den „Lauf- und Schweißhunden". Das Wort „Schweiß" kommt aus der Jägersprache und steht für Blut. Als Schweißhunde bezeichnet man Hunderassen, die für das Verfolgen von Fährten und Blutspuren gezüchtet wurden. Eine der besten

Nasen in der Hundewelt hat wohl der Bayerische Gebirgsschweißhund. Aber auch beispielsweise der Bluthund aus Belgien kann Spuren über weite Strecken verfolgen und ermüdet dabei nicht so schnell wie manch andere Hunderasse. In Gruppe 7 findet man die „Vorstehhunde", die sich durch das namensgebende Vorstehen auszeichnen. Der Hund verharrt in der Bewegung und winkelt einen Lauf an, um dem Jäger oder der Jägerin Wild anzuzeigen. Vorstehhunde sind typische Allrounder und werden in sämtlichen Bereichen der Jagd eingesetzt, außer bei der Baujagd. In Gruppe 8 findet man die „Apportier-, Stöber- und Wasserhunde", auch den allseits bekannten Labrador Retriever und den Golden Retriever. Beide Rassen gelten aufgrund ihres freundlichen Wesens als ideale Familienhunde. Man darf aber nicht vergessen, dass auch sie einst Jagdbegleiter waren und beschäftigt werden wollen. Wer einen Familienhund mit weniger jagdlichem Arbeitseifer sucht, der ist in Gruppe 9 am besten aufgehoben. „Gesellschafts- und Begleithunde" wie Malteser, Belgischer Griffon oder Cavalier King Charles Spaniel wurden in erster Linie dafür gezüchtet, dem Menschen ein guter Freund zu sein. Erzogen und beschäftigt werden müssen die kleinen Fellnasen aber trotzdem. Um die Hundeschule kommt man also in keinem Fall herum. In Gruppe 10 findet man sämtliche „Windhunde" dieser Welt, typische Sichtjäger und schnelle Läufer für die Hetzjagd auf Wild, traditionell der verlängerte Arm des Menschen, der Wild nicht nur aufspüren, sondern auch packen sollte. In diese Gruppe fällt etwa der Saluki, auch Persischer Windhund genannt, der Afghanische Windhund und auch der Irische Wolfshund, der zur Jagd auf Wölfe gezüchtet wurde.

In diese zehn Gruppen der FCI lassen sich alle mehr als 350 weltweit anerkannten Hunderassen einsortieren, auch die Ursprungsrassen des Tamaskans. Interessant ist hier die Gruppe 1 „Hüte- und Treibhunde" sowie die Gruppe 5 „Spitze und Hunde vom Urtyp". Alle FCI-Gruppen sind noch einmal unterteilt in Sektionen. Innerhalb der Gruppe 5 gibt es sieben davon. In Sektion 2 findet man beispielsweise „Nordische Jagdhunde" wie den Jämthund, den Karelischen Bärenhund oder die auch in Deutschland

als Jagdhunde anerkannten Laika-Rassen. Viele der „Nordischen Jagdhunde" sehen den Schlittenhunden sehr ähnlich, aber man sollte sie nicht in einen Topf werfen. Ein Laika oder Jämthund arbeitet sehr selbstständig und ist stundenlang allein im Wald unterwegs. Er soll Wild aufspüren und es so lange festsetzen, bis der Mensch dazukommt und es erlegt. So habe ich das selbst erlebt bei einer Elchjagd in Lappland. Hier lag der Fokus auf der großen Ausdauer und dem Jagdeifer des Tieres, nicht auf dem Gehorsam. In Zusammenhang mit dem Tamaskan interessieren wir uns nur für die Sektion 1 aus Gruppe 5, die „Nordischen Schlittenhunde". Bei Schlittenhunden geht es zwar ebenfalls um Ausdauer, aber selbstständiges Jagdverhalten stand hier bei der Zucht nicht im Fokus, zumindest nicht direkt. Mehr dazu später.

Der Schlittenhund im Tamaskan

Während der Tschechoslowakische Wolfhund (TWH) und der Saarlooswolfhund (SWH) von der FCI unter den Schäferhunden gelistet sind, würde der Tamaskan wahrscheinlich - sollte er irgendwann anerkannt werden - bei den Schlittenhunden landen. Bei der American Rare Breed Association (ARBA) wird er bereits in dieser Kategorie geführt. Die Ursprungstiere der „Harrison Wolfalikes" in den 1980ern waren Schlittenhunde aus Nordamerika, und auch im finnischen Polar Speed Kennel waren es überwiegend Siberian Huskys, die zur Zucht des Tamaskans eingesetzt wurden. Über die Jahre gab es unter anderem in den Niederlanden und Deutschland immer wieder Auskreuzungen mit besonders wölfisch aussehenden Siberian Huskys. Einer davon ist Ninja vom Wolfstor, der Großvater meiner Hündin. Ninja kann man auf Instagram und YouTube bewundern und sich selbst vom wölfischen Aussehen, dem freundlichen Wesen und der Gelehrsamkeit des Outcross-Rüden überzeugen.

YouTube-Kanal zum Siberian Husky und Outcross-Deckrüden @NinjavomWolfstor - auch auf Instagram

Tatsächlich ist der Schlittenhund einer der ältesten Gebrauchshunde in der Menschheitsgeschichte. Britische Forschende zeigten in der Fachzeitschrift Science im Jahr 2018, dass Schlittenhunde in Nordamerika schon vor 9.000 Jahren existierten.[1] Das war lange bevor die Europäer kamen und Pferde mitbrachten. Der Ursprung der Schlittenhunde liegt allerdings in Sibirien. Über die Beringstraße kamen die Zugtiere mit den Menschen nach Alaska. Zwar starben diese Ur-Hunde mit der europäischen Besiedlung Amerikas aus, doch gibt es immer noch sehr alte Rassen. Unter der FCI-Sektion „Nordische Schlittenhunde" fin-

1 M. Leathlobhair et. al., The evolutionary history of dogs in the Americas, Science, 6 Jul 2018, Vol 361, Issue 6397, pp. 81-85

Bereits seit Jahrtausenden nutzt der Mensch Hunde als Zugtiere. Foto: iStock/ FooTToo.

det man sämtliche Gründungsrassen für den Northern Inuit Dog, den Vorgänger des Tamaskans. Wie bereits in Kapitel 1 erwähnt, waren hier auch Grönlandhund, Kanadischer Eskimohund und Samojede involviert. Am stärksten wogen aber der Siberian Husky und der Alaskan Malamute, beides Rassen, die bis heute in den Blutlinien vieler Tamaskane eine wichtige Rolle spielen, nicht zuletzt, weil sie über die Jahre immer wieder als Auskreuzungen hinzukamen.

Der Alaskan Malamute gilt als eine der ältesten domestizierten Hunderassen. Er wurde vor 3.000 Jahren vom Stamm der Mahlemut Inuit im heutigen Alaska gezüchtet, in erster Linie, um schwere Lasten zu ziehen. Mit um die 65 Zentimeter Widerristhöhe und 38 Kilogramm

Gewicht ist er der größte und schwerste der Schlittenhunde und wird daher auch liebevoll „Lokomotive des Nordens" genannt. Auf der Website der FCI findet man zu jeder anerkannten Hunderasse ein PDF mit einer detaillierten Rassebeschreibung. Zum Alaskan Malamute steht dort:

„Der Alaskan Malamute ist ein anhänglicher, freundlicher Hund, kein ‚Ein-Mann-Hund'. Er ist ein treuer, ergebener Begleiter, verspielt, wenn er dazu aufgefordert wird; vor allem beeindruckt er aber durch seine Würde, wenn er ausgewachsen ist."

Historisch kam es beim Einsatz des Alaskan Malamutes weniger auf Schnelligkeit an, sondern auf Kraft und Durch-

Alaskan Malamute Foto: iStock/SStajic

Siberian Huskys Foto: iStock/Sergeeva

haltevermögen. Das unterscheidet ihn vom Siberian Husky. Der bekam seinen Namen zwar erst in Nordamerika, doch entstanden ist er auf der anderen Seite der Welt, in Sibirien, beim Nomadenvolk der Chukchi. Im Vergleich zum Alaskan Malamute ist er kleiner und zierlicher. Kein Wunder also, dass der sibirische Pelzhändler William Goosak ausgelacht wurde, als er im Jahr 1909 mit seinen Hunden beim „All-Alaska-Sweepstakes-Schlittenhunderennen" antrat. Die anderen Teilnehmer machten sich lustig über Goosaks Hunde. Die schlanken, leichtfüßigen Tiere hatten aber einen großen Vorteil: Sie waren schneller. Goosak belegte den dritten Platz und seine Hunde hinterließen einen bleibenden Eindruck. Schon im Jahr darauf traten deutlich

mehr Gespanne mit den sibirischen Hunden an und holten sich die ersten Plätze. Spätestens mit dem berühmten „Serumlauf nach Nome" im Jahr 1925 gelang der Siegeszug des Siberian Husky. Im Jahr 1930 wurde die Rasse durch den American Kennel Club (AKC) registriert, und die erste Reinzucht begann.

++Lesetipp++

Mehr zur Geschichte des Siberian Huskys sowie zu seiner Haltung steht im „Siberian Husky Premium Ratgeber" von Annette Schmitt, erschienen im Ulmer-Verlag, 2010.

In ihrem Husky-Ratgeber schildert Autorin Annette Schmitt auch das harte Leben bei den sibirischen Nomadenvölkern: „Im Sommer gab es kein Futter für die Hunde, die Versorgung blieb den Huskys selbst überlassen." Das heißt, dass die Hunde selbst jagen mussten, um nicht zu verhungern. Indirekt wurde hier die Selbstständigkeit und der Jagdinstinkt der Tiere gefördert.

Beim Einsatz vor dem Schlitten ging es den Menschen vor allem darum, dass die Hunde belastbar und ausdauernd waren, aber sie mussten auch freundlich sein. Denn die Schlitten wurden von verschiedenen Personen gefahren, auch von Frauen oder Kindern, weshalb die Hunde allen Mitgliedern der Sippe gehorchen mussten. Bis heute schreibt der FCI-Rassestandard vor:

Das charakteristische Temperament des Siberian Husky ist freundlich und sanftmütig, aber auch aufmerksam und kontaktfreudig. Er zeigt nicht die besitzbetonenden Eigenschaften eines Wachhundes, noch ist er allzu misstrauisch gegenüber Fremden oder aggressiv gegenüber anderen Hunden. Von einem erwachsenen Hund darf ein gewisses Maß an Zurückhaltung und Würde erwartet werden. Seine Intelligenz, Lenkbarkeit und sein Eifer machen ihn zum angenehmen Begleiter und willigen Arbeiter.

Das menschenfreundliche, verspielte Gemüt hat der Tamaskan von seinen Schlittenhundevorfahren, aber auch seinen Eigensinn. Der sogenannte „will to please", übersetzt der „Wille zu gefallen", ist bei den Hunden vom Urtyp weniger ausgeprägt, als bei vielen modernen Rassen.

Je nach Zuchtlinie können sich Tamaskane in ihren Schlittenhundanteilen unterscheiden. Wenn Alaskan Malamute überwiegt, können Tamaskane große und kräftige Hunde sein, während Tiere mit Sibirian-Husky-Vorfahren eher zierlich sind, dafür aber äußerst schnelle und ausdauernde Läufer.

Leinenführigkeit

Die angeborene Affinität zum Lastenziehen hat auch ihre Schattenseite. Das Erlernen der Leinenführigkeit, also das Gehen an lockerer Leine, fällt den meisten Schlittenhunden und auch dem Tamaskan oft schwerer als anderen Rassen. Mit Geduld und Übung ist es aber durchaus möglich.

Angst vor der Energie der Hunde braucht man nicht zu haben. Immer, wenn ich jemandem erzähle, dass bei meiner Hündin „Husky mit drin ist", kommt der Kommentar: „Die braucht sicher viel Bewegung." – „Nicht mehr als die meisten anderen Hunde", sage ich dann. Das ist nämlich das Schöne am Tamaskan. Die Hunde verlangen nicht ständig nach Sport, es sei denn, man hat sie dafür trainiert. Meine Hündin liebt es in der Natur zu sein, spazieren zu gehen und Denksport zu machen, Suchspiele zum Beispiel oder Fährtenarbeit. Sie liebt auch Rennspiele, vor allem mit anderen Hunden. Ansonsten kann sie zwischendurch einen ganzen Tag lang mit mir auf der Couch sitzen. Vielen Tamaskanen ist die Freude am Zugsport angeboren. Man sollte sich überlegen, ob man dieses

Talent fördern möchte, beziehungsweise, ob der Zugsport zum eigenen Lebensstil passt. Falls nicht, gibt es noch andere Möglichkeiten, einen Tamaskan zu beschäftigen. Ein Muss ist der Zugsport daher nicht. Wer sich dafür entscheidet und sich künftig beim Laufen, am Fahrrad oder am Dog Scooter vom Hund unterstützen lassen will, für den ist es wichtig zu wissen, dass sich der Tamaskan in erster Linie für den Freizeit-Zugsport eignet. Für Wettbewerbssport sollte man sich Profis holen, reinrassige Siberian Huskys oder die neuen Greyster aus Norwegen, Mischlinge aus Greyhound und Deutsch Kurzhaar. Der Tamaskan ist kein Spezialist, sondern vielseitig einsetzbar. Das kommt daher, dass er nicht nur Schlittenhundevorfahren hat,

sondern auch von Rassen abstammt aus der FCI-Gruppe 1, aus der Kategorie der „Treib- und Hütehunde". Hier findet man mitunter die gelehrsamsten Vertreter der Hundewelt, also diejenigen Rassen, mit der wohl stärksten Kooperationsbereitschaft: Die Schäferhunde.

Der Schäferhund im Tamaskan

Hunde wurden bereits vor etwa 11.000 Jahren domestiziert, während der Jäger- und Sammlerzeit. Mit der Erfindung der Landwirtschaft beziehungsweise der Viehhaltung änderten sich die Anforderungen des Menschen für seine vierbeinigen Begleiter. Man brauchte keine Jagdhelfer oder Zughunde mehr, sondern verlängerte Arme, die auf Anweisung

Deutscher Schäferhund Foto: iStock/Legolin

des Menschen die Herde zusammenhielten oder in eine bestimmte Richtung bewegten. Bei Treib- und Hütehunden wurde der Jagdinstinkt in eine andere Bahn gelenkt, sodass sie sich zwar für das Vieh interessierten und es verfolgten, aber ohne es zu töten. Dazu ist eine sehr enge Bindung zum Menschen notwendig sowie die Fähigkeit, ihm jeden Wunsch von den Augen abzulesen. Während Treibhunde wie der Australian Cattle Dog oder der Appenzeller Sennenhund in der Regel für großes und wehrhaftes Vieh, vor allem für Rinder, eingesetzt wurden, arbeiteten Hütehunde in erster Linie mit Schafen und Ziegen. Hier war weniger Härte, sondern mehr Feingefühl gefragt. Das typische Beispiel für einen Hütehund ist der Border Collie aus Großbritannien: sensibel, flink und sehr intelligent. Der Begriff „Schäferhund" ist eigentlich ein Synonym für „Hütehund", doch die wenigsten Leute haben hier den Border Collie vor Augen, sondern eher den Deutschen Schäferhund, obwohl dieser heute vor allem als Spür- und Schutzhund bekannt ist. Im 19. Jahrhundert wurde er aus altdeutschen Hütehunden gezüchtet. Das war zu einer Zeit, als das Hüten der Herden mindestens genauso wichtig war, wie das Bewachen der Habseligkeiten des Schäfers. Der Rittmeister Max von Stephanitz, ein Militäroffizier, soll eines Tages einen Schäfer dabei beobachtet haben, wie er seinen Hund durch Handzeichen und Zurufen dirigierte. Von Stephanitz war so beeindruckt, dass er einen dreijährigen Rüden kaufte und mit der Zucht begann. Auf Wikipedia findet man ein Foto des Urvaters des Deutschen Schäferhundes, der den Namen Horand von Grafrath trug. Seine Körperform und die kurze, gerade Rute lassen vermuten, dass hier etwas Wolfsblut mit im Spiel war. Max von Stephanitz soll irgendwann einmal angegeben haben, dass eine der Zuchthündinnen einer Kreuzung von Schäferhund und Wolf entstamme. Später korrigierte er sich und gab an, dass diese Einkreuzung sechs Generationen zurückliege. Im Jahr 1899 gründeten Von Stephanitz und seine Mitstreiter den Verein für Deutsche Schäferhunde in Karlsruhe. Dann kam der Erste Weltkrieg. In Großbritannien störte man sich am Attribut „German". Daher wurde die Rasse in Alsatian Wolf Dog umbenannt, übersetzt Elsässer Wolfhund. Das ursprüngliche Zuchtprogramm war gut durchdacht. Dabei entstanden ausgezeichnete Arbeitshunde, die durch ihre Robustheit, Nervenstärke und Intelligenz vielseitig einsetzbar waren. Genau das wurde den Tieren zum Verhängnis. Schnell sah man beim Militär die verschiedensten Einsatzgebiete. Vor allem die beiden Weltkriege bescherten dem Deutschen Schäferhund ein negatives Image. Seinen Gipfel hatte das im Dritten Reich, wo er als Propagandasymbol für Mut und Treue instrumentalisiert wurde. Man sollte aber nicht vergessen, dass der Deutsche Schäferhund auch als Rettungs- oder Blindenhund gute Arbeit leistet und bei richtiger Sozialisierung ein sehr freundlicher Zeitgenosse ist. Ich selbst bin mit einer solch treuen Seele aufgewachsen und war als Kind begeis-

Weißer Schweizer Schäferhund Foto: iStock/24K-Production

tert von dem liebevollen und klugen Tier, das mich auf dem Bauernhof vor Gänsen beschützte und mich rettete, wenn ich mich im Maisfeld verlaufen hatte. Zum Wesen des Deutschen Schäferhundes schreibt der FCI-Standard vor:

Der Deutsche Schäferhund muss vom Wesensbild her ausgeglichen, nervenfest, selbstsicher, absolut unbefangen und (außerhalb einer Reizlage) gutartig sein, dazu aufmerksam und führig. Er muss Triebverhalten, Belastbarkeit und Selbstsicherheit besitzen, um als Begleit-, Wach-, Schutz-, Dienst- und Hütehund geeignet zu sein.

Weil der Deutsche Schäferhund heute immer noch unter dem Militärimage

leidet und vor allem als Dienst- und Schutzhund bekannt ist, legen sich viele Privatleute lieber den Weißen Schweizer Schäferhund zu, auch genannt Berger Blanc Suisse. Der ist genau das, was der Name sagt, ein weißer Schäferhund. In den Würfen Deutscher Schäferhunde tauchten gelegentlich weiße Welpen auf. Die Fellfarbe wurde aus dem Rassestandard gestrichen, weil man dachte, sie sei mit verschiedenen Erbkrankheiten verknüpft. In Europa wurden daher weiße Deutsche Schäferhunde selten. Gleichzeitig wuchs in den USA ihre Beliebtheit. Jedes Land hat seine eigene Geschichte, und auch hier instrumentalisierte der Mensch den „White Dog" für seine rassistischen Ansichten. So wurde der weiße Schäferhund in bestimmten Kreisen zu einem politischen Symbol gegen die Gleichstellung von Afroamerikanern. Vielleicht war das einer der Gründe, warum die Rasse in den USA nicht anerkannt wurde. In den 1970er Jahren erkannte man in der Schweiz das große Potenzial der Tiere als Familienhunde. Der „Weiße Schweizer Schäferhund" als eigene Rasse entstand. Im Jahr 2003 wurde er vorläufig von der FCI anerkannt, im Jahr 2011 endgültig. Zum Wesen des Weißen Schweizer Schäferhundes schreibt der FCI-Standard Folgendes vor:

Lebhaftes und ausgeglichenes Temperament, bewegungsfreudig, aufmerksam mit guter Führigkeit. Von überwiegend freundlicher, aber unaufdringlicher Kontaktbereitschaft. Hohe soziale Kompetenz und Bindungsbereitschaft. Niemals ängstlich oder inadäquat aggressiv. Ein freudiger und gelehriger Arbeits- und Sporthund mit Potenzial für vielseitige Ausbildungen. Hohe soziale Kompetenz und Anpassungsfähigkeit lassen eine ausgezeichnete Integration in das soziale Umfeld zu.

Grundsätzlich ist der Weiße Schweizer Schäferhund ähnlich gelehrsam und nervenstark wie der Deutsche Schäferhund, nur gilt er als sanftmütiger und sensibler. Das, zusammen mit der hellen, freundlich wirkenden Fellfarbe, macht ihn besonders gut geeignet für den Einsatz als Therapiehund. Der Berger Blanc Suisse ist ein gutmütiger Familienhund, will aber genauso wie andere Rassen aus der Gruppe der Hütehunde ausreichend geistig beschäftigt werden.

Alternative zum Wolfhund

Der Weiße Schweizer Schäferhund gilt als beliebte Alternative zum Wolfhund. Durch die weiße Fellfarbe ist das Rotkäppchen-Syndrom kein Thema, und der „will to please" ist stärker ausgeprägt, als bei Urtyp- oder Wolfhunden.

Im Tamaskan findet sich eine gute Portion Deutscher sowie Weißer Schweizer Schäferhund, entweder, weil die Rassen direkt über Outcross-Verpaarungen eingekreuzt wurden, oder indirekt über den Saarlooswolfhund (SWH) oder den Tschechoslowakischen Wolfhund (TWH). Durch seinen Schäferhundanteil ist der Tamaskan gelehrsamer und kooperationsbereiter als die meisten Schlittenhunde. Er kann eine Vielzahl von Tricks lernen und beispielsweise durch Agility, Dog Dancing, Treibball, Hoopers oder das Apportieren von Gegenständen beschäftigt werden, allerdings nur solange es ihm Spaß macht oder richtig gute Belohnungen im Spiel sind. Selbstbelohnend für viele Hunde, egal welcher Rasse, ist in der Regel die Nasenarbeit. Tamaskane verfügen über eine ausgezeichnete Sinnesleistung verbunden mit großer Motivation beispielsweise für die Personensuche, Mantrailing genannt. Ich kenne sogar eine Halterin, die mit ihrem Tamaskanrüden sehr erfolgreich in einer Rettungshundestaffel aktiv ist. Ihr Hund ist ein wahrer Musterschüler, lernt schneller als die meisten anderen Hunde und besitzt großen Arbeitswillen.

Wie viele Eigenschaften des Schäferhundes beim Tamaskan durchschlagen, hängt von der jeweiligen Zuchtlinie ab. Ähnlich wie Schäferhunde können sich manche Tamaskane sehr eng an eine Bezugsperson binden, sich auf dem eigenen Grundstück territorial verhalten und ein gewisses Dominanzgebahren gegenüber anderen Hunden zeigen. Gleichzeitig kann sein, dass es bei Tamaskanen mit hohem Schäferhundanteil einfacher ist, Impulskontrolle einzuüben und beispielsweise Jagdverhalten abzubrechen, allerdings nur bei richtigem Training, denn auch Schäferhunde haben den Trieb, Wild, Vieh oder Katzen hinterherzurennen. In der Zucht des Tamaskans wurde sehr großer Wert auf Freundlichkeit gelegt, weshalb die Rasse für den Einsatz als Schutz- oder Wachhund nicht geeignet ist.

Der Wolfhund im Tamaskan

Sowohl SWH als auch TWH sind durch die Kreuzung von Wölfen mit Deutschen Schäferhunden entstanden. Wahrscheinlich sind sie deshalb in der FCI-Systematik bei den Schäferhunden eingeordnet, nicht bei den Hunden vom Urtyp. Bei der Zucht des TWH als militärischen Diensthund spielte der Gehorsam eine wichtige Rolle, doch sorgte der Wolfsanteil dafür, dass die Tiere höhere Ansprüche an die Erziehung stellen. Wolfhunde sind allesamt aktive Hunde mit einer ausgezeichneten Sinnesleistung, die sehr gute, aber auch eigensinnige Gefährten abgeben

können. Häufig hört man, dass Wolfhunde scheuer und weniger nervenstark sind als Schäferhunde. Pauschal sagen kann man das aber nicht. Diese Eigenschaften hängen von der Genetik des einzelnen Hundes ab sowie von der Sozialisierung durch Halterin oder Halter. Ähnlich wie Hunden vom Urtyp sagt man Wolfhunden eine gewisse Selbstständigkeit nach.

Der Wille, Probleme selbstständig zu lösen, ist einer der Hauptunterschiede zwischen Wolf und Hund. Das zeigte ein Verhaltensexperiment aus dem Jahr 2003. Eine Gruppe ungarischer Forschender verglich die kommunikativen Fähigkeiten von Hunden und Wölfen.[2] Beide waren in gleicher Art und Weise mit Menschen sozialisiert worden. Beide wurden vor ein unlösbares Problem gestellt: Futter wurde unerreichbar versteckt. Frustrierte Hunde wandten sich zum Menschen und blickten ihn fragend an. Frustrierte Wölfe taten das nicht und versuchten weiter selbst, das Futter zu erreichen. Die Forschenden folgerten daraus, dass die Hund-Mensch-Kommunikation während der Domestikation entstanden ist. Obwohl Wolfhunde, Hunde vom Urtyp und auch der Tamaskan durchaus mit dem Menschen kommunizieren, haben sie sich doch ein gutes Stück ihrer Selbstständigkeit bewahrt. Für Halterin oder Halter kann das dann eine Herausforderung sein, wenn der Hund mit dem Problem des Alleineblei-

---

2 Á. Miklósi et al., A Simple Reason for a Big Difference: Wolves Do Not Look Back at Humans, but Dogs Do, Curr. Biol., Vol. 13, Issue 9, Pages 763-766, April 29, 2003

bens konfrontiert wird. Alle Hunde sind Rudeltiere, keiner bleibt gern allein. Nur akzeptieren die meisten Hunde diese Situation schneller als Wolfhunde oder Urtyp-Rassen wie der Alaskan Malamute oder der Siberian Husky. Sie versuchen einfach länger und ressourcenreicher, das Problem zu lösen, sich durch die Tür zu kauen, sich unter dem Zaun durchzugraben oder darüber zu klettern. Seriöse Wolfhundzüchterinnen und -züchter klären in der Regel die Menschen gut auf, die sich für ihre Welpen interessieren. Auf der Website der TWH-Zuchtstätte „Von Isegrims Erben" (www.von-isegrims-erben.de) ist beispielsweise zu lesen:

„Nicht selten können TWH Schlüssel drehen (Tür öffnen), Fenster aufmachen, Kühlschränke leerräumen, Sofas zerfetzen, über zwei Meter hohe Zäune springen, sich unter Zäunen durchbuddeln, sich die Pfoten wund buddeln am Putz, sich die Zähne an Gitterboxen kaputt beißen und und und.... Wahnsinn was man da alles hört! Aber zur Beruhigung: Genauso gibt es einige TWH, die problemlos und entspannt mehrere Stunden alleine bleiben können ohne das irgendwas passiert."

Unter den TWH und SWH gibt es solche und solche, angespannte und ruhige, gehorsame und weniger gehorsame. Ob sie sich auch als Begleithunde für Einkaufszentrum und Innenstadt eignen, hängt stark vom jeweiligen Tier beziehungsweise der Zuchtlinie ab und natürlich auch von der Gewöhnung durch den

Menschen. Es gibt durchaus Zuchtanstrengungen, um Wolfhunde noch etwas alltagstauglicher zu machen. Der Marxdorfer Wolfhund ist beispielsweise aus der Kreuzung von Saarlooswolfhund und Weißem Schweizer Schäferhund entstanden. Seit 2004 wird er von der Familie Rupp in Brandenburg gezüchtet. Nach den Angaben auf der Züchter-Website (www.marxdorfer-wolfshund-rupp.de) war es Ziel, „einen Wolfshund zu züchten, welcher ein offenes, freundliches und lernwilliges Wesen besitzt". Durch den hohen Anteil an Weißem Schweizer Schäferhund ist der Wolfsanteil hier niedriger als bei den beiden anerkannten Wolfhundrassen.

Anfangs wurden TWH, SWH und auch Marxdorfer Wolfhund bei der Tamaskanzucht als Auskreuzungen eingesetzt, heute ist es vor allem der TWH. Tamaskan-Zuchtvereine haben hohe Ansprüche an ihre Auskreuzungen und es werden in der Regel nur solche Tiere erlaubt, die die gewünschten Eigenschaften mitbringen. Das heißt nicht nur, dass sie gesund sein müssen, sondern auch den Wesensvorgaben für den Tamaskan entsprechen.

Internationaler Rassestandard für den Tamaskan

Der Tamaskan ist als Rasse noch in Arbeit. Aussehen sowie Charaktereigenschaften hängen im Detail von den einzelnen Zuchtlinien ab. Im Großen und Ganzen gibt es aber einen Rassestandard für den Tamaskan, genauso wie für andere Hunderassen auch. Dieser Standard kann von Zuchtverein zu Zuchtverein etwas abweichen, und unterscheidet sich geringfügig auch auf nationaler und internationaler Ebene, unter anderem, weil es in jedem Land andere Vorschriften gibt, beispielsweise, was das Entfernen von Wolfskrallen betrifft. Grundsätzlich besitzt die Rassebeschreibung aber dasselbe Grundgerüst. Die Standards für sämtliche Hunderassen sind so geschrieben, dass Preisrichterinnen und -richter sie bei Hundeshows als Maßstab verwenden können. Für Laien sind sie manchmal etwas zu detailliert, schließlich hat man beim Hundekauf nicht das Maßband dabei, um zu prüfen, ob das Verhältnis von Brust- zu Beintiefe wirklich bei 6:7 liegt. Rassestandards beinhalten aber

auch viele nützliche Informationen, wenn man sich beispielsweise auf die Suche nach einer passenden Zuchtstätte begibt. Denn nicht überall, wo „Tamaskan" draufsteht, ist auch „Tamaskan" drin. Es ist beispielsweise möglich, dass Menschen mit dem Ausdruck „Tamaskan" werben und dabei Schäferhund-Husky-Mischlinge züchten. Hier sollte man zumindest wissen, dass Tamaskane keine blauen Augen haben oder Ringelruten. International gibt es zwei Zuchtregister, bei denen man den Rassestandard für den Tamaskan nachschlagen kann, das TDR (Tamaskan Dog Register, www.tamaskandogregister.com) und das ITR (International Tamaskan Register, www.tamaskan-register.com). Auf der Website

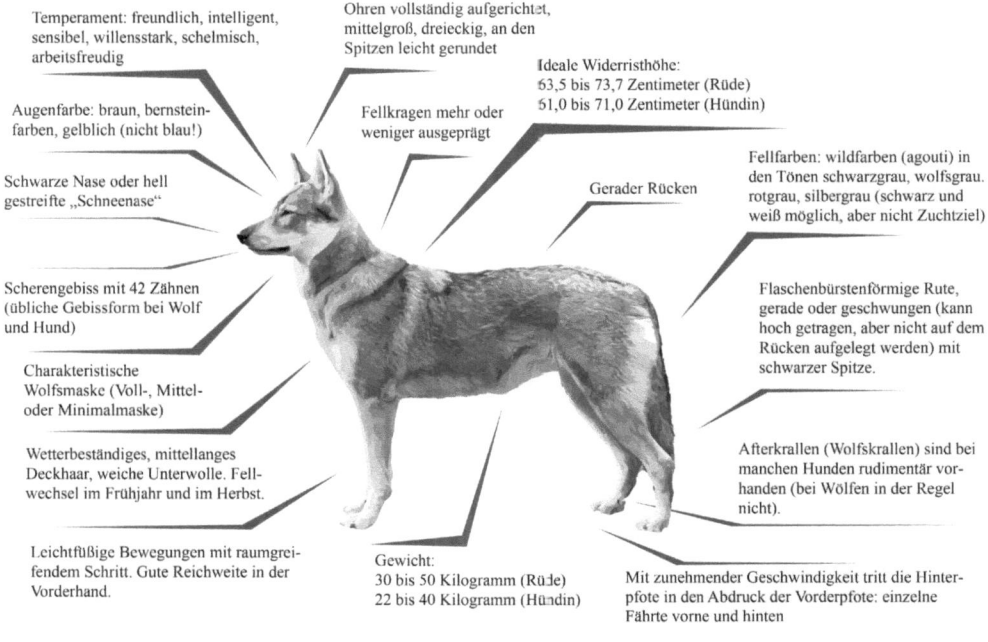

Temperament: freundlich, intelligent, sensibel, willensstark, schelmisch, arbeitsfreudig

Ohren vollständig aufgerichtet, mittelgroß, dreieckig, an den Spitzen leicht gerundet

Ideale Widerristhöhe:
63,5 bis 73,7 Zentimeter (Rüde)
61,0 bis 71,0 Zentimeter (Hündin)

Augenfarbe: braun, bernsteinfarben, gelblich (nicht blau!)

Fellkragen mehr oder weniger ausgeprägt

Schwarze Nase oder hell gestreifte „Schneenase"

Fellfarben: wildfarben (agouti) in den Tönen schwarzgrau, wolfsgrau, rotgrau, silbergrau (schwarz und weiß möglich, aber nicht Zuchtziel)

Gerader Rücken

Scherengebiss mit 42 Zähnen (übliche Gebissform bei Wolf und Hund)

Flaschenbürstenförmige Rute, gerade oder geschwungen (kann hoch getragen, aber nicht auf dem Rücken aufgelegt werden) mit schwarzer Spitze.

Charakteristische Wolfsmaske (Voll-, Mittel- oder Minimalmaske)

Wetterbeständiges, mittellanges Deckhaar, weiche Unterwolle. Fellwechsel im Frühjahr und im Herbst.

Afterkrallen (Wolfskrallen) sind bei manchen Hunden rudimentär vorhanden (bei Wölfen in der Regel nicht).

Leichtfüßige Bewegungen mit raumgreifendem Schritt. Gute Reichweite in der Vorderhand.

Gewicht:
30 bis 50 Kilogramm (Rüde)
22 bis 40 Kilogramm (Hündin)

Mit zunehmender Geschwindigkeit tritt die Hinterpfote in den Abdruck der Vorderpfote: einzelne Fährte vorne und hinten

Übersichtsgrafik basierend auf dem Rassestandard für den Tamaskan   Grafik: alo des Letzteren ist die Beschreibung etwas ausführlicher. Im Folgenden die Übersetzung aus dem Englischen (Stand November 2023), der Vollständigkeit halber inklusive aller anatomischen Details und kynologischen Fachbegriffe.

Allgemeine Beschreibung:

- Der Tamaskan ist ein großer Hund mit intelligentem Blick, einem schlanken und wolfsähnlichen Aussehen, was von seiner nordischen Abstammung als Schlittenhundtyp zeugt. Er ist ein ausgeglichener Arbeitshund, schnell und leichtfüßig sowie frei und anmutig in seiner Bewegung. Er hat einen gut befellten Körper, aufgestellte Ohren und eine flaschenbürstenförmige Rute.

- Der Tamaskan steht gut über den Pfoten. Diese Haltung vermittelt den Eindruck von Aktivitätsbereitschaft und Stolz, mit erhobenem Kopf und wachsamen Augen, die Interesse und Neugier zeigen. Sein charakteristisches Gangbild ist geschmeidig und mühelos, zeigt guten Raumgriff und eine gute Ausdehnung der Hinterhand. Er ist ein fähiger und anpassungsfähiger Arbeiter, der unter anderem als Schlittenhund, Assistenzhund oder Spürhund eingesetzt werden kann. Er kann problemlos eine leichte Last bei mäßiger Geschwindigkeit über kurze Strecken transportieren.

- Der Tamaskan ist intelligent und lernt schnell, mag aber auch eigensinnig sein. Er sollte als Arbeitstier betrachtet werden, das sich sowohl im Zuggeschirr als auch zu Hause wohlfühlt. Seine Körperproportionen, Form und Bewegung ähneln denen eines Wolfs, mit Gleichgewicht zwischen Kraft, Beweglichkeit und Ausdauer.

- Rüden sollten eindeutig von Hündinnen zu unterscheiden sein.

- Alle Merkmale eines einzelnen Hundes, einschließlich des Temperaments, die das Erreichen des zuvor genannten Zwecks beeinträchtigen, gelten als schwerwiegende Fehler.

Größe, Proportion, Substanz

- Der Tamaskan ist eine langsam reifende Rasse, die erst mit drei bis vier Jahren voll entwickelt ist.

- **Größe:** Ideale Widerristhöhe: Rüden: 63,5 bis 73,7 Zentimeter (entspricht 25,0 bis 29,0 Zoll) Hündinnen: 61,0 bis 71,0 Zentimeter (entspricht 24,0 bis 27,9 Zoll)

- **Proportionen:** Gemessen von der Schulterspitze bis zur Gesäßspitze ist der Tamaskan etwas länger als hoch. Das Verhältnis von Körpergröße zu Körperlänge beträgt 9:10. Die Tiefe der Brust beträgt weniger als die Hälfte der Schulterhöhe des Hundes, wobei der tiefste Punkt direkt hinter den Vorderbeinen liegt. Tamaskane haben ein Mindestverhältnis von Brust- zu Beintiefe von

6:7 (45 Prozent Brusttiefe, 55 Prozent Beintiefe).

- **Substanz:** Die Substanz ist muskulös mit mäßigem Knochenbau und leicht erkennbarem Geschlechtsunterschied. Der Tamaskan verkörpert einen gesunden Sportler in Anmut, Muskeltonus, Bewegung und Körperhaltung. Der Körper trägt kein Übergewicht und die Knochen sind proportional zur Größe. *Übergewicht oder schlechte Gesamtproportionen sind Fehler.*

Kopf

- **Ausdruck:** Der Ausdruck zeigt Aufmerksamkeit, Intelligenz, Wachsamkeit und Eifer. Der Blick des Tamaskans sollte intensiv und klug sein. Er kann sogar schelmisch sein. Das Geschlecht sollte unverkennbar sein.

- **Augen:** Die Augen sind mandelförmig und mittelgroß mit schwarzer Pigmentierung an den Augenrändern. Die Augen des Tamaskans liegen mäßig weit auseinander und sitzen schräg im Schädel. Bei einem Hund mit der richtigen Augenstellung ist der Abstand zwischen Ohr und äußerem Augenwinkel etwa eineinhalb Mal so groß wie der Abstand zwischen den Augen. Lider sind eng anliegend. Die Augen sind gelb bis bernsteinfarben oder braun. *Fehler: Die Augen stehen zu schräg oder zu nah beieinander. Vorstehende oder*

Rüden sind größer und kräftiger als Hündinnen; hier Chaska beim Spielen mit Bruder Jaro. Foto: alo.

eingefallene Augen. Hängende Augenlider. Blaue Augen sind ein disqualifizierender Fehler.

- **Ohren:** Die Ohren sind vollständig aufgerichtet, dreieckig und an den Spitzen leicht gerundet, mittelgroß, aber im Verhältnis zum Kopf weit auseinander auf dem Schädel angesetzt, nach vorne gerichtet und aufrecht getragen. Bei voller Aufmerksamkeit werden sie aufrecht gehalten. Die Unterseite des Ohres reicht nicht über den Jochbogen hinaus. Ohren von erwachsenen Hunden sollten innen behaart sein. *Fehler: Hängende Ohren sind ein disqualifizierender Fehler.*

- **Schädel:** Die Oberseite des Schädels ist flach. Die Länge ist größer als die Breite und sollte im Verhältnis 2:1 stehen. Zwischen den Augen kann eine leichte Furche entstehen. Verhältnis von Schnauze und Rückenschädel: Von der Seite betrachtet bilden die Oberlinien des Hinterkopfes und der Schnauze parallele Ebenen, die durch einen leichten bis mäßigen Stop unterteilt sind. Schnauze und Hinterkopf sind im Verhältnis 1:1 gleich lang.

- **Stop:** Der Stop (Übergang zwischen Nasenwurzel und Schädelkalotte) ist leicht bis mäßig. *Kleiner Fehler: Ein ausgeprägter Stop.*

- **Schnauze:** Die Schnauze verjüngt sich leicht, um von der Basis bis zur Nase einen stumpfen Keil zu bilden,

und ist an der Spitze abgerundet. Der Nasenrücken ist vom Anschlag bis zur Spitze gerade.

- **Nase:** Die Nase sollte schwarz sein, im Winter ist jedoch eine heller gestreifte „Schneenase" akzeptabel. Die Nase sollte größer sein als die Augen. Die Nasenlöcher sollten geöffnet sein.

- **Lippen:** Die Lippen sind schwarz und eng anliegend, bei geschlossenem Mund ist außen kein Rosa zu erkennen. Engere Lefzen sind wünschenswert.

- **Zähne:** Auf einem kräftigen und symmetrischen Kiefer sollte sich bei einem Scherengebiss eine vollständige Anzahl von 42 starken weißen Zähnen treffen. *Fehler: Unter- oder Oberbiss.*

Hals, Oberlinie, Körper

- **Hals:** Der Hals ist kräftig, lang, leicht gewölbt, muskulös und bedeckt mit Fell, das eine schützende Halskrause bildet. Der Hals geht sanft in die Schultern über und wird stolz aufrecht getragen, wenn der Hund steht. Bei der Trabbewegung wird der Hals gestreckt, so dass der Kopf leicht nach vorne getragen wird. *Fehler: Die Halskrause darf nicht von einer falschen Schulterposition herrühren.*

- **Oberlinie:** Der Rücken ist gerade, kräftig und waagerecht, ohne Anzeichen von Schwäche. *Fehler: Schräge*

Oberlinie, roter Rücken, schwanken-
der Rücken, schwacher Rücken oder
schlaffer Rücken.

- **Kruppe:** Die Kruppe (hinterer Teil des Rückens bis zum Rutenansatz) sollte kurz, nicht breit und leicht abfallend sein. Die Kruppe fällt schräg von der Wirbelsäule ab, jedoch nie so steil, dass sie den Rückwärtsschub der Hinterbeine behindert. *Fehler: Heruntergefallene Kruppe, flache Kruppe.*

- **Brust:** Die Brust reicht bis zu oder fast bis zu den Ellenbogen. Der tiefste Punkt reicht bis zum Ellenbogen, jedoch nicht darüber hinaus. Die Rippen sind gut aus der Wirbelsäule hervorgegangen, haben eine ovale Form und werden zum unteren Ende hin flacher, um den Ellenbogen Spielraum und eine effiziente Bewegung zu ermöglichen. *Fehler: Enger oder runder Brustkorb, zu breiter Brustkorb.*

- **Rippen:** Die Rippen sind lang und weder tonnen- noch plattenförmig. Die Unterlinie zeigt eine Auffaltung im Verhältnis zu ihrer Größe. Die Rippen sind an den Seiten leicht abgeflacht, um Bewegungsfreiheit zu ermöglichen. *Fehler: Tonnenförmige Rippen, zu flache oder schwache Rippen.*

- **Lende:** Die Lende sollte nicht länger als ein Drittel des Brustkorbs sein. Die Lende ist straff und schlank, schmaler als der Brustkorb und

leicht aufgezogen. Die Lende ist lang genug, um athletisch zu sein, aber immer noch im richtigen Verhältnis. *Fehler: Eine lange Lende, die den Rücken schwächen kann.*

- **Rute:** Die Rute ist tief angesetzt, gerade und voll. Sie kann hochgetragen werden, wenn der Hund sich bewegt oder aufgeregt ist. Im Ruhezustand sollte die Rute nach unten gehalten werden und gerade sein. Die Rute sollte bis zum Sprunggelenk reichen, aber nicht darüber hinaus. Der Rutenansatz ist kräftig. Die Rute sollte eine schwarze Spitze haben, gut befellt sein, aber nicht befiedert. *Fehler: Eine über den Rücken gekräuselte oder eine hoch angesetzte Rute. Kleiner Fehler: Weiße Rutenspitze.*

Vorderhand

- **Schultern:** Die Schulterblätter sind lang und liegen gut zurück. Die Schultern sollten etwa 45 Grad von der Vertikalen entfernt sein. Der Widerrist sollte gut bemuskelt und ausgeprägt sein. Der Oberarm sollte die gleiche Länge wie das Schulterblatt haben und in einem Winkel von etwa 90 Grad zur Schulter ansetzen, wobei die Vorderbeine gerade und senkrecht zum Boden hängen. Am wichtigsten ist, dass die Winkelung des Vorderteils mit der des Hinterteils im Gleichgewicht ist. Daher sollte ein 45-Grad-Schulterwinkel nicht vorgezogen werden, wenn der Hund in der Gesamterscheinung ausgeglichen ist. *Fehler: Gerade Schultern.*

- **Vorderbeine:** Im Stehen und von vorne gesehen sind die Beine eng beieinander, parallel und gerade, wobei die Ellbogen eng am Körper anliegen und weder nach innen noch nach außen gedreht sind. Der Knochen ist kräftig, aber niemals schwer. Die Beinlänge vom Ellenbogen bis zum Boden beträgt mindestens 55 Prozent im Vergleich zur Brusttiefe: dem Abstand vom Ellenbogen bis zur Widerristspitze. Die Beine sind gerade und kräftig. Der Knochen ist kräftig, eher oval als rund. *Fehler: Vorne zu breit, mangelnde Winkelung, nach innen oder außen gedrehte Ellbogen, schwere Knochen, feine Knochen, niedriger Widerrist.*

- **Vordermittelfuß:** Der Vordermittelfuß ist mittellang und von der Seite betrachtet leicht geneigt. Das Fesselgelenk sollte stark, aber flexibel sein. Die vorderen Daumenkrallen können entfernt werden, dies ist jedoch nicht erforderlich (in Deutschland ohne medizinischen Grund nicht erlaubt). *Fehler: Schwache Fesseln.*

- **Pfoten:** Die Pfoten sind oval, kompakt, eng zusammengefügt und haben gut gewölbte Zehen. Die Ballen sind dick und elastisch. Zwischen den Zehen und Ballen findet man eine gute Behaarung. Beim Stehen stellen sich die Vorderfüße leicht nach außen. Nach außen gedrehte Füße müssen mit gut sitzenden Schultern, Unterarmen und einem flexiblen Vordermittelfuß einhergehen. Ausgedrehte Füße dürfen nicht auf Unterernährung zurückzuführen sein und dürfen auch nicht auf nach außen oder nach innen gedrehte Ellbogen zurückgehen. Kann leicht Hasenpfote sein (Hasenpfote heißt, dass die Hundepfote länglich, oval und flach ist, während die Katzenpfote eine runde, kurze und hochgewölbte Form hat). *Fehler: Katzenpfote, weiche oder gespreizte Zehen, zu kleine oder zu zarte Pfoten, Vorzehen, Spreizfüße, Plattfüße.*

Hinterhand

- **Hinterhand:** Im Stand entspricht die Breite der Hinterhand der Breite der Vorderhand an den Schultern.

Einzelfährte: Bei leichtem Trab tritt die hintere Pfote in den Abdruck der Vorderpfote. Foto: alo

Die Winkelung des Beckens und des Oberschenkels entspricht der Winkelung des Schulterblattes und des Oberarms und bildet ungefähr einen rechten Winkel. In der Bewegung, mit zunehmender Geschwindigkeit, weist der Tamaskan eine einzelne Fährte vorne und hinten auf. Diese Einzelfährten sollten nicht mit schlechten Sprunggelenken verwechselt werden. *Fehler: Schlechte Fesseln, mangelnde Winkelung.*

Einzelfährte

Der Hund tritt mit der Hinterpfote in den Abdruck der Vorderpfote. Dieses Fährtenmuster ist typisch für Fuchs und Wolf. Bei Hunden kann es auch vorkommen.

- **Kniegelenke**: Die Kniegelenke (hinten über den Sprunggelenken) sind deutlich ausgeprägt. Die Sprunggelenke sind mittellang, mäßig gebeugt und flexibel. Im Stehen stehen die hinteren Fesseln senkrecht zum Boden und sind von hinten gesehen parallel zueinander. Während der Bewegung sollte der Hund hinten gut durchgreifen können, um die Reichweite der vorderen Baugruppe auszugleichen. Die Afterkrallen (auch Wolfskrallen genannt) sollten entfernt werden. Ihre Anwesenheit stellt jedoch keinen Fehler dar, wenn der Hund aus einem Land stammt, in dem die Entfernung illegal ist (z.B. Deutschland). Die hinteren Füße zeigen gerade nach vorne. *Fehler: Gerade Kniegelenke, verrutschte Sprunggelenke, hinten zu schmal oder zu breit.*

Fell

- Das Deckhaar ist von mäßig grober Beschaffenheit, gerade, wetterbeständig und mittellang. Die Menge der Unterwolle variiert je nach Klima oder Jahreszeit und ist weich. Das Fell am Kopf, an den Ohren, an der Vorderseite der Vorderbeine und unterhalb der Sprunggelenke ist kurz und glatt. Es gibt eine mäßige Halskrause, die bei Rüden stärker ausgeprägt ist als bei Hündinnen. Das Fell sollte sich dem Körper anpassen, ohne hervorzustehen oder herabzuhängen. Der Tamaskan sollte in seinem natürlichen Erscheinungsbild gezeigt werden. *Fehler: gestutztes Fell, langes Fell, zu harte oder zu seidige Textur, raues Fell.*

- **Farbe:** Akzeptable Fellfarben sind rotgraue, wolfsgraue und schwarzgraue Agouti-Muster (agouti bedeutet wildfarben). *Ausschließende Fehler: Gescheckt, durchgehend weiß, durchgehend schwarz, leberbraun, fehlende Agouti-Färbung.*

- **Maskierung:** Eine Gesichtsmaske (Wolfsmaske) ist erforderlich. Drei Arten der Gesichtsmaske sind zulässig: eine Vollmaske, eine Moderate Maske und eine Minimalmaske. Die Maske sollte bis zur Nase reichen. *Fehler: Weiße Flecken im Gesicht, unvollständige Maskierung.*

Minimalmaske: Bei Chaskas Bruder Lunas ist die dunkle Zeichnung um Augen und Schnauze relativ fein. Die weißen Bereiche überwiegen.

Moderate Maske: Bei Chaska ist die dunkle Zeichnung im Gesicht flächiger vorhanden. Die weißen Bereiche um Augen und Schnauze sind kleiner.

+++

Die **Vollmaske** ist relativ selten. Hier wären um Augen und Schnauze keine weißen Bereiche mehr sichtbar.

Bewegung

- **Gang:** Der Tamaskan hat einen sanften, freien und mühelosen Gang. Er zeigt eine große Agilität der Bewegungen mit einem ausgewogenen, massiven, raumgreifenden Schritt. Er sollte in der Vorderhand eine gute Reichweite und in der Hinterhand einen guten Durchzug aufweisen. Vorder- und Hinterbeine bewegen sich gerade und parallel zur Mittellinie des Körpers. Mit zunehmender Geschwindigkeit nähern sich die Füße (vorne und hinten) der Schwerpunktlinie des Hundes an, während der Rücken fest und eben bleibt. Wenn die Pfotenabdrücke zusammenlaufen, werden die Vorder- und Hinterbeine gerade nach vorne getragen, ohne dass Ellbogen oder Knie nach innen oder außen gedreht werden. Single Tracking (Schnüren) ist sehr erwünscht. Bei der Bewegung wird der Kopf in einer Vorwärtsposition getragen. *Fehler: Kurzer, tänzelnder, ungeschickter, behinderter oder abgehackter Gang, schwerfälliger oder rollender Gang, kreuzender oder kriechender Gang, ein gestelzter Gang oder jeder Gang, der nicht völlig effizient und unermüdlich ist.*

Temperament

- Der Tamaskan ist ein intelligenter, wachsamer, aktiver Hund mit einem freundlichen und aufgeschlossenen Wesen. Er ist gutmütig und selten streitsüchtig. Bei ersten Treffen mag er durchaus zurückhaltend sein, lässt sich aber leicht für sich gewinnen. Einige Hunde mögen selbstständig sein. Der Tamaskan zeigt nicht die besitzergreifenden Eigenschaften eines Wachhundes und ist anderen Hunden gegenüber nicht aggressiv. Von einem ausgewachsenen Hund kann man ein gewisses Maß an Zurückhaltung und Würde erwarten. Seine Intelligenz, Gefügigkeit und sein eifriges Wesen machen ihn zu einem angenehmen Begleiter und willigen Arbeiter. *Fehler: Schüchternheit, Angst oder misstrauisches Temperament.*

Zusammenfassung

- Der Tamaskan ist ein großer Hund mit wölfischem Aussehen, ausgewogenen Proportionen, gutem Temperament und mäßiger Knochenstärke. Er ist langgliedrig, verfügt über Leichtigkeit und Bewegungsfreiheit, ein gut behaartes Agouti-Fell, wölfischen Kopf und Ohren sowie eine gerade Rute.

- Fehler: Bei der Feststellung, ob es sich um einen geringfügigen, erheblichen oder schwerwiegenden Fehler handelt, sollten folgende Faktoren als Anhaltspunkte herangezogen werden:

  1) Das Ausmaß der Abweichung vom Standard und

  2) das Ausmaß, in dem eine solche Abweichung die Arbeitsfähigkeit des Hundes beeinträchtigen würde.

- Disqualifiziert werden blaue Augen, hängende Ohren bei Hunden, die älter sind als zwölf Monate, Aggressivität, doppelte Ringelrute und Rüden ohne zwei herabhängende Hoden.

Laut ITR-Website wird der Rassestandard des Tamaskans derzeit überarbeitet (Stand November 2023). Die neue Version wird unter folgendem Link zu finden sein:

Englischsprachiger Rassestandard auf der Website des International Tamaskan Register (ITR)

Der Schelm im Wolfspelz

Beim Lesen des Rassestandards ist der eine oder die andere vielleicht über eine ungewöhnliche Formulierung gestolpert, die beim Absatz „Augen" aufgeführt ist:

„Der Ausdruck zeigt Aufmerksamkeit, Intelligenz, Wachsamkeit und Eifer. Der Blick des Tamaskans sollte intensiv und klug sein. Er kann sogar schelmisch sein."

Dabei ist „schelmisch" nur eine der möglichen Übersetzungen für das englische Wort „mischievous" aus dem Rassestandard. Andere Möglichkeiten der Übersetzung wären „spitzbübisch" oder „verschmitzt". Wäre der Tamaskan eine Filmfigur, könnte man ihn vielleicht mit Indiana Jones vergleichen: der smarte Abenteurer mit verschmitztem Grinsen, der immer einen flotten Spruch auf den Lippen hat. Übersetzt in die Welt der vier Pfoten heißt das: Der Tamaskan ist ein lebensfroher Hund mit positiver Vorwärtsenergie. Er macht so gut wie jeden Blödsinn mit. Mit ihm kann man die sprichwörtlichen Pferde stehlen. Manchmal hat er aber auch eine eigene Agenda, widersetzt sich Anweisungen und findet Wege, die Erziehungsversuche seines Menschen zu sabotieren. Unzählige Male musste mich die Hundetrainerin ermahnen, dass ich nicht lachen soll, beispielsweise, wenn Chaska nach einem „Platz und Bleib!" heimlich über den Hundeplatz robbte. Immer wenn ich hinschaute, blieb sie liegen und tat so, als wäre nichts. Beim Indoor-Training schiebt sie sich mit der Nase voran über den Kunst-

Wacher, schelmischer Blick   Foto: alo

rasen und räkelt sich so lange, bis alle lachen müssen. Manchmal habe ich das Gefühl, sie wäre der Pausenclown und ich ihre Assistentin, die die Steilvorlagen liefert. Aus der Welpenzeit sind mir so manche Erlebnisse in Erinnerung geblieben, die mich zum Lachen und zum Staunen brachten. Einmal saß Chaska hochkonzentriert vor einem Wandspiegel mit einem Stofftier im Maul. Mit der Pfote tippte sie es immer wieder an und sah zu, wie das Spiegelbild schaukelte. Der Anblick war aberwitzig. Gleichzeitig schien es, als hätte sie ein gewisses Maß an Selbstwahrnehmung. Ein anderes Mal saß Chaska neben dem Couchtisch. Zwar war der Hintern auf dem Boden, doch ihre Vorderpfoten hatte sie auf dem Tisch abgelegt. Ich ging hin, schob die Pfoten weg und sagte: „Füße vom Tisch!" Dann verließ ich das Zimmer. Als ich ein paar Minuten später wiederkam, saß das Hündchen immer noch an derselben Stelle und sah mich mit wachen aber rebellischen Augen an. Ganz langsam, wie in Zeitlupe, legte Chaska erst die eine Pfote auf den Tisch. „Chaaskaa!", rief ich mahnend. Und mein kleiner Frechdachs legte - ebenfalls ganz langsam - die zweite Pfote auf den Tisch. Dabei schaute sie mich die ganze Zeit an, als wollte sie sagen: „Du kannst nicht über mich bestimmen!" Es ist nicht leicht, in solchen Situationen ernst zu bleiben. Viele Tamaskanhalterinnen und -halter haben so ähnliche Geschichten zu erzählen. Ich glaube, diese spitzbübische Eigenschaft des Tamaskans ist einer der Hauptgründe, warum sich so viele Menschen für die Rasse begeistern. Aber der sturköpfig-charmante Charakter der Hunde hat auch eine Schattenseite. Er erschwert die Erziehung insofern, dass man sich als Halter oder Halterin auf einem schmalen Grad bewegt, zwischen zu viel und zu wenig Strenge. Die Hundetrainerin sagt nicht umsonst, dass ich nicht lachen soll. Das Kommando „Platz und Bleib!" ist schließlich ernst gemeint, und seine Missachtung - beispielsweise in der Nähe einer stark befahrenen Straße - könnte den Hund das Leben kosten. Zudem geben Struktur und Grenzen einem Hund Sicherheit. Die braucht er, um sich bei seinen Menschen wohl zu fühlen. Auf der anderen Seite warne ich vor zu viel Härte. Trotz seiner liebenswerten Dickköpfigkeit ist der Tamaskan in der Regel ein sensibler Zeitgenosse, und nichts ist trauriger, als ein starker Wille, der gebrochen wird. Wer sich mit aller Kraft durchsetzt und dem Hund seinen „Sturkopf" austreibt, der zerstört nicht nur den Esprit des Tieres, sondern gefährdet auch die Bindung zum Menschen. Denn nicht alles, was nach Sturkopf aussieht, ist auch Sturkopf. Ein Sitzstreik ist nicht immer eine Rebellion, sondern kann auch bedeuten, dass der Hund gerade überfordert ist oder vor irgendetwas Angst hat. Ihn zum Weitergehen zu zwingen, wäre in diesem Fall die falsche Reaktion. Hier wäre es richtig, dem Hund Zeit zu geben, die Außenreize zu verarbeiten oder auszumachen, wovor er sich fürchtet und ihm zu zeigen, dass er keine Angst zu haben braucht. Man muss einen Hund gut lesen können, um die Situationen richtig einzuordnen und zu entscheiden, wann man dem Schelm im Wolfspelz eine Bühne gibt und wann nicht. Mittlerweile erkenne ich es in Chaskas Blick, wann sie Unfug im Kopf hat und eine Trainingspause braucht.

Fun Fact: Viele Tamaskane sind Rückenschläfer. Foto: alo

Für wen eignet sich ein Tamaskan?

Wer sich selbst zu ernst nimmt und auf absoluten Gehorsam pocht, für den ist ein Tamaskan nicht geeignet. Genauso wenig eignet sich ein Tamaskan für eine antiautoritäre Erziehung. Der Hund hat in der Regel genug Selbstbewusstsein, um das Machtvakuum zu füllen und selbst sämtliche Entscheidungen zu treffen, ob sie dem Menschen gefallen oder nicht. Sanfte Konsequenz ist der Schlüssel zum Herz des Tamaskans. Und da wird so mancher Hundeprofi dazulernen dürfen, vor allem im Bereich Kommunikation und Hundesprache. Oft heißt es, der Tamaskan sei kein Anfängerhund. Es kommt aber darauf an, was man unter einem Anfänger versteht.

Was ist ein Anfängerhund?

Oft ist die Rede von sogenannten Anfängerhunden, etwa Golden Retriever, Berner Sennenhund oder Pudel. Solche Hunde mögen zwar einfacher zu erziehen sein als andere, aber das Grundkonzept ist überall gleich: Ohne Fleiß kein Preis. Auch ein Anfängerhund kann verhaltensauffällig werden und Halter oder Halterin überfordern. Welpen, egal welcher Rasse, sind keine Hunde für Menschen, die es leicht haben wollen. Einfach zu führen wäre ein drei bis fünf Jahre alter, fertig ausgebildeter Hund aus guter Haltung. Dann ist es aber auch egal, welcher Rasse er angehört.

Chaska war mein erster eigener Hund, doch hatten wir immer Hunde in der Familie. Ich habe mich über Jahre hinweg darauf vorbereitet, meinen Hundewunsch endlich umzusetzen. Mit dem Tamaskan als Rasse habe ich mich fünf Jahre lang beschäftigt, bis ich mich dafür entschied. Als der Welpe dann da war, hatte ich den Willen, auch während der schwierigen Zeit nicht aufzugeben. Ich würde also sagen: Wer Motivation und Feingefühl besitzt, einen Sinn für Körpersprache hat, offen ist und lernen will, für den kann der Tamaskan auch als Ersthund geeignet

sein. Hier ist es wichtig, sich im Vorfeld bereits Wissen anzueignen. Es gibt Hundeschulen, die Vorbereitungskurse anbieten, bevor man sich einen Welpen nach Hause holt. Wenn er dann da ist, sollte man den ein oder anderen Hausbesuch des Hundetrainers oder der Hundetrainerin einplanen und auch weiterhin engen Kontakt halten. Fragen und unerwartete Situationen wird es immer geben.

Wer also wirkliches Interesse hat an allen Themen rund um den Hund, wer dafür auch Zeit und Geld aufbringen will, für den ist ein Tamaskan genauso geeignet wie für den erfahrenen Hundeprofi, der vielleicht selbst eine Hundeschule führt. Grundsätzlich würde ich sagen, ein Tamaskan eignet sich für Menschen, die sich auf ihren Hund einlassen wollen und sich darauf freuen, viel Zeit mit ihrem vierbeinigen Freund zu verbringen.

Für Menschen, denen der Freilauf ohne Leine wichtig ist, kann man den Tamaskan nur eingeschränkt empfehlen. Der angeborene Jagdinstinkt kann – wie bei vielen anderen Hunderassen – die Freifolge erschweren. Mit viel Training und Hundewissen lässt sich einiges erreichen, doch gibt es andere Rassen, bei denen man hier schneller und einfacher ans Ziel kommt.

Weniger geeignet ist der Tamaskan für Menschen, bei denen der Hund eines von vielen Hobbys ist und einfach nur nebenher laufen soll, auch wenn das vorher vielleicht mit dem Labrador oder Golden Retriever funktioniert hat. Denn Tamaskane sind nicht so leicht geistig auszulasten wie manch andere Rassen. An eintönigen Übungen verlieren sie schnell das Interesse. Sie wollen den Alltag gemeinsam mit ihren Menschen verbringen, und sind bei guter Sozialisierung nervenstarke und freundliche Begleiter, egal, ob beim Kundentermin, im Restaurant, im Einkaufszentrum oder auf dem Weihnachtsmarkt.

++ Lesetipp ++

Für Unentschlossene gibt es im Buch „Welpentraining mit Martin Rütter" (Franckh-Kosmos-Verlag, 2015) auf den ersten 50 Seiten viele hilfreiche Überlegungen vor der Anschaffung, inklusive Auswahl der passenden Rasse.

Wer bereits Vorerfahrung mit Hunden hat, sollte bereit sein dazuzulernen. Wer den Deutschen oder Weißen Schweizer Schäferhund kennt, wird zwar einige der gewohnten Eigenschaften im Tamaskan wiederfinden, doch der lebhaft-freche Schlittenhundanteil wird einige Herausforderungen bescheren. Wer bereits Erfahrung mit Siberian Husky oder Alaskan Malamute hat, der wird in Sachen Erziehung und Gehorsam ein bisschen aufatmen können, muss sich aber auch mit schäferhundtypischen Eigenarten anfreunden, beispielsweise einem gewissen Dominanzgebaren gegenüber anderen Hunden. Wer aus der mittel- bis hochprozentigen Wolfhundszene kommt, wird abrücken müssen vom Laissez-faire-Denken und in die Welt des konsequenten Hundetrainings eintauchen. Beim Tamaskan darf man Erwartungen haben,

und sollte es auch, denn zu viel Freiraum tut dem Hund nicht gut. Was Wolfhundehaltern beziehungsweise -halterinnen bekannt vorkommen wird, ist der Unwille des Tamaskans, alleine zu bleiben. Vor allem während der Welpenzeit sollte man den Aufbau einer Beziehung in den Vordergrund stellen und viel Zeit mit dem Hund verbringen. Trainiert man das Alleinebleiben in kleinen Schritten und mit viel Geduld, können die Tiere später auch mehrere Stunden am Stück alleine sein. Darauf verlassen sollte man sich aber nicht. Der Tamaskan eignet sich daher vor allem für Menschen, die im Home Office arbeiten oder den Hund mit an den Arbeitsplatz nehmen können. Das geht beispielsweise auch bei Paaren, deren Arbeitszeiten so flexibel sind, dass immer jemand zu Hause ist.

Da man den Tamaskan mit Kopf- beziehungsweise Nasenarbeit auslasten kann, eignet er sich auch für normal-sportliche Menschen, die gerne in der Natur aktiv sind. Ein bisschen Muskelkraft sollte man allerdings mitbringen. Der Tamaskan ist mit viel fröhlicher Vorwärtsenergie gesegnet, die er vor allem als Junghund noch nicht so gut im Griff hat. Es kann sein, dass das „Pubertier" mit Anlauf in die Leine springt. Kinder unter 14 Jahren dürfen gemäß Straßenverkehrsordnung einen Hund dieser Größe grundsätzlich nicht an der Leine führen.

Ein Tamaskan bringt das Potenzial mit, ein ausgezeichneter Familienhund zu sein, der sich mit Kindern jeden Alters gut versteht. Hier sind die Erwachsenen in der Verantwortung, Hund und Kind aneinander zu gewöhnen, das Zusammenleben zu regeln und dafür zu sorgen, dass sie ausschließlich gute Erfahrungen miteinander machen. Ähnlich verhält es sich mit anderen Haustieren wie Katzen oder Kaninchen. Meine Hündin verträgt sich sehr gut mit meinen beiden Katzen, doch das ist das Resultat von monatelanger Gewöhnung. Ich habe dem Welpen nie erlaubt, den Katzen hinterher zu rennen, damit sie in seiner Gegenwart immer entspannt sein können.

Tamaskane sind in der Regel freundlich gegenüber allen Menschen, weshalb sie sich nicht als Wach- oder Schutzhund eignen. Es gibt Tamaskane - meine Hündin eingeschlossen - die schäferhundtypisch durch Bellen anzeigen, wenn jemand sich der Haustür nähert. Wenn der Besuch dann da ist, wird er mit wedelnder Rute begrüßt. Auf die Abwehr von Einbrechern würde ich mich also nicht verlassen.

Der Tamaskan fühlt sich in der Gruppe wohl. Die Integration in einen Mehrhundehaushalt ist in der Regel kein Problem, vorausgesetzt, die anderen Hunde sind gut sozialisiert. Wer den Tamaskan unbeaufsichtigt im Garten lassen möchte, muss dafür sorgen, dass der Zaun hoch genug ist, stabil und einen Untergrabschutz besitzt. Eine überwiegende Außenhaltung ist nicht zu empfehlen. Der Tamaskan wünscht sich, bei seinen Menschen zu sein. Leichte Aktivitäten, Rennspiele und - vor allem in der Welpen- und Junghundezeit - das Spielen

mit Artgenossen reichen als körperliche Beschäftigung aus, vorausgesetzt der Hund wird auch geistig gefordert, etwa mit Nasenarbeit. Genauso wichtig wie die Beschäftigung sind ausreichende Ruhephasen. Denn vor allem Welpen und Junghunde müssen neue Eindrücke verarbeiten können und lernen, ihre Energie zu regulieren. Bei guter Sozialisierung wird der Tamaskan zu einem ruhigen, ausgeglichenen Begleithund, den auch schreiende Kinder, Lastwagen oder Gewitter nicht aus der Bahn werfen können.

Zusammenfassung

Ein Tamaskan eignet sich für...

...Menschen, die sich selbst nicht so ernst nehmen, aber durchaus konsequent sein können.

...Menschen, die einen Hund nicht als Modeaccessoire sehen, sondern als Familienmitglied.

...Menschen, die Freude an „Aktivitäten rund um den Hund" haben, und Zeit und Geld in dieses Hobby investieren wollen.

... Menschen mit mehr oder weniger Hundeerfahrung, die willens sind, sich weiterzubilden.

... Menschen, die nicht ohne ihren Hund in Urlaub fahren wollen.

...aktive und naturverbundene Menschen.

...Menschen, die im Home Office arbeiten oder den Hund mit zur Arbeit nehmen können.

...Familien mit Kindern jeden Alters, vorausgesetzt, die Erwachsenen sind sich ihrer Verantwortung bewusst.

...Mehrhundehaushalte, vorausgesetzt die anderen Hunde sind gut sozialisiert.

Welpe oder erwachsener Hund?

Ein neun Wochen alter Welpe ist ähnlich arbeitsintensiv wie ein Säugling. Zwar ist der Hund innerhalb weniger Monate ein Teenager, doch in der Anfangszeit ist der Aufwand fast vergleichbar. Damit der Hund schnell stubenrein wird, steht man nachts häufig auf. Das heißt, man leidet tagsüber unter Schlafmangel. Das hilft aber nichts, denn das Zeitfenster für die Sozialisierung ist kurz. In den ersten Wochen ist man viel unterwegs, damit der Hund neue Eindrücke sammeln kann, Autos und Fahrräder kennenlernt, die Innenstadt, den Ponyhof, die Tierarztpraxis und so weiter und so fort. Zweimal am Tag etwas Neues zeigen, viermal füttern, dazwischen ausreichend Ruhephasen und natürlich gemeinsam spielen und kuscheln, um die Bindung zu festigen. Dann zum Welpenkurs und zur Spielstunde, damit sich das Hündchen auch mit Artgenossen künftig gut verträgt. Wer Hunde liebt, dem macht das alles Spaß, aber trotzdem kostet es Energie. Job und Familie stehen dann erst einmal hinten an. Wer zu zweit ist, kann sich abwechseln und hat es leichter. Als alleinerziehendes Hundeelternteil sollte man sich Unterstützung holen. Vielleicht können Eltern oder Freunde gelegentlich aushelfen und das Hundebaby sitten,

denn Alleinebleiben ist in der Anfangszeit noch nicht möglich.

Auch wenn es schön ist, ein Hundeleben gemeinsam zu beginnen, ist es eben auch anstrengend. Auf die Welpenzeit folgt die Pubertät - und es bleibt spannend. Die ersten beiden Jahre in der Hundeerziehung sind die intensivsten. Danach kann man die Früchte seiner Arbeit genießen, aber bis es soweit ist, braucht es viel Zeit, Geld und Nerven. Wer es einfacher haben möchte, sollte die Möglichkeit in Betracht ziehen, einem erwachsenen Hund ein neues Zuhause zu geben. Die Vorteile: Die Pubertät ist vorbei, genauso wie die Kinderkrankheiten. Der Hund ist stubenrein, trainiert und sozialisiert, vorausgesetzt der Tamaskan kommt aus guter Haltung. Hin und wieder kommt es vor, dass Menschen sich nicht mehr um ihren Liebling kümmern können, weil sie beispielsweise krank werden oder umziehen müssen. Hier kann man im Handumdrehen zu einem großartigen Hund kommen, der sich schnell in seine neue Familie einfügt. Hunde sind soziale Tiere und bauen auch im Erwachsenenalter noch eine Bindung zu ihren Menschen auf. Leider kommt es vor, dass sich Leute mit einem Tamaskan überschätzt haben und überfordert sind. Dann gibt es Rückläufer in verschiedenen Altersgruppen, die Verhaltensauffälligkeiten zeigen können. Hier sind Menschen mit Hundeerfahrung gefragt, die es verstehen, einem Hund Stabilität und Sicherheit zu geben. Häufig liegt das Problem darin, dass solche Tiere nicht an Ruhephasen und Struktur gewöhnt sind. Mit etwas

Geduld und dem richtigen Trainingsansatz lassen auch sie sich wieder gesellschaftsfähig machen.

Tamaskan-Vermittlung

Die beiden deutschen Zuchtvereine Tamaskan Germany und die Interessensgemeinschaft (IG) Tamaskan vermitteln auch Hunde über das Welpenalter hinaus. Hier kann man auch via Facebook anfragen unter „Tamaskan Germany" oder „Tamaskan und seine Ursprungsrassen". Auf internationaler Ebene gibt es die Facebook-Seite „Tamaskan Rescue".

Kosten für einen Tamaskan

Hundehaltung, wenn sie richtig betrieben wird, ist zu einem teuren Vergnügen geworden. Das sieht man beispielsweise an den tiermedizinischen Kosten, die über die letzten Jahre stark gestiegen sind, und mit ihnen auch die Tierkrankenversicherungen. Da diese mittlerweile mehr als 1.000 Euro im Jahr kosten können, und viele Vorsorgeuntersuchungen oder alternativmedizinische Behandlungen nicht bezahlen, wählen einige Leute lediglich eine günstigere OP-Versicherung und bilden zusätzlich Rücklagen für tiermedizinische Behandlungen. Egal, ob man ein Sparkonto hat oder eine Tierkrankenversicherung, ich gehe bei einem umfassenden Leistungsbild pauschal von 100 Euro im Monat aus. Damit sind die tatsächlich anfallenden Kosten bereits abgedeckt. Wichtig ist, dass man bereits vor der Anschaffung eines Hundes angefangen hat zu sparen, und ein gutes Polster auf dem Konto hat für unvorhergesehene Notfälle. Um auf Nummer sicher zu gehen, empfehle ich 2.000 Euro. Das heißt nicht, dass man dieses Geld auch ausgeben wird, aber es macht Sinn, es verfügbar zu haben. Zum einen steigt mit zunehmendem Alter des Hundes die Wahrscheinlichkeit, dass er tiermedizinische Behandlungen braucht, zum anderen tendieren vor allem Ersthundehalter und -halterinnen dazu, häufiger tiermedizinischen Rat einzuholen als erfahrene Hundeprofis mit einer umfassenden Hausapotheke. Das ist gut so und Teil der Lernkurve. Auch ein gesunder Hund wird Vorsorgeuntersuchungen brauchen, wie Blutbilder und Kotanalysen beziehungsweise Impfungen, Wurmkuren oder Zeckenprävention, egal, ob aus dem pharmazeutischen Labor oder aus der Naturapotheke. Pi mal Daumen kann man jährlich von etwa 500 Euro Realkosten ausgehen. Den Rest sollte man weiter ansparen. Beispielsweise kann ein Verkehrsunfall mit Notoperation am Sonntagabend schnell das Konto wieder auf Null setzen. Zumindest eine OP-Versicherung ist empfehlenswert.

Zu den laufenden jährlichen Kosten kommen auch Haftpflichtversicherung und Hundesteuer. Letztere wird durch die einzelnen Kommunen festgelegt, unterscheidet sich also je nach Wohnort. Daher sollte man im Voraus bei der zuständigen Kommune nachfragen. Preise für die Haftpflichtversicherung unterscheiden sich je nach Anbieter und Versicherungssumme. Wer seinen Hund, wie ich, als Schulhund versichert, zahlt etwas mehr. Bei meiner Rechnung gehe ich von 70 Euro pro Jahr aus für die Haftpflichtversicherung, und von 100 Euro für die Hundesteuer.

Das Bildungsniveau der Menschen hinsichtlich der Produktion von Tierfutter hat in den vergangenen Jahren zugenommen. Bücher wie „Katzen würden Mäuse kaufen" von Hans-Ulrich Grimm haben die Produktionsmethoden der Tierfutterindustrie offen gelegt und viele Tierhalterinnen und -halter dafür sensibilisiert, dass minderwertige Schlachtabfälle und viel Getreide im Futter der Gesundheit von Haustieren schaden. Viele Menschen greifen daher zu qualitativ hochwertigem Futter, was mit höheren Kosten verbunden ist. Hier lässt sich lediglich mit der Haltung einer kleineren Hunderasse Geld sparen. Wie viel Futter ein Hund pro Tag braucht, richtet sich nach seinem Gewicht und seinem Aktivitätsniveau. Sporthunde brauchen genauso wie Sportmenschen mehr Kalorien. Für normal-aktive Hunde ist auf jeder Tierfutterverpackung eine Fütterungsempfehlung angegeben. Für einen erwachsenen Hund der Größe eines Tamaskans - ich rechne mit 25 bis 30 Kilogramm Körpergewicht - liegt der Preis pro Tag irgendwo zwischen 2,50 Euro für ein gutes, kaltgepresstes Trockenfutter und knapp 10 Euro für das hochwertigste Nassfutter, das ich kenne. Wer selbst kocht oder roh füttert, liegt in der Regel irgendwo in der Mitte. Bei meiner Rechnung gehe ich von einem

mittelpreisigen Futter aus, inklusive Trainingsleckerli und Kauartikel, und nehme pauschal fünf Euro pro Tag an. Hinzu kommt die Anschaffung von Hundezubehör, beispielsweise Näpfe, Halsbänder, Geschirre, Leinen, Hundekissen und so weiter. Geht man davon aus, dass eine qualitativ hochwertige, sichere Autobox alleine bereits um die 500 Euro kostet, rechne ich hier pauschal mit einmaligen 1.000 Euro. Der Anschaffungspreis für einen Rassehund generell liegt derzeit bei um die 2.000 Euro. Das ist durchaus gerechtfertigt. Seriöse Züchterinnen und Züchter engagieren sich, lassen die Elterntiere auf Erbkrankheiten untersuchen

Kosten für einen Rassehund der Größe eines Tamaskans

Einmalige Kosten	Euro
Anschaffungspreis	2.000
Hundezubehör	1.000
Tiermedizinische Rücklagen	2.000
Summe	**5.000**

Laufende Kosten pro Jahr	Euro
Hundesteuer	100
Hundehaftpflichtversicherung	70
Tierkrankenversicherung oder eigener Sparplan	1.200
Futter (für erwachsenen Hund)	1.825
Hundetraining	1.300
Hundezubehör	500
Summe	**4.995**

Schätzungen basieren auf Durchschnitts- und Erfahrungswerten. Tabelle: alo und bereiten die Welpen eingehend auf ein Leben mit dem Menschen vor. Das erfordert viel Zeit, Geld und Herzblut. Wenn Rassehunde zu günstigen Preisen angeboten werden, ist meist etwas faul. Von solchen Zuchtstätten sollte man sich fernhalten. Gut für das Gewissen und günstiger in der Anschaffung sind Hunde aus dem Tierschutz. Jedoch unterscheidet sich hier nur der Anschaffungspreis, alle anderen Positionen bleiben gleich.

Ein Kostenpunkt, der häufig vernachlässigt wird, ist das Hundetraining. Angefangen vom Welpen- und Junghundekurs zieht es sich über Spezialkurse wie Antijagd- oder Antigiftködertraining bis hin zum Beschäftigungstraining wie Mantrailing, Agility oder Treibball durch ein ganzes Hundeleben. Gruppenstunden sind günstiger als Einzeltraining, und ich gehe im Folgenden von durchschnittlich einer Gruppentrainingseinheit pro Woche aus, mit relativ günstigen 25 Euro. Zwar geht man nicht 52 Wochen im Jahr, jede Woche zum Hundetraining, doch manchmal geht man zweimal pro Woche oder kauft sich ein Buch, ein Webinar oder eine Trainingsapp. Das ist hier bereits mit eingerechnet. Wer Lust hat auf viele Einzelstunden oder Wochenendseminare, der zahlt bei dieser Position mehr.

Alles zusammengenommen, kommt eine stattliche Summe von 4.995 Euro pro Jahr zusammen, mit einmaligen 5.000 Euro, die man bereits vor der Anschaffung angespart haben sollte. Wen das aus den Socken haut, der sollte vielleicht den Blickwinkel ändern. Man sollte es

so sehen: Viele Menschen geben für ihre Hobbys, etwa Mountainbikefahren oder Reiten, sehr viel Geld aus. Hier geht es nicht nur um die Aktivität, sondern auch darum, die eigenen Fähigkeiten auszubauen und immer tiefer einzusteigen in ein bestimmtes Spezialgebiet. Daher sollte man die Hundehaltung nicht als Nebensache sehen, sondern als ein intensives Hobby, das dem Leben Mehrwert gibt und Menschen verbindet. Ich habe über das Hundetraining viele Gleichgesinnte kennengelernt, mit denen ich mich liebend gerne über Fachthemen wie Leinenmaterial, Futterzusätze und Trainingsmethoden unterhalte, eine neue Welt, für die man sich aktiv entscheiden kann. Wenn Herz und Kopf an Bord sind, investiert man das Geld gerne.

Alltag mit dem Tamaskan

Zu Anfang des Kapitels habe ich die Frage in den Raum geworfen, wie der Alltag mit dem Hund aussehen soll. Diese Überlegung ist wohl eine der wichtigsten, bevor man sich für eine bestimmte Rasse entscheidet. Was hier einfließt, sind die Talente, die ein Hund von Geburt an mitbringt und die Lust des Menschen, genau diese zu fördern. Da der Tamaskan ein sehr vielseitig interessierter Hund ist, hat man ein großes Spektrum an Beschäftigungsmöglichkeiten zur Auswahl. Zwar gehören Zugsport und Fährtensuche beziehungsweise Mantrailing in der Regel zu den Lieblingsbeschäftigungen des Tamaskans, aber aus eigener Erfahrung kann ich sagen, da geht noch viel mehr. Mit meiner Hündin war ich lange beim Dog Dancing, habe ein bisschen Agility gemacht, und auch Apportieren funktioniert mit dem Futterbeutel sehr gut. Gemeinsam Schwimmen, Stand-Up-Paddling oder Kanufahren ist ebenfalls möglich, auch wenn das ein wenig Gewöhnung erfordert. Wer also gern seine Freizeit mit Aktivitäten rund um den Hund verbringt, für den ist der Tamaskan durchweg alltagskompatibel, Hauptsache, er ist immer dabei. Und das ist die eigentliche Hürde bei der Anschaffung eines Tamaskans. Er ist nicht gerne alleine. Daher eignet er sich nur für solche Menschen, die entweder viel zu Hause sind oder ihren Hund mit zur Arbeit nehmen können. Die gute Nachricht: Der Tamaskan braucht nicht den ganzen Tag lang Beschäftigung, im Gegenteil. Erwachsene Hunde - egal welcher Rasse - brauchen um die 16 Stunden Schlaf am Tag, Welpen und alte Hunde noch viel mehr. Tatsächlich beschränkt sich die aktive Zeit des Tages bei uns meist auf zwei Stunden. Ich gehe mit meiner Hündin früh und abends etwa eine halbe Stunde Gassi. Die Zeit ist zum Schnuppern da, für Toilettengänge und ein paar kleine Übungen wie Leinenführigkeit oder Abrufbarkeit. Eine weitere Stunde am Tag gehört komplett dem Hund. Hier machen wir entweder einen Abenteuerspaziergang mit verschiedenen Such- und Apportierspielen, gehen in die Hundeschule oder besuchen Chaskas Spielgefährten. Das sind also etwa zwei Stunden am Tag Qualitätszeit mit meinem Hund. Die restliche Zeit schläft Chaska neben meinem Schreibtisch, liegt

	Montag	Dienstag	Mittwoch	Donnerstag	Freitag	Samstag	Sonntag
Vormittag 7.00 bis 12.00 Uhr	Gassitour (30 Minuten)	Gassitour (30 Minuten)	Gassitour (30 Minuten)	Gassitour (30 Minuten)	Gassitour (30 Minuten)	Gassitour (30 Minuten)	Gassitour (30 Minuten)
	Büroarbeit, Hund ruht	Hund im Hundekindergarten, während ich auf Terminen bin	Büroarbeit, Hund ruht	Büroarbeit, Hund ruht	Büroarbeit, Hund ruht	Hausarbeit, Hund ruht	Entspannen, Buch lesen o.ä., Hund ruht
Nachmittag 12.00 bis 18.00 Uhr	Abenteuerspaziergang mit Such- und Apportierspielen (ca. 1 Stunde)		Abenteuerspaziergang mit Such- und Apportierspielen (ca. 1 Stunde)	Spielgefährten treffen, Hundespiel (ca. 1 Stunde)	Hundetraining in der Hundeschule (ca. 1 Stunde)	Ausflug zum See, Wandertour, Wochenmarkt, Einkaufszentrum oder längere Hundeaktivität z.B. Mantrailing (ca. 3 Stunden)	Gassitour und Spielen im Garten (30 Minuten)
	Büroarbeit, Hund ruht		Büroarbeit, Hund ruht	Büroarbeit, Hund ruht	Büroarbeit, Hund ruht	Cafébesuch, Hund ist dabei	Gemeinsamer Nachmittag auf der Couch, Hund ruht
Abend ab 18.00 Uhr	Gassitour mit Trainingsübungen (ca. 30 Minuten)	Gassitour und Spielen im Garten (ca. 30 Minuten)	Gassitour mit Zugsport (ca. 30 Minuten)	Gassitour mit Trainingsübungen (ca. 30 Minuten)	Gassitour und Spielen im Garten (ca. 30 Minuten)	Gassitour (ca. 30 Minuten)	Gassitour mit Trainingsübungen (ca. 30 Minuten)
	Filmabend, Hund ruht	Büroarbeit, Hund ruht	Einkaufen gehen, Hund bleibt zu	Ins Restaurant gehen, Freunde treffen, Hund	Gartenarbeit, Hund ist dabei	Familienbesuch, Hund ist dabei	Spieleabend, Hund ruht

Alltag mit dem erwachsenen Hund: So sieht bei uns eine durchschnittliche Woche aus.

unter dem Tisch im Restaurant oder begleitet mich beim Einkaufen. Natürlich können die Aktivitätsphasen länger sein. Wenn ich Lust habe, gehen wir lange Spazieren oder wir unternehmen einen größeren Ausflug. Wichtig ist, dass auf Tage mit viel Aktivität immer Ruhetage folgen, an denen wir nicht viel machen.

Zwei Stunden Qualitätszeit pro Tag

Unser Alltag besteht aus etwa zwei Stunden Beschäftigung für den Hund. Das beinhaltet jeweils morgens und abends 30 Minuten, und einmal am Tag eine Stunde Qualitätszeit, ansonsten will Chaska einfach nur dabei sein und ruht die meiste Zeit.

Damit ein Hund ein guter Alltagsbegleiter wird, ist natürlich viel Übung nötig. Wer sich hier in den ersten beiden Jahren engagiert, hat später kaum noch Aufwand. Dann ist man ein eingespieltes Team und der Alltag ist Routine. Ein Leben ohne Hund kann ich mir nicht mehr vorstellen. Trotzdem verbringt Chaska einen Tag in der Woche im Hundekindergarten, einer Tagesbetreuung für Hunde mit Hundepension. Das hat verschiedene Gründe: Zum einen weiß ich, dass sie gut aufgehoben ist, wenn ich mehrstündige Termine habe, etwa Arztbesuche oder bestimmte Kundentermine, zum anderen ist es wichtig, dass es einen Plan B gibt, falls ich doch einmal längere Zeit ins Krankenhaus müsste oder ein paar Tage am Stück für die Arbeit verreisen. Hier braucht es nicht immer eine professionelle Hundebetreuung sein. Regelmäßiges

Hundesitting durch Familie oder Freunde tut es auch. Wichtig ist, dass sich der Hund über längere Zeit an andere Menschen und Orte gewöhnen kann. Wenn ich meine Hündin an einem fremden Ort lasse, beginnt sie zu heulen. Unter Wölfen wäre das eine Methode, um vermisste Rudelmitglieder wiederzufinden. Beim Tamaskan ist es daher besonders wichtig, dass der Hund mehr als eine Bezugsperson hat. Auf keinen Fall sollte man den Hund unvorbereitet in der nächstbesten Pension abgeben, weil man spontan beschlossen hat, in Urlaub zu fahren. Alle Fernreisen von denen man träumt, sollte man vielleicht machen, bevor man sich einen Hund anschafft. Der Tamaskan ist zwar ein guter Reisebegleiter, und eignet sich für Roadtrips mit Campervan oder Wohnwagen, auch für Autoreisen mit Übernachtungen in hundefreundlichen Hotels, aber stressige Flugreisen allein im Frachtraum würde ich meiner Hündin nicht zumuten. Bei allen Auslandsreisen mit dem Hund sollte man sich im Voraus informieren, welche Bestimmungen in den jeweiligen Ländern gelten. Meist braucht man zumindest eine gültige Tollwutimpfung. In südlichen Ländern gibt es häufig Hundekrankheiten oder Parasiten, von denen man wissen sollte. Und in Norwegen beispielsweise gibt es ein Einreiseverbot für Wolfhunde.

Wenn der eigene Lebensstil dazu passt, hat man mit einem Tamaskan an seiner Seite keine großen Einschränkungen. Wichtig ist es aber, im Voraus gut zu planen und auch Details durchzudenken.

Fazit zur Anschaffung

Zwar wurde der Tamaskan als Familienhund gezüchtet, doch liegen seine Ursprünge in verschiedenen Arbeitsrassen. In der Systematik der FCI sind diese in zwei Gruppen zu finden, die Nordischen Schlittenhunde innerhalb der Gruppe 5 „Hunde vom Urtyp" und die Schäferhunde innerhalb der Gruppe 1 „Treib- und Hütehunde". Beides sind arbeitsfreudige Rassengruppen, die sich jedoch in ihrem Kooperationswillen mit dem Menschen unterscheiden. Während Schlittenhunde wie der Siberian Husky und der Alaskan Malamute grundsätzlich lebensfroh und freundlich zu allen Menschen sind, ist bei ihnen die Eigenständigkeit stärker ausgeprägt als beim Deutschen oder dem Weißen Schweizer Schäferhund. Diese wurden für eine sehr enge Kooperation mit dem Menschen gezüchtet und haben daher starke Bindungen an ihre Bezugspersonen. Wie stark der Schäferhund, der Schlittenhund oder auch der Wolfhund beim Tamaskan durchschlägt, hängt von der einzelnen Zuchtlinie ab. Ein Blick in den Stammbaum der Elterntiere und deren genetisches Profil hilft bei der Einschätzung. Die wohl wichtigste Überlegung vor der Anschaffung ist die Frage, wie künftig der Alltag mit dem Hund aussehen soll. Der Tamaskan braucht geistige und körperliche Beschäftigung und will gefordert werden, am liebsten mit Nasenarbeit und/oder Zugsport. Er macht aber auch viele andere Aktivitäten mit, und ist dabei nicht wählerisch, Hauptsache die Belohnung stimmt. Der Tamaskan eignet sich daher für solche Menschen, die sich auf ihren Hund einlassen möchten, denen Hundetraining Spaß macht, und die willens sind, sich weiterzubilden. Wer Zeit, Geld und Liebe investiert und seinem Vierbeiner auch Stabilität und Ruhe gibt, bekommt einen sicheren und ausgeglichenen Gefährten, der sämtliche Situationen meistert, als Begleithund, Rettungshund, Therapiehund oder Sportgefährte. Auch in eine Familiengruppe mit Kindern, Katzen oder anderen Hunden fügt sich der Tamaskan gerne ein, vorausgesetzt, er wird entsprechend sozialisiert. Nur alleine bleibt er äußerst ungern. Daher eignet er sich nur für solche Menschen, die es von Berufs wegen ermöglichen können, viel Zeit mit ihrem Hund zu verbringen. Dabei ist gar nicht übermäßig viel Aktivität gefragt. Im Schnitt braucht der Hund lediglich ein paar Stunden am Tag die volle Aufmerksamkeit seiner Menschen. Der Tamaskan hat nichts dagegen, stundenlang neben einem Schreibtisch zu schlafen oder zwischendurch einen ganzen Tag auf der Couch zu verbringen. An einem anderen Tag macht er dafür auch eine mehrstündige Wandertour mit. Wichtig ist eine gute Balance aus Ruhe- und Aktivitätsphasen. Spazierengehen allein reicht in der Regel nicht aus. Es gilt, den Alltag für den Hund abwechslungsreich zu gestalten, und auch aus Spaziergängen kleine Abenteuer zu machen, mit verschiedenen Spielen und Übungen. Wer das verstanden hat, wird große Freude haben an diesem liebenswerten Schelm im Wolfspelz.

DIE RICHTIGE ZUCHT-
STÄTTE FINDEN

Wer sich die Anschaffung gut überlegt hat und nun sicher weiß, dass es ein Tamaskanwelpe werden soll, der steht sofort vor der nächsten Frage: Wo finde ich einen guten Züchter beziehungsweise eine gute Züchterin? Bei FCI-anerkannten Rassen ist das relativ einfach. Hier gibt es ganze Listen seriöser Zuchtstätten auf der Website des Verbands für das Deutsche Hundewesen (VDH), unter anderem auch für den Tschechoslowakischen Wolfhund (TWH) oder den Saarlooswolfhund (SWH), nicht aber für den Tamaskan.

Was ist eine Zuchtstätte?

Mit „Zuchtstätte" ist der Ort gemeint, an dem Hundezucht betrieben wird, egal ob hobbymäßig oder gewerblich. Meiner Meinung nach ist das die schönere Übersetzung des englischen Begriffs „Kennel". Wörtlich übersetzt wäre das ein „Zwinger", auch das Wort für einen großen Hundekäfig, und daher etwas missverständlich.

Wo man die Listen für Tamaskan-Zuchtstättten findet, und warum die Auswahl einer guten Zuchtstätte so wichtig ist, erkläre ich in diesem Kapitel.

Die Prägungsphase des Welpen

„Die Prägungsphase des Welpen findet beim Züchter statt", hat einmal eine Hundetrainerin zu mir gesagt. Damit hat sie mir deutlich eingeimpft, wie wichtig es ist, Menschen in der Hundezucht zu finden, die sich ihrer Verantwortung bewusst sind. Im Alter von acht bis zehn Wochen zieht ein Welpe im neuen Zuhause ein. Doch die erste wichtige Phase seines Lebens beginnt viel früher. In einem gewissen Ausmaß ist das sicherlich bereits im Mutterleib der Fall. Denn ähnlich wie beim Menschen bekommen die Ungeborenen auch die Stimmungen der Mutter mit, ob sie gestresst ist oder ausgeglichen. Generell spricht man aber vom Beginn der Prägungsphase, wenn das Tierkind die Augen öffnet und seine Welt erkundet, also irgendwo zwischen der zweiten und der vierten Lebenswoche. Dann werden auch Riech- und Hörsinn besser und die Welpen sind empfänglicher für Außenreize. Aufgrund dieser neuen Sinneswahrnehmungen werden viele neue Synapsen im Gehirn geknüpft, die das spätere Verhalten prägen. Daher ist es von Vorteil, wenn die Umgebung schon Erlebnismöglichkeiten bietet, etwa Spielzeug, Tunnel oder verschiedene Untergründe. Erkunden fördert Selbstvertrauen und Motorik. Eine wichtige Rolle spielen hier auch Alltagsgeräusche wie Waschmaschine, Staubsauger und Radio. Manche Züchterinnen und Züchter spielen den Welpen auch schon Außengeräusche vor, wie die Sirene des Rettungswagens, Gewitter oder Silvesterfeuerwerk. Wirklich entscheidend für das spätere Hundeleben ist, dass sich die Welpen an die Gegenwart des Menschen gewöhnen. Dass da in der Wurfbox neben der Mutter noch andere Wesen sind, nehmen die Kleinen schon sehr früh wahr. Der Kontakt sollte daher regelmäßig erfolgen und durchweg positiv sein. Es wäre also wünschenswert, dass Menschen, die Hunde züchten, hier Zeit investieren, die Kleinen sanft berühren und mit ihnen sprechen. Haben die Welpen, egal welcher Rasse, in dieser empfindlichen Zeit nur wenig Kontakt mit Menschen, oder gar negative Erlebnisse, ist die Chance sehr hoch, dass die Hunde im Erwachsenenalter ängstlich auf Aspekte der Menschenwelt reagieren. Ehemalige Straßenhunde sind oft schüchtern und weichen bei der

lienhund machen. Doch stellt sich bei harmlos aussehenden Tieren viel häufiger jemand dieser Herausforderung, als bei solchen Rassen, mit denen Menschen bereits Negatives assoziieren. Der Kreis von Personen, der bereit ist, einen traumatisierten Rottweiler, Dobermann oder Wolfhund wieder aufzupäppeln, ist ein sehr kleiner. Hier ist neben dem Engagement von Halterinnen und Haltern auch das von Züchterinnen und Züchtern gefragt. Würde ein Wolfhund aufgrund Vernachlässigung oder schlechter Erfahrungen mit Menschen im Welpenalter Aggression entwickeln, wäre das fatal.

Chaskas Mutter Namida mit drei Tage alten Welpen   Foto: Tamaskan vom Winterstein

Chaska, drei Wochen alt, mit dem Züchter in der Wurfbox.   Foto: Tamaskan vom Winterstein

kleinsten Bewegung zurück. Frauchen oder Herrchen glaubt dann meist, der Hund habe sehr schlimme Erfahrungen mit Menschen gemacht. Es kann aber auch sein, dass er gar keine Erfahrungen gemacht hat. Die Gewöhnung wird dann ein langer Prozess, bei dem man viel Geduld mitbringen muss.
Mit viel Zeit und Liebe kann man aus einem Angsthund durchaus einen Fami-

Denn die Chance ist gering, dass sich jemand findet, der das wieder gerade biegt. Daher sollte man darauf achten, dass schon im Welpenalter ein solider Grundstein für einen souveränen Hundecharakter gelegt wird. Hierzu ist nicht nur die Gewöhnung an den Menschen wichtig, sondern auch ein artgerechter Kontakt mit der Mutter. Bei Wolfhunden mit höherem Wolfsgehalt werden Welpen oft nach wenigen Wochen von der Mutter getrennt und von Hand aufgezogen, um eine bessere Gewöhnung an den Menschen zu erreichen. Auch unter Halterinnen und Haltern von mittel- und hochprozentigen Wolfhunden ist die Methode umstritten, denn es ist in vielerlei Hinsicht nicht förderlich, wenn der Hund den Menschen als Artgenossen sieht. Für einen ausgeglichenen, souveränen Hund, egal welcher Rasse, braucht es meiner Meinung nach beides, Mensch und Mutter. Neben Geborgenheit und artgerechtem Sozialkontakt lernen die Welpen auch die Hundesprache. Das ist wichtig für den späteren Umgang mit Artgenossen. Die Welpen sollten also zweisprachig aufwachsen. Eine Zuchtstätte, bei der sie bereits vor der Abgabe ins neue Zuhause von der Mutter getrennt werden, wäre ein absolutes No-Go, es sei denn, es handelt sich um eine unvorhersehbare Ausnahmesituation, etwa dass die Mutter erkrankt oder ähnliches.

Diskussion um Welpenfrühförderung

Heutzutage ist weitläufig bekannt, welch große Bedeutung die Prägungsphase für das künftige Hundeleben hat. Daher machen sich viele Menschen in der Hundezucht Gedanken, wie man die Welpen bestmöglich auf das Leben in der Menschenwelt vorbereitet. Hier werden Diskussionen um die sogenannte Welpenfrühförderung geführt. Darunter versteht man die Förderung der Welpen innerhalb der ersten zwölf Lebenswochen. Geht man davon aus, dass ein Tamaskanwelpe

im Alter von neun Wochen abgegeben wird, finden drei Viertel davon in der Zuchtstätte statt, und lediglich ein Viertel im neuen Zuhause. Daher sollten sich alle beteiligten Menschen gut absprechen, welches Konzept hier verwendet wird. Viele Wege führen nach Rom, aber man sollte eine Methode wählen und dabei bleiben. Manche Leute nutzen beispielsweise das Konzept von Puppy Culture. Das Programm wurde um das Jahr 2015 von der amerikanischen Hundetrainerin und Bull-Terrier-Züchterin Jane Killion erstellt und gibt umfassende Erklärungen und Anweisungen für den Umgang mit Welpen in den ersten zwölf Lebenswochen.

Puppy Culture (PC)

Das Programm beinhaltet über 50 Lektionen, angefangen von früher neurologischer Stimulation über Aggressionsprävention bis hin zur Stubenreinheit. Die DVD zusammen mit dem Arbeitsbuch kostet je nach Bezugsquelle zwischen 200 und 300 Euro (Stand Dezember 2023).

Auch einige Tamaskanzüchterinnen und -züchter setzen auf Puppy Culture, da die Richtlinien und Tagebücher sehr detailliert sind und bereits den Umgang mit der trächtigen Hündin umfassen. Vor allem Menschen, die zum ersten Mal züchten, fühlen sich hier gut aufgehoben, weil wirklich nichts vergessen wird, auch die Planung der Mahlzeiten derjenigen Person, die sich um die Hunde kümmert. Die Diskussion um Puppy Culture fängt eigentlich erst bei dem Teil an, an dem die Welpen schon mehrere Wochen alt sind und mit dem Menschen interagieren können. Hier taucht der Begriff „Manding" auf, abgeleitet vom englischen Wort „demand". Dabei lernen die Welpen, ihren Bedürfnissen Ausdruck zu verleihen und um etwas zu bitten, beispielsweise, indem sie sich vor dem Menschen hinsetzen. Damit dieses Verhalten nicht zu einer aufgezwungenen Regel wird, muss man sich intensiv mit dem Programm auseinandersetzen und es durch und durch verstehen. Das ist sehr aufwendig.

Blogeintrag auf Hey-Fiffi.com zum Thema „Manding - Gib deinem Hund eine Stimme"

Nach Auskünften von Jaqueline Kaletha, Züchterin und Vorstandsmitglied bei Tamaskan-Germany e.V. , kann ein solches Programm nicht explizit als Voraussetzung für die Zucht vorgeschrieben werden. Die Methode habe durchaus ihre Kritiker. Puppy-Culture-Entwicklerin Killian stütze ihr Programm auf Methoden der frühzeitigen neurologischen Stimulation, auf Englisch early neurological stimulation (ENS). Entwickelt wurde ENS vom U.S.-Militär unter dem Namen Bio-Sensor-Programm, mit dem Ziel, bessere Arbeitshunde zu schaffen. Welpen im Alter zwischen drei und 16 Tagen werden dabei milden Formen der

Stimulation ausgesetzt, die zu Stress führen. Dabei wird der Welpe für ein paar Sekunden mit dem Kopf nach oben gehalten, mit dem Kopf nach unten, auf den Rücken gelegt oder auf ein kaltes Handtuch gesetzt. Das Resultat dieser frühen Stressreize sollen stressresistentere Hunde sein. Eine wissenschaftliche Studie aus dem Jahr 2011, „Bewertung der Wirkung früher neurologischer Stimulation auf die Entwicklung und Ausbildung von Minensuchhunden", kommt allerdings zu dem Schluss, dass es keinen Unterschied macht, ob man ENS anwendet oder nicht, solange die Welpen ausreichend menschliche Aufmerksamkeit bekommen.[1]

Ältere Welpen, die bereits sehen können, werden bei Puppy Culture mit Clicker und Leckerli konditioniert. Kaletha zufolge ist dieses Konzept bei einem Tamaskan nur bedingt geeignet. „Aktuell findet man auf Facebook Videos und Fotos von Junghunden, welche nach PC aufgezogen wurden, aber keinesfalls stabil oder tolerant gegenüber Außenreizen oder Frustration sind", so Kaletha. Das Gegenteil sei der Fall. Ihre Ausbruchsneigung und Zerstörungswut seien auffällig, was sonst eher bei schlechter Sozialisierung zu finden ist. Das Zuchtgremium des Tamaskan Germany e.V. habe es sich zur Aufgabe gemacht, ein praktikables und nachhaltiges Programm zur Aufzucht von Tamaskanwelpen

1 A. Schoon, Evaluating the effect of early neurological stimulation on the development and training of mine detection dogs, Journal of Veterinary Behavior: Clinical Applications and Research (2011)

zu entwerfen und seinen Mitgliedern kostenlos zur Verfügung zu stellen. Bei diesem maßgeschneiderten Programm sollen die Besonderheiten von Tamaskanwelpen berücksichtigt werden, sowohl in der Zuchtstätte, als auch in der neuen Familie, bis ins Junghundealter.

Ich selbst bin keine Züchterin, und habe keine eigenen Erfahrungen mit Puppy Culture. Wäre ich als Welpeninteressentin in Kontakt mit einer Zuchtstätte, die das Programm verwendet, würde ich mich genauer informieren, was hier gemacht wird, und ob es Erwartungen an mich als künftige Halterin gibt. Zudem würde ich mich mit der Hundetrainerin meines Vertrauens absprechen, ob man das Trainingskonzept auch im weiteren Hundeleben fortsetzen kann. Es wäre schade, wenn sich die Menschen in der Zuchtstätte große Mühe geben, den einen Weg einzuschlagen, und man später einen ganz anderen wählt. Für den Welpen wäre das sehr verwirrend. Meiner Meinung nach führen viele Wege zum Ziel, einen ausgeglichenen und souveränen Hund zu bekommen. Züchterinnen oder Züchter sollten nicht mit aller Kraft bestimmen wollen, wie der Hund künftig trainiert wird. Als potenzieller Halter beziehungsweise potenzielle Halterin sollte man aber erfahrenen Leuten gut zuhören, denn es stimmt: Tamaskanwelpen bringen ein paar Eigenschaften mit, über die man sich im Voraus Gedanken machen sollte. Dazu mehr im Kapitel zum Hundetraining.

Seriöse Zucht statt Vermehrung

Was bedeutet das Wort „seriös" in der Hundezucht? Klären wir zunächst, was „unseriös" bedeutet. Höchst unseriös wäre es zum Beispiel, bei einem Online-Anzeigenportal einen Welpen auszusuchen und sich dann auf einem Parkplatz zur Übergabe zu treffen. Hier hat man weder Einblick in die Prägungsphase des Welpen, noch in den gesundheitlichen Hintergrund der Elterntiere. Der Verkauf von Hundewelpen ist für manche Menschen ein lukratives Geschäft, vor allem, weil es steuerlich in einer Grauzone liegt. So manche Möchtegern-Geschäftsleute wittern hier eine Gewinnchance. Unter teils fragwürdigen Bedingungen werden die Elterntiere zur Vermehrung gehalten und ein Wurf nach dem anderen produziert, bis die Hundemütter gesundheitlich am Ende sind. Zahlreiche Tierschutzorganisationen warnen davor, Welpen via Anzeige – egal ob Facebook, Kleinanzeigen oder Tageszeitung - zu kaufen. Der Deutsche Tierschutzbund schreibt auf seiner Website:

„In Kleinanzeigen und im Internet werden viele Hundewelpen angeboten, die aus Hundefabriken aus dem Ausland stammen."

Früher wurden diese Tiere zu Billigpreisen verramscht, doch mittlerweile wird die tierschutzwidrige Welpenproduktion nicht selten als seriöse Zucht getarnt, mit den damit verbundenen hohen Preisen. Diese Welpen werden in der Regel viel zu früh von ihrer Mutter getrennt und dann im LKW oder Kleintransporter nach Deutschland geschmuggelt. Die Folgen dieser Prozedur: Stress, Krankheiten und gravierende Verhaltensprobleme bis ins Erwachsenenalter. Vor allem während der Corona-Pandemie in den Jahren 2020 und 2021, als die Nachfrage nach Haustieren durch die Decke schoss, lieferten Beschlagnahmungen illegaler Transporte immer wieder Stoff für Zeitungsberichte. Abgesehen von großen, internationalen Handelsnetzen, gibt es auch im Inland Menschen, die Hunde aus Gewinnabsicht vermehren. Sie agieren meist in kleinerem Maßstab mit ein oder zwei Zuchthündinnen. Durch die ständige Welpenproduktion bessern sie ihre Haushaltskasse auf. Auch diese Praktik sollte man nicht unterstützen. Seriöse Züchterinnen und Züchter lassen ihre Hündin erst dann decken, wenn sie ausgewachsen ist, und auch nicht jedes Jahr. Sie investieren Geld in medizinische Tests auf Erbkrankheiten. Angesichts steigender Tierarztkosten ist das eine große Ausgabe. Mit seriöser Hundezucht ist also relativ wenig verdient, vor allem wenn man die Arbeitszeit rechnet. Menschen, die seriöse Hundezucht betreiben, kümmern sich liebevoll und mit Verstand um die Welpen und gewöhnen sie an das Leben mit dem Menschen. Insgesamt ist das ein hoher Zeit- und Geldaufwand, weshalb hier die Gewinnspanne relativ klein ist, auch wenn die Welpen um die 2.000 Euro kosten (Stand 2023). Schließlich kann niemand die Anzahl der Welpen pro Wurf vorhersagen. In der Regel liegt sie irgendwo zwischen drei

und zehn Tieren. Man kann auch nicht vorhersagen, ob die Hündin tatsächlich trächtig wird, oder während der Trächtigkeit Komplikationen auftreten, die weitere Tierarztkosten verursachen. Hier ein zuverlässiges Einkommen zu planen, wäre äußerst schwierig, es sei denn man hat jede Menge Zuchthündinnen. In diesem Fall hätte ich meine Zweifel, ob sich Betreiberinnen oder Betreiber einer kommerziellen Zuchtstätte um jedes Tier ausreichend kümmern können.

Es gibt Menschen, für die die Hundezucht die Haupteinkommensquelle ist. Das findet man vor allem bei Gebrauchshunden, beispielsweise für den Herdenschutz. Durch die Rückkehr des Wolfs besteht hier ein hoher Bedarf an gut ausgebildeten Hunden für Nutztierhalter. Familienhunde werden selten in solch großem Maßstab gezüchtet. Vor allem in der Tamaskanzucht werden seriöse Zuchtstätten in der Regel von motivierten Hobbyzüchtern betrieben, die in Anlehung an Vereinsrichtlinien agieren. Menschen, die Hunde mit Herzblut züchten, interessieren sich für die Lebensverhältnisse und Absichten potenzieller Welpenkäuferinnen und -käufer. Sie wollen die Leute persönlich kennenlernen und sich selbst einen Eindruck verschaffen. Wenn sie erkennen, dass die Hunderasse nicht zu den jeweiligen Lebensverhältnissen passt, scheuen sie nicht davor zurück, eine Absage zu erteilen. Vorsicht ist geboten, wenn Züchter oder Züchterin keine Fragen stellt oder gar beim ersten Treffen einen Welpen übergeben möchte.

Niedliche Welpen lösen Fürsorgeinstinkte aus, die oft rationale Entscheidungen verhindern. Die Suche nach der Zuchtstätte sollte beginnen, bevor die Welpen geboren werden. Foto: iStock/akinoreV

Zeit nehmen zum Kennenlernen

Die Suche nach der passenden Zuchtstätte beginnt lange bevor die Welpen zur Welt kommen, noch bevor die Hündin überhaupt gedeckt wurde. Das hat den Grund, dass die meisten „Wühltisch-Welpen", egal welcher Rasse, nicht als solche angeboten werden. In den Anzeigen steht dann „aus privater Zucht" oder „Ups-Wurf". Damit ist ein versehentlicher Wurf ohne Zuchtpapiere gemeint. Solche Würfe kann es natürlich geben, aber wie stellt man den Unterschied fest? Und wen interessiert das überhaupt, wenn man schon im Wohnzimmer mit all den süßen Welpen sitzt? Dann aktivieren die kindlichen Proportionen unser Brutpflegeverhalten. Kurz gesagt, wir sind

zu keiner vernünftigen Entscheidung mehr fähig. Einer Freundin von mir ist das passiert, nicht mit einem Tamaskan, sondern mit einem anderen Rassewelpen. Beim Besuch hatte sie ein mulmiges Gefühl, weil ihr der Züchter komisch vorkam. Doch der arme kleine Welpe tat ihr leid. Sie wollte ihn auf keinen Fall bei diesem Kerl zurücklassen. Dem unseriösen Züchter war das nur Recht. Er bekam sein Geld. Und so unterstützen tierliebe Menschen dubiose Machenschaften, die im Grunde gar nichts mit Tierliebe zu tun haben. Deshalb sollte man gleich die Finger davon lassen und gar nicht erst in den Kleinanzeigenportalen nach Welpen browsen. Natürlich kann es vorkommen, dass auch in seriösen Zuchtstätten

Welpen übrig sind oder wieder zurückgegeben werden. Soche Tiere werden in der Regel über die Zuchtvereine beziehungsweise deren Facebook-Seiten vermittelt.

Zuchtverein als Qualitätskriterium?

Früher war ich der Meinung, Zuchtpapiere seien überflüssig. Ich dachte immer, die wären nur für Hundeshows gut, und dafür habe ich mich sowieso nie interessiert. Heute weiß ich, dass Zuchtpapiere auch eine Bestätigung dafür sind, dass Hunde nach bestimmten Richtlinien gezüchtet werden. Bei der Suche nach der richtigen Zuchtstätte hilft es, sich hier ein wenig auszukennen. Es gibt zahlreiche Websites verschiedener Zuchtvereine und Datenbanken rund um den Tamaskan, so viele, dass man schon fast den Überblick verliert. Es lohnt sich aber, sich damit auseinanderzusetzen, denn diese Vereine haben Regularien, an die sich Menschen, die züchten wollen, halten müssen. Aufgabe der Vereine ist es, die Entwicklung der Rasse zu steuern, indem sie Vorschriften für registrierte Züchterinnen und Züchter aufstellen. Dazu gehören eine Reihe von verbindlichen Gesundheitstests sowie Anforderungen an die genetische Ausstattung und das Wesen der Tiere. Diese gelten dann für alle beim jeweiligen Verein gemeldeten Zuchthunde, und die, die es werden sollen. Zudem werden Praxisstandards für die Welpenfrühförderung festgelegt. So bestätigt eine Vereinszugehörigkeit Züchterin oder Züchter durchaus ein gewisses Maß an Vertrau-

enswürdigkeit. Denn Menschen, die eine unseriöse Hundezucht betreiben, werden in der Regel nicht in Zuchtvereine aufgenommen. Doch es gibt auch fragwürdige Vereine. Vorsicht ist beispielsweise geboten bei solchen Zuchtvereinen, bei denen nur eine Zuchtstätte Mitglied ist. Diese seltsamen „Minivereine" gibt es in England, den USA und auch in Deutschland.

Im Folgenden daher eine Übersicht mit den großen nationalen und internationalen Zuchtvereinen, von denen ich weiß, dass sie seriös betrieben werden und zahlreiche Mitglieder haben. Hier sei angemerkt, dass keiner dieser Vereine etwas mit dem Verband für das Deutsche Hundewesen (VDH) zu tun hat, schließlich ist der Tamaskan als Rasse noch nicht anerkannt. Die Zuchtvereine für den Tamaskan sind in der Regel Zusammenschlüsse engagierter Hobbyzüchter, die sich für die Rasse begeistern und sie weiterentwickeln möchten. Welcher Verein nun die besseren Regeln hat, sei erst einmal dahingestellt. Allerdings ist es schwierig, bei der Suche nach der richtigen Zuchtstätte einen Überblick zu bekommen. Denn nicht jede Zuchtstätte ist bei jedem Verein gelistet.

Auf internationaler Ebene gibt es zwei große Dachverbände, die die Zucht überwachen und die Hunde als international anerkannte Tamaskane registrieren. Diesen Dachverbänden schließen sich die Vereine einzelner Länder an. Das Tamaskan Dog Register (TDR) besteht seit 2006 und zeigt auf seinem Logo zwei heulende Tamaskane. Gegründet wurde es von der Engländerin Lynn Hardey, die jedoch wegen unethischer Zuchtmethoden im Jahr 2012 ausgeschlossen wurde, siehe dazu die Geschichte des Tamaskans im ersten Kapitel. Im gleichen Jahr wurde das gemeinnützige Unternehmen in Schottland registriert. Im Jahr 2016 wurde die schottische Niederlassung geschlossen und der Verein als „Charity Corporation" in den USA angemeldet. Geleitet wird er von einem „Board of Directors (BOD)", das zuständig ist für die Organisation und Verwaltung. Der Beratungsausschuss trägt den Namen „Commitee of Breeders (COB)". Eine Übersicht der Mitgliedszuchtstätten gibt es unter dem Reiter „Breeding". Nicht verwechseln: Hardey betreibt gemeinsam mit ihrer Tochter ein eigenes Tamaskan Dog Register, das unter www.tamaskandog.com zu finden ist. Das Logo ähnelt dem des TDR.

Das International Tamaskan Register (ITR) wurde im Jahr 2019 gegründet, aufgrund von Meinungsverschiedenheiten innerhalb des TDR. Auf dem ITR-Logo ist ein rennender Tamaskan abgebildet. Ähnlich wie das TDR, besteht das ITR aus einem „Board of Directors (BOD)" sowie einem „Committee of Breeders (COB)". Hinzu kommt ein „Executive Officers Committee (EOC)", das für den Routinebetrieb verantwortlich ist, etwa die Pflege und Aktualisierung der Website, Inhalte und Sitzungsprotokolle sowie das Drucken und Versenden von ITR-Registrierungszertifikaten. Die Website enthält viele detaillierte Informationen zu den Zuchtvorschriften sowie eine frei zugängliche Tamaskandatenbank mit Stammbauminformationen zu jedem Hund. Über die Funktion „search dogs" findet man die jeweiligen Zuchttiere. Die Blutlinien sind bis zum Ursprung des Tamaskans in Finnland und Großbritannien zurückverfolgbar. Bei jedem Hund ist die Rasse angegeben, sodass man auch Auskreuzungen mit Wolfhunden, Schäferhunden oder Siberian Huskys erkennt. Außer den Bewertungen für Hüftgelenks- und Ellenbogendysplasie gibt es allerdings keine weiteren Gesundheitsinformationen.

Neben den internationalen Dachorganisationen gibt es in Deutschland zwei große Tamaskan-Zuchtvereine, den Tamaskan Germany e.V. (TG) und die Interessensgemeinschaft Tamaskan e.V. (IGT). Bei einem Tamaskan-Treffen im September 2022 durfte ich die Vorstandschaft von beiden kennenlernen, und kann sagen, dass es sich hier um engagierte Menschen handelt, die die Hundezucht mit Herzblut betreiben. Teils arbeiten die deutschen Vereine mit den oben genannten internationalen Registern zusammen. Züchterinnen und Züchter sind in der Regel Mitglied zumindest bei einem der beiden großen Register. Sonst erhalten sie für ihre Welpen keine internationalen Papiere, sondern lediglich deutsche Vereinspapiere. Falls man selbst einmal in die Hundezucht einsteigen möchte, sollte man daher auf die internationale Registrierung des Welpen achten.

Informationsquellen zum Tamaskan

Zuchtvereine

Tamaskan Dog Register (TDR)
Internationaler Zuchtverein
Website: www.tamaskandogregister.com
Kontakt: info@tamaskandogregister.com
Instagram: tamaskandogregister
(3.461 Follower*)
Facebook: Tamaskan Dog Register
(10.184 Follower*)

International Tamaskan Register (ITR)
Internationaler Zuchtverein
Website: www.tamaskan-register.com
Kontakt: info@tamaskan-register.com
Instagram: tamaskan_register (1.626 Follower*)
Facebook: International Tamaskan Register (3.617 Follower*)

Tamaskan Germany e.V. (TG)
Zuchtverein in Deutschland
Website: www.tamaskan-germany.de
Kontakt: info@tamaskan-germany.de
Facebook: Tamaskan Germany, private Gruppe (2.761 Mitglieder*) sowie offene Community-Seite (2.594 Follower*)

Interessensgemeinschaft Tamaskan e.V. (IGT)
Zuchtverein in Deutschland
Website: www.ig-tamaskan.com
Kontakt: Kontaktformular auf Website
Facebook: IG-Tamaskan e.V. (836 Follower*)

Unabhängige Facebook-Seiten

All About Tamaskans
Vereinsunabhängige, englischsprachige, private Facebook-Gruppe (5.670 Mitglieder*)

Leben mit Tamaskan
Deutschsprachiger, privater Facebook-Blog (1.675 Follower*)

Tamaskan und seine Ursprungsrassen
Deutschsprachige, private Gruppe, in der es generell um wolfsähnliche Hunde geht (1.779 Mitglieder*)

Datenbanken

Tamaskan-Datenbank des ITR
Frei zugängliche Datenbank
Website: www.tamaskan-register.com/pp_db/ - umfasst mehr als 25.000 Hunde, die im Zusammenhang mit dem Tamaskan stehen, hinterlegte Tamaskane ca. 2.500*

Wolflookalike-Datenbank
Private Datenbank
Website: www.wolflookalike.com umfasst sämtliche, wolfsähnliche Rassen, hinterlegte Anzahl von Tamaskanen nicht bekannt*

Tamaskan Dog Diversity Project (TDDP)
Genetische Datenbank via Embark
Website: www.tamaskandogdiversityproject.com/en/ (359 Hunde hinterlegt*)
Facebook: Tamaskan Dog Diversity Project

*Stand 2023

Wer Zuchtstätten und -hunde in seiner Umgebung sucht, dem würde ich ebenfalls einen Blick auf die ITR-Website empfehlen. Da findet man unter dem Reiter „ITR Breeders" eine schöne Übersicht sortiert nach Ländern. Das ist hilfreich, wenn man in der Nähe einer Landesgrenze lebt und auch Zuchtstätten beispielsweise in der Schweiz oder den Niederlanden infrage kommen. Leider ist nicht jede Zuchtstätte beim ITR oder TDR Mitglied. Einige dagegen sind sogar in beiden Registern gelistet.

Der älteste Zuchtverein in Deutschland wurde als Tamaskan Germany Club im Jahr 2010 gegründet. Im Jahr 2017 wurde der Zuchtclub zu einem gemeinnützigen Verein. Heute trägt er den Namen „Tamaskan Germany e.V.", abgekürzt TG. Im Jahr 2017 fand sich die Vorstandschaft neu zusammen, seit 2023 wird die Website überarbeitet, mit allen wichtigen Informationen zu Gesundheit und Wesen des Tamaskan. Der Tamaskan Germany e.V. hat ein eigenes Zuchtgremium, welches bestehende und neue Zuchtstätten betreut und die Würfe übersieht. Beim TG wurde auch eine Notvermittlung integriert. Wer einem erwachsenen Tamaskan ein neues Zuhause geben möchte, kann sich an diesen Zuchtverein wenden.

Im Juni 2016 beschlossen einige Züchterinnen und Züchter, den „Tamaskan Germany Club" zu verlassen und die „Interessengemeinschaft Tamaskan e.V." zu gründen. Auf der Website findet man übersichtlich viele hilfreiche Informationen zur Züchtersuche, zur Gesundheit und zum Wesen der Tiere. Wer sich noch einmal eingehend informieren will, sollte sich die Rubrik „Der Tamaskan" von vorn bis hinten durchlesen. Das Zuchtverzeichnis ist allerdings relativ klein, weshalb sich für die Suche andere Datenbanken besser eignen.

In der Regel machen Züchterinnen und Züchter lange vor dem Deckakt via Ankündigung die geplante Verpaarung publik, auf ihren Websites und mittlerweile auch in den Sozialen Medien, auf Instagram oder in Facebook-Gruppen. Falls man ein Facebook-Profil hat, rentiert es sich, schon frühzeitig bei Tamaskan-Gruppen Mitglied zu werden, um bereits erste Kontakte zu knüpfen. In den Facebook-Gruppen sowie auf den Websites der Tamaskan-Zuchtvereine werden gelegentlich Veranstaltungen angekündigt, Treffen und gemeinsame Wanderungen. Interessierte Menschen sind dort in der Regel willkommen und können bei der Gelegenheit gleich mehrere Hunde und Menschen auf einmal kennenlernen. Unabhängig von den Zuchtvereinen gibt es ein paar weitere Informationsquellen zum Tamaskan. Teils integriert in die Websites der Zuchtvereine gibt es Tamaskan-Datenbanken, bei denen die Zuchtstätten, die Stammbäume der Tiere und teilweise auch Gesundheitsinformationen hinterlegt sind. Neben der ITR-Datenbank gibt es eine weitere große, vereinsunabhängige Datenbank für wolfsähnliche Hunde: die Wolflookalike-Datenbank. Sie wurde von Wolfsbane Creations, einem in den Niederlanden registrierten Unternehmen, entwickelt und gepflegt, mit dem Ziel, Informationen zu Stammbaum- und Gesundheit zu sammeln und sie mit „Wolflookalike"-Liebhabern weltweit zu teilen. Hier geht es nicht nur um den Tamaskan, sondern um alle wölfisch aussehenden Hunde, auch solche, die verschiedenen nordischen Rassen angehören: Schäferhunde oder Wolfhunde, Utonagan, Northern Inuit und viele mehr. Zu jedem Hund wird der Stammbaum angezeigt und teilweise auch Gesundheitsinformationen. Detaillierte Informationen sind allerdings nur dann zugänglich, wenn man sich registriert.

Eine mehr oder weniger aktuelle, genetische Datenbank findet man beim Tamaskan Dog Diversity Project (TDDP). Das rassespezifische Projekt wird in Zusammenarbeit mit Embark durchgeführt, einem US-amerikanischen Unternehmen für Hundegenomik und Biotechnologie mit Sitz in Boston im Bundesstaat Massachusetts, dem weltweit führenden Anbieter von Hunde-DNA-Tests. Solche Projekte gibt es bei Embark auch für andere Rassen, etwa für den Dobermann. Die Website ist in den USA registriert. Derzeit beteiligen sich daran der Tamaskan Germany e.V., die Interessensgemeinschaft Tamaskan und der Tamaskanzuchtverein der Niederlande, der Nederlandse Tamaskan Club (NTC). Es geht darum, aufgrund von DNA-Tests eine Datenbank zu erstellen, die gemeinsam genutzt werden kann. Nach Angaben auf der TDDP-Website sind 359 Hunde hinterlegt (Stand 2023), doch sind die Daten nicht öffentlich zugänglich.

Wichtige Fragen im Vorfeld klären

Ich kam zu meiner Hündin über eine Wurfankündigung auf Facebook. Als Erstes habe ich die Website des Züchter-Ehepaars angeschaut und per E-Mail Kontakt aufgenommen. Bei einem Telefongespräch konnten wir erste Fragen klären. Ich habe mich nach dem Wolfsanteil erkundigt und nach dem Charakter der Elterntiere. Mit dem Wissen von heute fallen mir noch viele weitere Fragen ein, etwa in welchem Zuchtverein die Züchter aktiv sind, beziehungsweise welche Papiere die Welpen haben werden. Auch von den möglichen Erbkrankheiten und den entsprechenden Tests wusste ich damals noch nicht viel. Auf der nächsten Seite findet sich eine Auswahl von Fragen, die ich schon vor dem Besuch stellen würde, vorausgesetzt, die Informationen sind nicht schon bei der Wurfankündigung mit angegeben. Die Züchterin oder der Züchter wird Fragen haben. Verantwortungsbewusste Menschen in der Hundezucht wünschen sich, dass ihre Welpen die bestmöglichen Chancen auf ein glückliches Hundeleben haben. Ihnen liegt es am Herzen, dass ihre Tiere nicht zu Wanderpokalen werden, also nicht ständig das Zuhause wechseln oder gar im Tierheim landen. In der Regel sind sie gut vernetzt und können auch einen erwachsenen Hund wieder in gute Hände vermitteln.

Fragen an Züchter oder Züchterin

- Wie hoch ist der Wolfsanteil der Elterntiere?

- Wie setzen sich die Anteile von Alaskan Malamute, Siberian Husky, Schäferhund oder TWH zusammen? (DNA-Test-Ergebnisse)

- Besteht Mitgliedschaft bei einem Zuchtverein? Welche Zuchtpapiere werden die Welpen erhalten?

- Wurden die Elterntiere auf Erbkrankheiten getestet?

- Wie ist der Charakter der Elterntiere? Darf man die Hündin persönlich kennenlernen? Gibt es Videos vom Rüden?

- Lebt die Hündin im Haus bei den Menschen? Wachsen die Welpen ebenfalls im Haus auf?

- Wie werden die Welpen in der Prägungsphase gefördert?

- In welchem Alter werden die Welpen abgegeben? Sind sie geimpft und gechippt? Haben sie einen EU-Heimtierausweis?

- Wie werden die Welpen gefüttert?

- Welche vertraglichen Vereinbarungen werden im Vorfeld getroffen? Was kosten die Welpen?

- Würde Züchterin oder Züchter den Welpen wieder zurücknehmen?

Fragen an interessierte Personen

- Wie viel Hundeerfahrung besteht? Besteht Erfahrung mit Nordischen Hunden, Wolfhunden, Schäferhunden oder Hunden vom Urtyp?

- Sind bereits andere Hunde im Haushalt vorhanden?

- Wo wird der Hund leben, beispielsweise in einer Wohnung oder in einem Haus mit Garten, in ländlichem oder städtischem Umfeld?

- Kommt der Hund zu einer Einzelperson oder zu einer Familie? Gibt es mehr als eine Bezugsperson?

- Gibt es Kinder oder andere Haustiere im Haushalt? Liegt ausreichend Wissen vor, wie man den Hund an sie gewöhnt?

- Wie lange pro Tag soll der Hund später alleine bleiben?

- Wie soll der Hund später beschäftigt werden? Gibt es Pläne für eine Ausbildung als Begleit-, Rettungs- oder Therapiehund?

- Wie stellt man sich den Alltag mit dem Hund vor?

- Wie soll der Hund später gefüttert werden? (Wichtig für Gewöhnung der Welpen)

- Besteht der Wunsch, mit dem Hund zu züchten? (wird bei der Auswahl des Welpen berücksichtigt)

Die Informationen helfen nicht nur zu entscheiden, ob der Tamaskan die passende Rasse ist, sondern auch abzuschätzen, welcher Welpe aus dem Wurf am besten zur jeweiligen Person beziehungsweise Familie passt. Denn auch innerhalb eines Wurfs zeichnen sich schon unterschiedliche Temperamente ab. Zu den sogenannten Welpentests werde ich später mehr schreiben. Hier zunächst zum ersten Kennenlernen: Es ist nicht ungewöhnlich, dass sich Züchter oder Züchterin Notizen machen, beziehungsweise den Leuten ein Formular mitgeben und sie bitten, die Eckdaten auszufüllen. Oft ist die Nachfrage an Welpen so groß, dass man ohne Notizen schnell den Überblick verliert. Wenn man sich als Interessent oder Interessentin noch nicht sicher ist, ob es wirklich ein Tamaskan werden soll, sollte man das beim Erstgespräch unbedingt offenlegen. Menschen, die eine seriöse Hundezucht betreiben, werden beraten, ohne zu drängen. Schließlich wollen Züchterinnen und Züchter, dass Hund und Mensch möglichst gut zusammenpassen, damit es später keine Enttäuschungen gibt.
Im nächsten Schritt vereinbart man einen Besuchstermin, bei dem man auch die künftige Hundemutter kennenlernt. Vielleicht gab es schon frühere Würfe und man darf auch diese Hunde besuchen, um sich weitere Eindrücke zu verschaffen. Häufig bespielen Halterinnen und Halter eigens für ihre Hunde eingerichtete Instagram-Profile, und man kann sich auf diesem Weg in Verbindung setzen. Einfach in der Suchmaske *#tamaskan*

eingeben oder bei der Zuchtstätte nach den Instagram-Accounts bisheriger Welpen fragen.

Bei meinem ersten Besuch in der Zuchtstätte war es mir wichtig, dass die Menschen sympathisch sind und die Mutterhündin in normalen Wohnverhältnissen lebt. Ich wollte, dass die Welpen im Haus aufwachsen. Eine Scheune als Wurfplatz oder ein Zwinger wären für mich K.O.-Kriterien gewesen. Ich suchte nach Menschen, die ihre Tiere als Familienmitglieder sahen und sich entsprechend um ihre Welpen kümmern würden. Solche Menschen wollen dann verständlicherweise wissen, was aus den Tieren geworden ist. Schon allein, weil der Kontakt meist über die Welpenzeit hinaus besteht, sollte es auch zwischenmenschlich passen.

Auf die Elterntiere kommt es an

Zwar hängt in der Hundezucht viel von der Einstellung der Menschen ab, doch spielen auch die Elterntiere eine wichtige Rolle. Genetisch bedingte Eigenschaften können zwar Generationen überspringen, doch die Wahrscheinlichkeit ist hoch, dass der Nachwuchs die genetische Veranlagung der Eltern erbt. Daher sollte man sich gut über Rüde und Hündin informieren. Wer auch Groß- und Urgroßeltern einbeziehen möchte, kann in einer der beiden umfassenden Tamaskan-Datenbanken die Stammbäume der Elterntiere verfolgen, meist den ganzen Weg zurück bis zum finnischen Polar Speed Kennel.

Vorherige Recherche ist gut, aber der persönliche Eindruck ist durch nichts zu ersetzen. Beim ersten Besuch in der Zuchtstätte sollte man auch die Hündin in ihrem normalen Umfeld treffen können. Darauf darf man bestehen. Vorsicht ist geboten, wenn die Hündin beim Besuch zufällig nicht zu Hause ist. In diesem Fall würde ich vermuten, dass etwas verheimlicht werden soll, etwa Erkrankungen, schlechtes Benehmen oder aggressives Verhalten. Da sich das Verhalten in der Trächtigkeit und während der Mutterschaft ändern kann, ist es wichtig, eine Besichtigung vorher durchzuführen. Im Normalzustand sollte die Hündin eine ausgeglichene, aufgeweckte und insgesamt gesund wirkende Zeitgenössin sein. Den Deckrüden kennenzulernen, ist oft nicht möglich. In der Regel lebt er nicht in der Nähe. Züchterinnen und Züchter machen sich sehr viele Gedanken, welcher Rüde am besten zu ihrem Mädchen passt. Da wird in großem Radius gesucht. Auch die genetischen Profile werden verglichen. Beim Tamaskan gibt es noch nicht viele unabhängige Blutlinien, weshalb hier oft lange gesucht wird. Falls eine Besichtigung des Rüden möglich ist, ist das schön, falls nicht, kann man sich zumindest nach Charakter, Gesundheit und Haltungsumständen des Hundevaters erkundigen und sich Videos zeigen lassen. Manchmal werden auch Halter oder Halterin des Deckrüden in die Auswahl der Bewerber eingebunden. Vielleicht gibt es bereits Nachwuchs aus einem früheren Wurf, und man hat die Möglichkeit, sich die Hunde anzusehen. Auf diese Weise lässt sich besser abschätzen, was auf einen zukommt. Bei solchen Besuchen kommen oft Details zur Sprache, an die man sonst gar nicht gedacht hätte.

Genetische Anlagen

In der Hundezucht spricht man oft von „Anlagen". Damit ist die genetische Veranlagung gemeint, die von den Elterntieren an den Nachwuchs weitergegeben wird. Das ist so etwas wie ein natürliches Talent, das bei entsprechender Förderung sehr gut entwickelt werden kann.

Auf meiner Prioritätenliste für die Elterntiere standen Eigenschaften wie Freundlichkeit und Ausgeglichenheit ganz oben. Egal für welche Hunderasse ich mich entschieden hätte, eine Zuchthündin, die Scheu oder Aggression gezeigt hätte, wäre für mich nicht in Frage gekommen. Ich wollte einen Alltagsbegleiter, den ich überall hin mitnehmen konnte, einen, der auch mit neuen Situationen und fremden Menschen nicht überfordert ist. Natürlich habe ich als Halterin auf die Entwicklung meines Hundes sehr viel Einfluss, aber für mich war ein freundliches Gemüt das wichtigste Kriterium. Da wollte ich nichts dem Zufall überlassen. Wie schnell sich bei Mensch oder Tier eine Stressreaktion einstellt, hängt nicht nur vom Umfeld ab, sondern auch von genetischen Faktoren, die den Hormonhaushalt steuern. Daher wollte ich bei meinem Besuch eine Mutterhündin sehen, die genau das Wesen hatte, das mein Wunschhund haben sollte.

Welche medizinischen Tests in der Tamaskanzucht vorgeschrieben sind, kann man auf den Websites der Zuchtvereine nachlesen. Doch nur wenige Menschen wissen, was genau sich dahinter verbirgt. Ich finde es wichtig, dass man sich als künftiger Halter oder künftige Halterin ein wenig damit auskennt, schon allein, damit man zu schätzen weiß, welchen Aufwand seriöse Züchterinnen und Züchter betreiben, um ihren Welpen die größtmögliche Chance auf ein gesundes Leben zu geben. Im Folgenden gehe ich daher auf die Untersuchungen ein, die derzeit von allen Tamaskan-Zuchtvereinen vorgeschrieben sind (Stand 2023).

Hier muss man unterscheiden zwischen Erbkrankheiten, die mittels Gentest identifiziert werden können, und solchen, für die ein Besuch beim Tierarzt beziehungsweise beim Fachtierarzt notwendig ist.

Erkrankungen der Hüft- und Ellenbogengelenke

Die Hüftgelenksdysplasie (HD) ist eine erblich bedingte Skeletterkrankung, von der viele große Rassen betroffen sind. Vor der Zuchtzulassung wird das Becken der Hunde geröntgt. In der Regel erfolgt das unter Narkose, und erst ab dem Alter von 18 Monaten. Während das Röntgen in jeder Tierarztpraxis mit Röntgengerät erfolgen kann, dürfen die Aufnahmen nur von einer spezialisierten Fachärztin

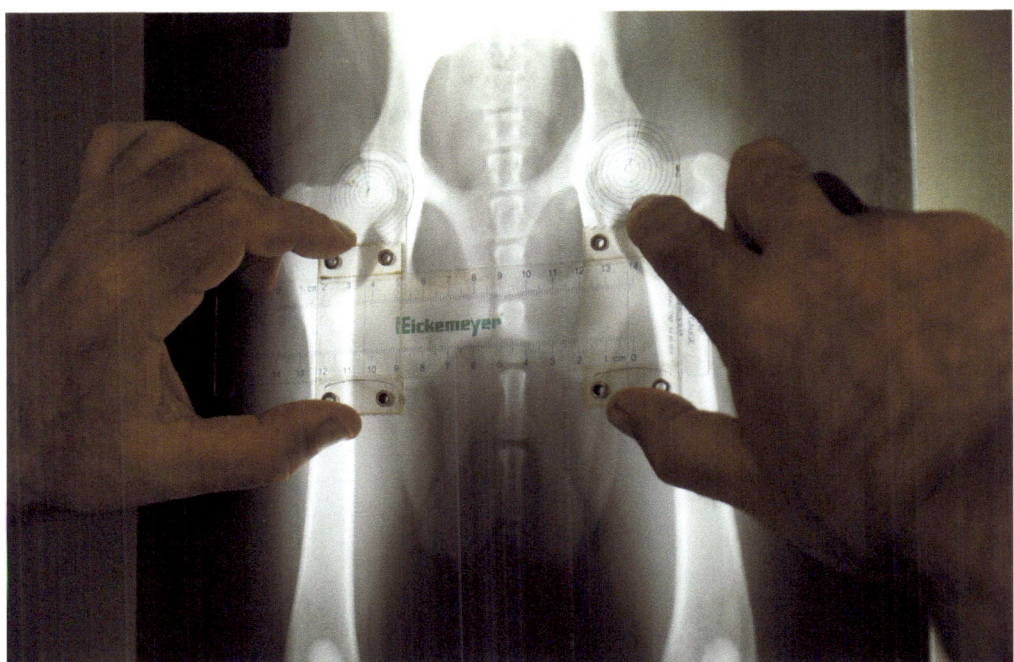

Die Röntgenaufnahmen der Hüftgelenke müssen von Gutachtern vermessen werden. Foto: alo

oder einem Facharzt interpretiert werden. Anhand der Röntgenbilder wird festgestellt, wie gut der Knochenkopf in der Gelenkpfanne liegt. Im Jahr 1990 wurden von der Fédération Cynologique Internationale (FCI), dem größten kynologischen Dachverband, verschiedene HD-Grade festgelegt. Sie werden mit den Buchstaben A bis E gekennzeichnet. Grad A bedeutet, dass der Hund keine HD hat, Grad B gilt als tiermedizinisch unbedenkliche Übergangsform, und Grad C heißt, dass Knochenkopf und Gelenkpfanne nicht richtig zusammenpassen. In diesem Fall wird der Hund häufig von der Zucht ausgeschlossen. Übergangsformen sind abhängig von Interpretation, und es kann sein, dass verschiedene Fachleute zu verschiedenen Ergebnissen kommen. Das gilt auch für die Ellenbogendysplasie (ED), die noch schwieriger zu diagnostizieren ist.

Während bei der Hüfte zwei Knochen an der Gelenkbildung beteiligt sind, sind es beim Ellenbogen drei: Oberarmknochen, Elle und Speiche. Wenn nicht alle drei Knochen im Gelenk perfekt zusammenpassen, kann es zu Reibung und damit verbundenen Entzündungserscheinungen sowie Fehlbildungen kommen. ED wird in drei Grade unterteilt: I, II und III, je nachdem wie weit Arthrose und die strukturellen Veränderungen an den Knochenrändern fortgeschritten sind. Grad 0 steht für gesund. Nur damit darf gezüchtet werden. Wer sich genauer mit den Zulassungswerten beschäftigen möchte, kann in der Zuchtordnung der jeweiligen Vereine nachsehen.

HD und ED sind nur zum Teil Erbkrankheiten. Die Verantwortung liegt hier auch bei Halter und Halterin. Im Jahr 2019 habe ich den Tierarzt Dr. Peter Schunk für eine Jagdzeitschrift interviewt. Er ist als HD- und ED-Gutachter des Verbands für das deutsche Hundewesen (VHD) bundesweit zuständig für die Beurteilung verschiedener Jagdhundrassen, unter anderem den Deutsch Drahthaar und den nordischen Laika. Hier ein Auszug aus dem Gespräch:

Zwar ist die Veranlagung zu einigen Gelenkleiden erblich bedingt, doch spielen Umweltfaktoren eine große Rolle, wenn es darum geht, wie stark sich die Erkrankungen ausbilden. Neben Gewichtskontrolle sollte man auf ein ausgeglichenes Kalzium-Phosphor-Verhältnis im Futter achten sowie auf rutschfeste Böden. Glatte Böden halte ich für einen größeren Faktor als Treppensteigen. Zu rapides Welpenwachstum durch „Überfüttern" sollte man unbedingt vermeiden.

Erblich bedingte Augenkrankheiten

Diese Untersuchung kann nur durch einen zugelassenen Fachtierarzt beziehungsweise eine Tierärztin für Augenheilkunde durchgeführt werden. Dazu bekommt der Hund Augentropfen, die die Pupille erweitern. Mit einer Spaltlampe wird der vordere Teil des Auges untersucht, also Lider, Bindehaut, Hornhaut und Linse. Für den hinteren Teil des Auges mit Netzhaut und Sehnervpapille gibt es ein Spiegelungsverfahren, die indirekte Ophthalmoskopie. Dadurch kann man die progressive Retinaatrophie (PRA) ausschließen, ein erblich bedingtes, langsames Absterben der Netzhaut, das zur Blindheit führt. Siberian Huskys gehören zu den Rassen, die eine Veranlagung zu grünem Star haben, auch Glaukom genannt. Daher wird bei genetisch vorbelasteten Hunden auch eine sogenannte Gonioskopie durchgeführt. Dabei wird in Lokalanästhesie ein spezielles Kontaktglas auf das Auge gesetzt, um den Kammerwinkel zu überprüfen. Über diese Struktur verlässt das Kammerwasser das Auge. Beim erblich bedingten Glaukom ist dieser Kammerwinkel verändert. Wenn bei der Gonioskopie keine Veränderung festgestellt wird, reicht eine einmalige Untersuchung. Im Gegensatz dazu ist die Augenuntersuchung gemäß European College of Veterinary Ophthalmologists (ECVO) lediglich zwölf Monate gültig und wird in der Regel bei jeder Wurfplanung durchgeführt. Eine Liste qualifizierter Ärzte findet man auf der Website des Dortmunder Kreises (DOK), der Gesellschaft für die Diagnostik genetisch bedingter Augenerkrankungen.

Allgemeiner Gesundheitszustand

Ein Tierarzt muss den allgemeinen Gesundheitszustand eines Zuchttieres überprüfen und schriftlich bestätigen. Dazu gehört eine sogenannte Herzauskultation, bei der das Herz auf Anomalien oder Geräusche abgehört wird, um beispielsweise krankhafte Veränderungen der Herzklappen auszuschließen. Bei Bedarf wird ein Echokardiogramm

angefertigt. Deckrüden brauchen eine Vollständigkeitsbescheinigung. Diese sagt aus, dass beide Hoden dort sind, wo sie hingehören. Die Hoden werden in der Embryonalentwicklung innerhalb des Körpers angelegt, und müssen dann in den Hodensack wandern. Tun sie das bis zur achten Lebenswoche nicht, spricht man von Hodenhochstand, auch Kryptorchismus genannt. Dieser tritt bei manchen Rassen häufiger auf als bei anderen, bei Schäferhunden beispielsweise.

Gentest auf Erbkrankheiten

Seit dem 1. Juni 2021 müssen laut Internationalem Tamaskan Register (ITR) bei allen Zuchthunden DNA-Tests durchgeführt werden. In Deutschland ist das Laboklin-Labor für klinische Diagnostik Vorreiter für solche Tests, doch bei den internationalen Zuchtvereinen sind nur zwei Labore aus Nordamerika zulässig, Embark oder MyDogDNA. In der Tamaskanzucht hat sich der Gentest via „Embark Veterinary", kurz „Embark", etabliert. Das US-Unternehmen ist wahrscheinlich der weltweit bekannteste Anbieter von Hunde-DNA-Tests. Im Jahr 2015 wurde es als Start-up von den Brüdern Ryan und Adam Boyko gegründet. Die von Embark angebotenen Tests zur Bestimmung von Hunderassen sowie der Erkennung von erblich bedingten Krankheiten wurden nach Angaben auf der Firmenwebsite an der Cornell Universität für Veterinärmedizin in New York entwickelt. Zur Zielgruppe von Embark zählen Leute, die privat Hunde halten, professionell züchten oder in der Veterinärme-

Chromosomenpaar eines Individuums

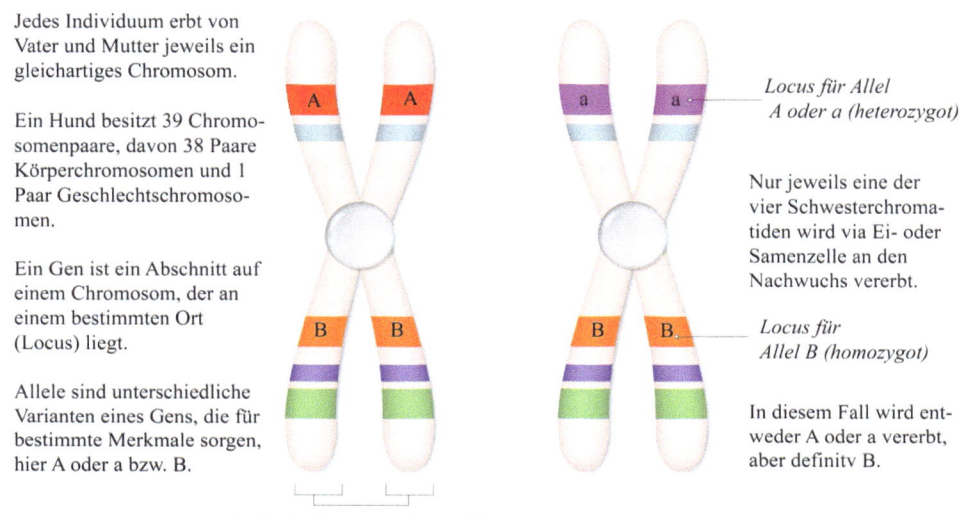

Jedes Individuum erbt von Vater und Mutter jeweils ein gleichartiges Chromosom.

Ein Hund besitzt 39 Chromosomenpaare, davon 38 Paare Körperchromosomen und 1 Paar Geschlechtschromosomen.

Ein Gen ist ein Abschnitt auf einem Chromosom, der an einem bestimmten Ort (Locus) liegt.

Allele sind unterschiedliche Varianten eines Gens, die für bestimmte Merkmale sorgen, hier A oder a bzw. B.

Locus für Allel A oder a (heterozygot)

Nur jeweils eine der vier Schwesterchromatiden wird via Ei- oder Samenzelle an den Nachwuchs vererbt.

Locus für Allel B (homozygot)

In diesem Fall wird entweder A oder a vererbt, aber definitv B.

Identische Schwesterchromatiden

Allele sind Genvarianten, die auf den Chromosomenpaaren an den gleichen Orten liegen. Vererbt wird nur eines von beiden. Modifiziertes Grafik-Template. iStock/Rujirat Boonyong

dizin tätig sind. Das ursprünglich kleine Familienunternehmen kann mittlerweile einen jährlichen Umsatz von mehr als 30 Millionen US-Dollar verbuchen.

Beim Tamaskan ist ein Embark-Test Pflicht für die Zuchtzulassung. Darüber hinaus müssen alle Welpen eines Wurfs bereits in der Zuchtstätte getestet werden, unter anderem, um den Wolfsanteil zu bestimmen und Betrugsfälle zu vermeiden. Mit dem Einschicken einer Speichelprobe kann man also zwei Fliegen mit einer Klappe schlagen: Erbkrankheiten und Abstammung. Für umgerechnet etwa 150 Euro gibt es Züchter-Test-Kits, mit denen man neben der Gesundheit auch die genetische Vielfalt und die

Abstammung untersuchen kann. Embark-Tests umschließen mehr als hundert genetische Konditionen, die den Rahmen dieses Kapitels sprengen würden. Im Folgenden erkläre ich daher nur drei, die man kennen sollte: Degenerative Myelopathie (DM), Hypophysärer Zwergwuchs und der MDR1-Gendefekt.

Wichtig für die Zucht ist, dass allesamt „rezessiv" vererbt werden. Dazu ein kurzer Ausflug in die Genetik: Ein Welpe erbt jeweils einen halben Chromosomensatz von Mutter und Vater. Das heißt, dass er zwei Kopien von Chromosom Nummer 1 besitzt, zwei Kopien von Chromosom Nummer 2 und so weiter. Insgesamt hat ein Hund

39 solcher Chromosomenpaare. Folglich sind alle Gene doppelt vorhanden, beispielsweise für Augenfarbe, Fellfarbe, Stoffwechselprozesse und eben auch für Erbkrankheiten. Für jedes Gen gibt es verschiedene Varianten, die man als Allele bezeichnet. Sind beide Allele identisch, sagt man: „Der Hund ist homozygot für dieses Allel." Sind sie unterschiedlich, nennt man ihn heterozygot. Welches sich durchsetzt, liegt an der Eigenschaft des jeweiligen Allels. Es kann dominant sein. Dann reicht es, wenn es nur von einem Elternteil vererbt wurde. Es kann aber auch rezessiv sein. Dann muss es von beiden Elternteilen vererbt worden sein, damit beim Nachwuchs ein Merkmal beziehungs-

weise eine Krankheit tatsächlich auftritt. Wenn ein rezessives Allel nur von einem Elternteil vererbt wurde, ist der Hund zwar nicht krank, aber er ist Träger. Das heißt, er kann das Gen an seinen Nachwuchs weitergeben. Würde ein Träger mit einem weiteren Träger verpaart, läge die Chance zu erkranken, bei 25 Prozent für jeden Welpen des Wurfs. Manchmal hört man auch den Ausdruck, ein Erbgang sei autosomal rezessiv. Autosomal heißt, dass das betreffende Gen nicht auf einem der Geschlechtschromosomen X oder Y liegt, sondern auf einem Körperchromosom. Das wiederum heißt, dass es von beiden Eltern gleichermaßen vererbt werden kann.

Autosomal rezessive Vererbung

Fall 1: Ein Elternteil ist Träger, der andere ist auf beiden Allelen frei.

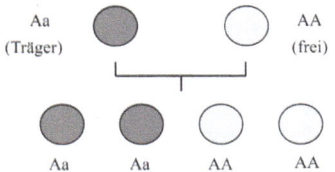

Die Chance Träger zu werden, liegt für jeden Welpen bei 50 Prozent.

Fall 2: Ein Elternteil ist frei, der andere trägt das rezessive Allel auf beiden Chromosomen.

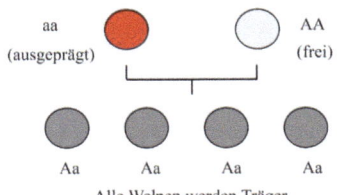

Alle Welpen werden Träger.

Fall 3: Beide Eltern sind Träger.

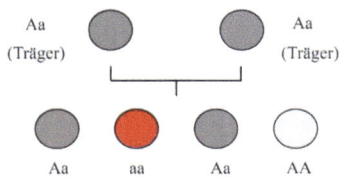

Die Chance Träger zu werden, liegt bei 50 Prozent, das Merkmal auszuprägen oder frei zu sein bei je 25 Prozent.

Fall 4: Ein Elternteil ist Träger, der andere trägt das rezessive Allel auf beiden Chromosomen.

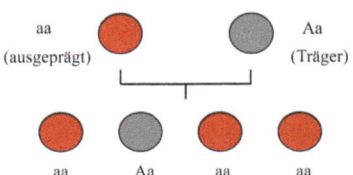

Die Chance Träger zu werden, liegt bei 25 Prozent, das Merkmal auszuprägen bei 75 Prozent.

Vier unterschiedliche Verpaarungsmöglichkeiten von Trägern rezessiver Genvarianten. Grafik: alo

Träger in der Zucht

Auf der Laboklin-Website wird geraten: Die Existenz von Trägern in einer gesunden Population erhöht die Variabilität des gesamten Genpools, weshalb diese nicht kategorisch von der Zucht ausgeschlossen werden sollten. Eine Verpaarung sollte jedoch immer nur mit mutationsfreien Tieren erfolgen, so dass keine homozygot betroffenen Tiere entstehen können.

Alle drei der folgenden Erbkrankheiten werden autosomal rezessiv vererbt.

Degenerative Myelopathie (DM)

DM ist eine chronische Rückenmarkserkrankung, die ausschließlich bei älteren Hunden ab etwa acht Jahren auftritt. Durch neurologisch bedingte Störungen bekommen die Hunde motorische Probleme. Sie stolpern häufiger, oder fallen um. Die Zehengelenke verbiegen sich, und die Pfoten werden nicht mehr mit der Sohle, sondern mit dem Fußrücken aufgesetzt. DM ist eine nicht heilbare Erbkrankheit, von der vor allem - aber nicht nur - Deutsche Schäferhunde betroffen sind. Im Jahr 2009 wurde nachgewiesen, dass eine Verbindung mit der Mutation des SOD1-Gens besteht.[2] Es kodiert für ein Enzym namens Superoxid-Dismutase. Dieses hat die Aufgabe, freie Sauerstoffradikale unschädlich zu machen. Tut es das nicht, schreitet die Zellalterung schneller voran. Mittels

DNA-Test kann festgestellt werden, ob bei den Elterntieren eine Mutation des SOD1-Gens vorliegt. Wie bei anderen Krankheiten mit rezessivem Erbgang dürfen niemals beide Elterntiere Träger des Gendefekts sein. Ob ein Elterntier Träger sein darf, ist in der Zuchtordnung des jeweiligen Vereins festgelegt.

Hypophysärer Zwergwuchs

Die Krankheit wird auch Nanismus genannt. Sie zeichnet sich durch einen stark verkleinerten Körperbau aus. Dabei entsteht sozusagen eine Miniaturversion des Hundes. Verursacht wird das Krankheitsbild durch eine Fehlfunktion der Hirnanhangsdrüse, Hypophyse genannt. Verantwortlich dafür ist ein Defekt im LHX3-Gen[3], das für einen Transkriptionsfaktor kodiert. Das ist ein Protein, das an die DNA binden und somit regulieren kann, zu welchem Zeitpunkt und in welcher Menge andere Proteine hergestellt werden. Der LHX3-Transkriptionsfaktor sorgt beim gesunden Hund dafür, dass sich die Zellen in der Hypophyse richtig entwickeln. Ist das nicht der Fall, gibt die Hypophyse zu wenig Wachstumshormone ins Blut ab. Betroffene Hunde sehen bei der Geburt normal aus, hören aber mit etwa drei bis acht Wochen auf zu wachsen. Auch Fellverlust und eine Missbildung der Geschlechtsorgane können folgen. Mit einer Hormonbehandlung kann der Hund

2 Awano T et al. Genome-wide association analysis reveals a SOD1 mutation in canine degenerative myelopathy that resembles amyotrophic lateral sclerosis. Proc Natl Acad Sci USA 2009;106(8)

3 Voorbij AMWY et al., A Contracted DNA Repeat in LHX3 Intron 5 Is Associated with Aberrant Splicing and Pituitary Dwarfism in German Shepherd Dogs. PLoS ONE 6(11), 2011

ein relativ normales Leben führen, bleibt aber klein. Betroffen sind unter anderem Tibet-Terrier, Karelischer Bärenhund sowie der Deutsche Schäferhund und davon abgeleitete Rassen, wie Schweizer Schäferhund, Saarloos Wolfshund und Tschechoslowakischer Wolfshund. In der Tamaskanzucht ist Zwergenwuchs bisher noch nicht aufgetreten (Stand 2023).

MDR1-Gendefekt

MDR1 steht für Multi-Drug-Resistance-Transporter-1. Dieses Protein wird auch G-Glykoprotein genannt. Es ist ein wichtiger Bestandteil der Blut-Hirnschranke und übernimmt auch in Niere, Leber oder Darm wichtige Ausscheidungsfunktionen. Der Transporter sitzt in der Zellmembran. Er befördert bestimmte Arzneimittel, aber auch körpereigene Hormone, Glukokortikoide genannt, zurück in den Blutkreislauf. Ein gesunder Hund hat von beiden Eltern ein funktionsfähiges Gen geerbt (MDR1 +/+). Erbt ein Hund von beiden Elterntieren den Gendefekt (MDR1 -/-), kann sein Körper diesen Transporter nicht richtig herstellen. Das hat zur Folge, dass sich bestimmte Medikamente im Nervensystem anreichern und zu Vergiftungserscheinungen führen. Entdeckt wurde dieser Zusammenhang vor mehr als 20 Jahren. Manche Collies bekamen vom Wurm- und Zeckenmittel Ivermectin Krämpfe, fielen ins Koma oder starben. Andere Hunde derselben Rasse vertrugen das Mittel hingegen problemlos. Man fand heraus, dass ein defektes MDR1-Gen dafür verantwortlich ist. Später

fand man heraus, dass neben Ivermectin auch andere Wirkstoffe wie Loperamid und makrozyklische Laktone heftige Reaktionen verursachen, und dass nicht nur Collies betroffen sind. Der MDR1-Gendefekt tritt unter anderem auch beim Australian Shepherd, Border Collie oder beim Weißen Schäferhund auf.

++Lesetipp++

„Der MDR1 Gendefekt - Wenn der Türsteher an der Blut-Hirn-Schranke fehlt" von Daniela Rettich, erschienen im Selbstverlag im Jahr 2021.

Im Gegensatz zu den anderen beiden rezessiven Erbkrankheiten, DM und Zwergenwuchs, scheint sich der MDR1-Defekt auch bei Trägern (MDR1 +/-) bemerkbar zu machen: „Unverträglichkeitsreaktionen können nicht ausgeschlossen werden", steht auf der Laboklin-Website. Auch Autorin Daniela Rettich schreibt in ihrem Buch „Der MDR1 Gendefekt - Wenn der Türsteher an der Blut-Hirn-Schranke fehlt", dass bereits bei Trägerhunden das P-Glykoprotein in geringerer Menge synthetisiert wird, als bei nicht betroffenen Hunden. Dies könne bereits zu Problemen führen. Leider gibt es noch zu wenige Studien über Trägertiere. Daher sollten sicherheitshalber auch bei Trägern nur MDR1-verträgliche Medikamente eingesetzt werden.

Was man hinsichtlich der Hundezucht wissen sollte, ist, dass auch bei einer Verpaarung von Trägerhund (MDR1 +/-) und freiem Hund (MDR1 +/+) für jeden

Welpen eine 50-prozentige Wahrscheinlichkeit besteht, ebenfalls Träger zu sein. Bei besonders geeigneten Zuchttieren kann es sein, dass Zuchtvereine eine Kreuzung mit einem Trägerhund erlauben. In diesem Fall sollte Züchterin oder Züchter im Vorfeld offenlegen, dass die Welpen ebenfalls Träger sein können. In der Tamaskanzucht gilt, dass ein MDR1-Träger-Hund als Auskreuzung akzeptiert wird, solange die Verpaarung mit einem freien Tier stattfindet (Stand 2022). Hier kann ich aus eigener Erfahrung sprechen, denn der Vater meiner Hündin, ein Schweizer Schäferhund, ist Träger. Meine Hündin ist es auch. Ich habe bisher alle Tierärzte, bei denen ich war, vorab über diese Tatsache informiert. Chaska hat ausschließlich Medikamente bekommen, die verträglich waren mit dem MDR1-Gendefekt. Dennoch gab es beim oral verabreichten Zeckenmittel Afoxolaner und bei einem Wurmmittel mit den Wirkstoffen Febantel und Pyrantel Nebenwirkungen. Bei dem Wurmmittel war die Reaktion sehr stark ausgeprägt, mit tagelangem Brechen und Durchfall. Ein Wurmmittel mit den Wirkstoffen Milbemycine und Praziquantel sowie ein Spot-on-Zeckenmittel mit Imidacloprid und Permethrin vertrug Chaska dagegen problemlos. Es ist unwahrscheinlich, dass die Unverträglichkeitsreaktionen mit Chaskas MDR1-Trägerstatus zusammenhängen. Komplett ausschließen kann man es aber nicht. Es gibt durchaus Arzneimittel, bei denen eine Verbindung mit dem MDR1-Transporter lediglich vermutet wird. Dazu gehören bestimmte Krebs-, Herz- und Epilepsiemedikamente, Antibiotika und viele mehr.

Aufgrund meiner vorherigen Erfahrungen recherchiere ich mittlerweile vor der Gabe eines neuen Medikaments immer selbst die Verträglichkeit. Denn es gibt oft neue Erkenntnisse in der Wissenschaft. Nicht alle Tierärztinnen und Tierärzte sind immer auf dem aktuellsten Stand. Zusätzlich zur Medikamentenunverträglichkeit beschreibt Autorin Daniela Rettich in ihrem Buch, dass der MDR1-Gendefekt bei betroffenen Hunden auch Auswirkungen auf die passive Stressachse hat. Das Stresshormon Cortisol wird langsamer abgebaut als bei gesunden Tieren, was zu einem dauerhaft erhöhten Stresslevel führt. Diesen Aspekt konnte ich bei meiner Trägerhündin definitiv nicht beobachten. Sie ist genauso ruhig und ausgeglichen wie ihr Vater.

Welpenverträge und Wartelisten

Wer sich ausreichend informiert hat, mehrere Zuchtstätten besucht und erwachsene Tamaskane kennengelernt hat, der hat vielleicht schon einen künftigen Wurf im Auge, bei dem Menschen sowie Elterntiere sympathisch sind. Wie geht es dann weiter? In der Regel lassen Züchterinnen und Züchter ihre Hündin erst dann decken, wenn sie wissen, dass sie ihre Welpen auch vermitteln können. Zur Sicherheit werden in der Regel sechs feste Vorverträge gemacht und eine Warteliste angelegt. Grund ist, dass niemand weiß, wie viele Welpen ein Wurf haben wird. Wahrscheinlich werden es irgendwo zwischen drei und zehn sein, aber auch mehr oder weniger sind möglich. Ich habe einmal gelesen, die Anzahl der Welpen hängt vom Deckzeitpunkt ab sowie von der Häufigkeit der Deckakte, also wie oft der Rüde die Hündin besteigt. Die Natur hält sich nicht an Regeln, daher ist die Anzahl der Welpen nicht im Voraus planbar. Auch das Verhältnis der Geschlechter ist nicht vorhersehbar. Ich habe kürzlich von einem Wurf gehört mit elf Hündinnen und nur einem Rüden. Wer sich also auf ein Geschlecht festlegt, kann leer ausgehen.

Wer zum auserwählten Kreis gehört und einen Vorvertrag abschließt, wird auch eine Anzahlung leisten. Das ist eine wichtige Absicherung für die Zuchtstätte, denn nicht selten überlegen es sich Menschen, die schon feste Zusagen für Welpen erteilt haben, in letzter Minute anders. Sofern höhere Gewalt bestimmt, dass man keinen Welpen abbekommt, sollte man die Anzahlung natürlich zurückerhalten,

Wer noch keinen Vorvertrag für einen der ersten sechs Welpen abschließt, sondern auf der Warteliste steht, hat in vielerlei Hinsicht trotzdem gute Karten. Bei den meisten Würfen sind es mehr als sechs Welpen, und mehr als sechs Menschen bekommen ihr „Wölfchen". Sollte man trotzdem leer ausgehen, steigen die Chancen, bei einem anderen Wurf zu punkten. Denn man hat sich sozusagen bereits als potenzieller Halter oder potenzielle Halterin qualifiziert. In der Regel sind seriöse Zuchtstätten gut ver-

netzt und können auch andere Menschen empfehlen, bei denen demnächst Würfe anstehen. Unverhofft kommt oft. Manchmal kommen Welpen wieder zurück, weil die Menschen überfordert sind oder sich einfach die Lebensumstände ändern. Steht man einmal auf einer Warteliste, hat man vielleicht schneller einen Tamaskan als gedacht. Beim Wurf von Chaskas Mutter kamen von zehn Welpen zwei wieder zur Zuchtstätte zurück, und landeten bei überraschten, aber überglücklichen Herrchen und Frauchen von der Warteliste.

Nicht jeder Züchter bekommt jedes Jahr einen Wurf. Im Gegenteil: Die Vereine erlauben nur zwei bis vier Würfe pro Hündin. Daher ist jeder Wurf ziemlich exklusiv. Man muss schon etwas Glück haben, um von einer bestimmten Hündin zu einem bestimmten Zeitpunkt einen Welpen zu bekommen. Wer nicht mehrere Jahre auf eine spezielle Verpaarung warten möchte, sollte die Suche nach der Wurfplanung ausrichten. Die geplanten Verpaarungen sind häufig auf den Vereinswebsites angegeben, aber auch in den zugehörigen Facebookgruppen. Wer sich für einen Tamaskan interessiert, sollte ohne Zeitdruck mit der Suche beginnen, und zur Not auch ein bis zwei Jahre auf einen Welpen warten können. Im Vorfeld Kontakte zu knüpfen, und sich ein Netzwerk aufzubauen, ist daher sehr zu empfehlen.

Alles hat geklappt, und die Welpen sind gesund zur Welt gekommen. Im Idealfall haben Züchter oder Züchterin regelmäßig Fotos und Video-Updates geschickt, und man konnte sich schon erste Eindrücke verschaffen. In der Regel werden die Welpen nach der Geburt gewogen und mit verschiedenfarbigen Halsbändern markiert, sodass die Menschen den Überblick behalten können. Anfangs sehen sich die Würmchen noch recht ähnlich und sind leicht zu verwechseln. Mit vier bis fünf Wochen sind die Welpen alt genug, um Besuch zu empfangen, dann kann man sie persönlich kennenlernen. Hier sollte man Verständnis für die Menschen in der Zuchtstätte aufbringen,

die jetzt wahrscheinlich einige Termine jonglieren müssen. Keine Sorge, beim ersten Besuch werden in der Regel noch keine Welpen vergeben. Es macht überhaupt nichts, wenn sich erst später ein passender Termin findet. Die meisten Tamaskan-Züchterinnen und -Züchter werden ihre Welpen beobachten und Empfehlungen aussprechen, denn bereits jetzt zeigen sich bei den Welpen bestimmte Charakterzüge. Es gibt beispielsweise furchtlose Entdecker, die sich neues Spielzeug sofort schnappen und ihre Geschwisterchen mit Nachdruck vom Futternapf verdrängen. Daneben gibt es sanftere Hündchen, die sich erst einmal in Ruhe alles anschauen und vorsichtig ihre Welt erkunden. Züchterin oder

Unter anderem die Interaktion mit den Geschwistern gibt Hinweise auf das Wesen einzelner Welpen, allerdings handelt es sich um eine Momentaufnahme. Foto: alo

Züchter wird versuchen, einen zu den jeweiligen Menschen passenden Hund zu vermitteln. Ein furchtloser Haudegen ist bei hundeerfahrenen Leuten gut aufgehoben, die ihn konsequent erziehen können. Vor allem für den Einsatz im Hundesport oder als Rettungshund bringt ein solch selbstbewusster Hund die passenden Eigenschaften mit, während ein ruhiger, sanfter Hund als Therapie- oder Begleithund wahrscheinlich besser geeignet ist. Um solche Eignungen und Wesenszüge besser ausfindig zu machen, gibt es sogenannte Welpentests, die meist von erfahrenen Hundeprofis durchgeführt werden, normalerweise in der sechsten bis siebten Lebenswoche der Welpen. Hier wird beispielsweise beobachtet, wie sich ein Welpe beim Erstkontakt mit einem neuen Menschen verhält, wie er spielt, und ob er empfindlich auf Geräusche reagiert. Oft wird auch geprüft, wie der Welpe reagiert, wenn er eingeschränkt wird: Tester oder Testerin nimmt ihn auf den Schoß, dreht ihn dann vorsichtig auf den Rücken, und hält ihn einige Zeit fest. Manche Hunde finden sich relativ schnell mit der Situation ab, und harren aus, bis sie losgelassen werden, andere zappeln oder beschweren sich lautstark. Aus dem jeweiligen Verhalten wird gefolgert, wie sich der Hund später in der Erziehung beziehungsweise beim Training verhalten wird. Und hier liegt die Krux, schließlich heißt dieses Unterkapitel „Diskussion um Welpentests". Es ist wissenschaftlich nicht belegt, dass sich der Hund auch später entsprechend des Welpentests verhalten wird. Die

Verhaltensforscherin und Buchautorin Marie Nitzschner stellt auf ihrer Website www.hundeprofil.de die Sinnhaftigkeit von Welpentests infrage, denn es handle sich lediglich um Momentaufnahmen: „Sie können zwar den ‚Ist'-Zustand der individuellen Unterschiede der Welpen aufzeigen, haben aber kaum Aussagekraft über das zukünftige Verhalten des Hundes." Auf die Persönlichkeitsentwicklung unserer Vierbeiner haben Nitzschner zufolge alle individuellen Erfahrungen während des gesamten Lebens Einfluss.

++Lesetipp++

„Die Persönlichkeit des Hundes: Wie Gene und Umwelt das Wesen bestimmen - Neueste Erkenntnisse aus der Forschung" von Marie Nitzschner (Kosmos-Verlag, 1. Auflage, 15. April 2021).

Blogeintrag auf hundeprofil.de von Marie Nitzschner: „Wie sinnvoll sind Welpentests?"

Auf ihrer Website nennt die Verhaltensforscherin eine Studie, die im Jahr 2014 in der Online-Fachzeitschrift „Plos One" veröffentlicht wurde[4]. Forschende der Universität Wien unterzogen 50 Border Collies dreimal einem Persönlichkeits-

---

4 Riemer, S., Müller, C., Virányi, Z., Huber, L., & Range, F. (2014). The predictive value of early behavioural assessments in pet dogs–a longitudinal study from neonates to adults. PloS one, 9 (7)

test: wenige Tage nach der Geburt, in der sechsten Lebenswoche und im Alter von anderthalb bis zwei Jahren. Zwischen dem Neugeborenentest und dem Erwachsenentest gab es keinen Zusammenhang. Der Vergleich von Welpentest und Erwachsenentest zeigte lediglich einen einzigen Zusammenhang, nämlich dass diejenigen Welpen, die in einem unbekannten Raum mehr Erkundungsverhalten gezeigt hatten, auch im Erwachsenenalter in einer vergleichbaren Situation aktiver waren.

Nichtsdestotrotz finde ich es gut, dass es bei der Welpenverteilung nicht nach dem Motto geht: „Wer zuerst kommt, mahlt zuerst". Wenn die Menschen in der Zuchtstätte die Welpen nach „Best fit", also nach der besten Passung, vergeben, beugen sie definitiv Streitigkeiten vor. Welpenkäuferinnen und -käufer haben das Gefühl, dass sie denjenigen Hund bekommen, der am besten zu ihnen passt. Auch wenn die Persönlichkeit eines Hundes vielen Einflüssen unterliegt, glaube ich trotz Studie daran, dass sich zumindest ein Teil des Wesens schon im Welpenalter zeigt. Die Menschen in der Zuchtstätte sehen ihre Hunde jeden Tag und erkennen solche Unterschiede. Daher sollte man ihnen vertrauen.

Was ich bei meinem Züchter-Ehepaar wirklich gut fand, war, dass es in ihrem Vergabesystem immer noch Spielraum gab. Jeder durfte zwei Welpen in die nähere Auswahl nehmen. Das heißt, falls der Empfehlungshund nicht gleichzeitig der persönliche Favorit war, kamen

trotzdem beide in die nähere Auswahl. Über die nächsten ein bis zwei Wochen wurden die Welpen beobachtet, und erst dann eine Entscheidung getroffen. Hier zeigt sich wieder, wie wichtig es ist, dass es auch zwischenmenschlich passt, denn ich habe auf jeden Fall das Gefühl, dass ich meinen Herzenshund bekommen habe.

Adriane mit Chaska (neun Wochen alt) am Tag der Abholung. Foto: Tamaskan vom Winterstein

Fazit zur richtigen Zuchtstätte

Für die Suche nach einer passenden Zuchtstätte sollte man sich Zeit nehmen. Das hat verschiedene Gründe. Der wohl wichtigste ist, dass die Prägungsphase der Welpen bereits in der Zuchtstätte beginnt. In dieser Zeit prägen sich die Erfahrungen, die die Welpen machen, besonders stark ein. Hier kann man bereits gute Vorarbeit leisten, was die Gewöhnung an den Menschen betrifft sowie den souveränen Umgang mit verschiedenen Umweltreizen. Keinesfalls sollte man daher Welpen aus Vermehrungszuchten oder Hundefabriken kaufen, auch wenn das oft der schnellere und günstigere Weg ist. Schlecht an den Menschen gewöhnte Hunde sowie solche, die zu früh von der Mutter getrennt wurden, können nicht nur Krankheiten, sondern auch Verhaltensstörungen aufweisen, die sich bis ins Erwachsenenalter ziehen, und große Probleme im neuen Zuhause verursachen. Langfristig ist hier also kein Geld gespart, ganz im Gegenteil. Die Haltungskosten können durch veterinärmedizinische Ausgaben und zusätzliches Training für „Problemhunde" stark steigen. Da es oft schwierig ist, bei süßen Welpen „Nein" zu sagen, beginnt die Suche nach der richtigen Zuchtstätte bereits lange bevor die Welpen geboren werden. Das hat auch den Vorteil, dass man die Mutterhündin einmal im Normalzustand vor der Trächtigkeit kennenlernen kann. Denn auch die genetischen Anlagen für den Charakter der Tiere werden vererbt. Daher ist es wichtig, dass weder Rüde noch Hündin Verhaltensauffälligkeiten zeigen, und beide freundlich und ausgeglichen sind. Da die Deckrüden oft nicht in der Zuchtstätte leben, kann man sie zwar nicht persönlich kennenlernen, aber man kann nach Videos oder Social-Media-Profilen fragen. Falls es bereits frühere Würfe gab, kann man auch diese Hunde besuchen, vorausgesetzt, Halterinnen und Halter sind dazu bereit. Hierzu geben Züchterinnen und Züchter in der Regel gerne Auskunft und vermitteln Kontakte. Die Zugehörigkeit zu nationalen oder internationalen Zuchtvereinen ist zwar eines der Qualitätskriterien für Zuchtstätten, aber niemals das alleinige. Bereits vor dem Besuch sollte man Informationen einholen zur Haltung der Mutterhündin, zum Wolfsanteil, zur Welpenfrühförderung sowie zu den medizinischen Tests auf Erbkrankheiten, die von allen Zuchtvereinen vorgeschrieben werden. Die meisten Menschen, die Tamaskane züchten, tun dies nicht aus Gewinnabsicht, sondern mit dem Ziel diese großartige, neue Hunderasse zu fördern und zu erhalten. Seriöse Züchter investieren viel Zeit und Geld in Voruntersuchungen und die Aufzucht der Welpen, weshalb die Tiere durchaus ihren Preis haben dürfen. Menschen, die sich mit so viel Herzblut engagieren, wollen ihren Hunden die größtmögliche Chance auf ein glückliches Leben geben, und werden auch den Menschen, die sich für ihre Welpen interessieren, viele Fragen stellen. Es lohnt sich, frühzeitig in die Tamaskanszene einzusteigen, Treffen zu besuchen, verschiedene Hunde kennenzulernen und Kontakte zu knüpfen.

DAS RICHTIGE HUNDE-TRAINING FINDEN

Wer sich für einen Tamaskan interessiert, der möchte in der Regel einen Alltagsbegleiter, einen Hund, der mit ins Büro geht, zum Einkaufsbummel, und der im Café brav unter dem Tisch liegt. Generell erwarten wir von unseren Hunden, dass sie sich nach den Regeln der Menschenwelt richten, obwohl diese für sie völlig fremd sind. Sie wissen nicht, was Straßen sind, warum man Leinen braucht, oder was Menschen alles als störend empfinden. Das ist so, als würden wir nach China reisen, in ein Land mit einer komplett anderen Kultur und einer komplett anderen Sprache. Hier würden wir uns sicher auch freuen, wenn wir jemanden hätten, der uns an die Hand nimmt und übersetzt. Damit der Kulturschock nicht zu groß wird, braucht es auch ein gutes Lehrkonzept. Im Hundetraining gibt es davon leider sehr viele verschiedene. Manche sind mehr, manche weniger effizient. „Hundetrainer" beziehungsweise „Hundetrainerin" ist kein geschützter Begriff. Der Beruf ist staatlich nicht anerkannt und es gibt keine geregelte Ausbildung. Jeder kann sich so bezeichnen und eine Hundeschule führen, sofern er eine Erlaubnis gemäß Paragraf 11 des Tierschutzgesetzes hat. Diese wird durch das zuständige Veterinäramt erteilt. Hier geht es vor allem um den tierschutzkonformen Umgang mit Hunden, nicht um ein konkretes Trainingskonzept. Die gesetzliche Erlaubnis nach Paragraf 11 ist also das absolute Minimum an Qualitätsnachweis, das eine Hundeschule haben sollte. Darüber hinaus gibt es eine Vielzahl bekannter und weniger bekannter Trainingskonzepte.

> **§11 Tierschutzgesetz - Absatz 1**
>
> Wer für Dritte Hunde ausbilden oder die Ausbildung der Hunde durch den Tierhalter anleiten will, bedarf der Erlaubnis der zuständigen Behörde.

Viele Wege führen nach Rom. „Gut" oder „schlecht" sind sehr subjektive Begriffe. „One fits all", also DAS Trainingskonzept für jeden Hund, gibt es in der Regel nicht. Vor allem der Tamaskan kann aufgrund seiner Vorwärtsenergie und Willensstärke nicht unbedingt der einfachste Azubi sein. Die meisten Halterinnen und Halter von Tamaskanen - mich eingeschlossen - haben in ihrem Alltag Mischformen verschiedener Trainingskonzepte etabliert. Vielleicht funktioniert in der einen Hundeschule der Weg zur Leinenführigkeit besser, die andere bietet ein umfassenderes Anti-Jagd-Training an und wieder eine andere ist spezialisiert auf Zugsport oder Mantrailing, und kann hier viel mehr Know-How liefern als die Konkurrenz. Es ist durchaus üblich, mit dem Hund verschiedene Hundeschulen zu besuchen, wenn auch bitte nicht zu viele. Denn das ständige Wechseln des Trainingskonzept bringt sowohl Zwei- als auch Vierbeiner durcheinander. Daher sollte man bereits vor der Anschaffung eines Hundes herausfinden, welche Art von Hundeschulen es in der Umgebung gibt. Man kann sich mit Trainerinnen und Trainern unterhalten und vielleicht schon beim ein oder anderen Kurs zuschauen. Ich selbst bin keine Trainerin und möchte im folgenden Kapitel lediglich ein paar Grundbegriffe erklären und Inspiration liefern, wie man die passende Hundeschule findet. Die professionelle Betreuung durch eine fachkundige Person ersetzt dieses Buch nicht.

Hundetraining ist Teamtraining

Was genau versteht man eigentlich unter Hundetraining? Das Training von Hunden, möchte man meinen. Das stimmt aber nicht ganz. Spätestens seit der Corona-Pandemie in den Jahren 2020 und 2021 wissen wir, dass es eigentlich um das Training von Menschen geht. Das ist etwas überspitzt ausgedrückt, weil sich damals viele Leute fragten, warum ausgerechnet die Hundeschulen während des Lockdowns schließen mussten. Das Training findet in der Regel im Freien statt. Man hätte Maske tragen können. Ich weiß, wovon ich rede, schließlich bekam ich meinen Welpen im Dezember 2020. Welpenkurs und -spielstunde fielen aus. Zum Glück fand ich eine Trainerin, die zumindest einen Onlinekurs anbot. Wir bekamen Übungsanweisungen und konnten sie zu Hause umsetzen. Gleichaltrige Artgenossen zum Spielen fand ich über ein Kleinanzeigen-Portal. Damals spürte ich am eigenen Leib, wie ärgerlich der Wegfall der Hundeschulen war, und recherchierte die Hintergründe. Ich fragte

Beim Hundetraining lernen Menschen, wie sie ihren Hund verstehen und trainieren können.
Foto: iStock/ Highwaystarz-Photography

beim Bayerischen Staatsministerium für Gesundheit und Pflege nach. Ein Ministeriumssprecher erklärte, dass es sich bei Hundetraining um ein „außerschulisches Bildungsangebot" handle, da „im Unterricht und Training in der Gruppe an die Hundebesitzer Wissen im Umgang mit ihren Hunden vermittelt" werde. Vor dem Hintergrund des Infektionsschutzes seien alle außerschulischen Bildungsangebote untersagt. Tierbedarfsgeschäfte, Tierarztpraxen oder Hundefrisöre durften weiterhin geöffnet bleiben. Natürlich waren weder Trainerinnen und Trainer noch Halterinnen und Halter glücklich über den Wegfall des Trainingsangebots. Die Vorsitzende des bundesweit tätigen Berufsverbands zertifizierter Hundetrainer, Julia Dittmers, betonte damals: „Wir sind Dienstleister, aber nicht in der Erwachsenenbildung tätig. Ein Hund ist ein Lebewesen. Entsprechend fällt seine Ausbildung in den Bereich der Gefahrenprävention." In den ersten Lebenswochen eines Hundes könne viel schiefgehen. Wenn die Besitzer dem drolligen Welpen zu viel durchgehen ließen und nicht sicher und angemessen Grenzen aufzeigen, könne das später zu massiven Problemen im Alltag führen.

Am Beispiel dieser Diskussion erkennt man, dass die Bedeutung von Hundetraining in der Gesellschaft noch sehr unterschiedlich wahrgenommen wird. Würde es sich allein um das Training von Hunden handeln, dann könnte man seinen Vierbeiner einfach in der Hundeschule abgeben und einen fertig aus-

gebildeten Hund wieder abholen. Doch so läuft das in der Regel nicht. Es geht schließlich darum, dass Mensch und Hund ein Team werden. Man geht also auf den Hundeplatz, lernt wie man dem Hund etwas beibringt, und wiederholt das regelmäßig zuhause. Man könnte sagen, Hundetraining ist Teamtraining. Dabei geht es nicht in erster Linie darum, dass der Hund Kommandos wie Sitz, Platz oder Bleib lernt. Viel wichtiger ist es, dass ein Hund lernt, Frust auszuhalten und seine Impulse zu kontrollieren, alles Grundvoraussetzungen für ein Leben in der Menschenwelt. Das heißt, der Hund soll beispielsweise seinem Impuls widerstehen, alles Essbare von der Straße aufzuheben, jeden Artgenossen, den er sieht, persönlich zu begrüßen oder jedem kleinen Tier nachzujagen, das sich in Sichtweite befindet. Mit dieser Selbstbeherrschung wird kein Hund geboren, weder Wolfhunde noch andere Rassen. Für Menschen ist diese Perspektive oft ungewohnt, weshalb man als Zweibeiner hier vor allem Einfühlungsvermögen braucht.

Hundesprache verstehen lernen

Verständnis schafft Vertrauen. Was für Kleinkinder gilt, gilt auch für Hunde. Sie können ihre Bedürfnisse nicht mit Worten kommunizieren, haben aber andere Methoden. Je mehr sie sich verstanden fühlen, desto stärker das Vertrauen in die Bezugsperson, und umso stärker auch die Bindung zwischen Mensch und Hund. Beispielsweise hat es keinen Sinn, einen verängstigten oder überforderten Welpen für Ungehorsam zu maßregeln. Gleichzeitig ist es ebenfalls kontraproduktiv, das Tier mit Aufmerksamkeit zu belohnen, wenn es frech am Menschen hochspringt und in die Jackenärmel zwickt. Kommunikation steht am Anfang einer jeden Mensch-Hund-Beziehung. Ob sie funktioniert oder nicht, entscheidet, wie gut das Training fruchten wird. Was den Hund so einzigartig im Tierreich macht, ist sein Wille zur Kommunikation mit einer anderen Spezies, dem Menschen. Im Vergleich dazu unterhält sich der Wolf lieber mit Artgenossen. Das Vokabular von Wölfen ist dem der Haushunde ähnlich, nur ist die Sprache viel intensiver. In ihrem Buch „Calming Signals" schreibt die norwegische Trainerin Turid Rugaas:

„Wölfe kommunizieren meist viel intensiver und direkter miteinander. Unsere domestizierten Hunde können zwar ebenfalls sehr deutlich und direkt sein, aber sie haben eine unauffälligere und feinere Sprache – manchmal sprechen sie sozusagen in Kleinbuchstaben."

Wölfe kommunizieren sehr deutlich miteinander
Fcto: iStock/Zocha_K

Ähnlich wie die der Wölfe, ist die Sprache der Hunde größtenteils eine Körpersprache. Die Haltung aufrecht oder geduckt, die Rute erhoben, eingeklemmt oder entspannt, die Ohren angelegt, zur Seite stehend oder gespitzt – das sind nur ein paar von vielen Buchstaben, die zusammen ganze Worte ergeben.

Es gibt ein paar Grundvokabeln, die jeder Mensch können sollte. Wer beispielsweise ein „Ich will spielen" von einem „Ich habe Angst" nicht unterscheiden kann, sollte schleunigst die Schulbank drücken. Im Internet gibt es zahlreiche Lehrvideos, und sicherlich gibt es auch viele Hundeschulen, bei denen man beim Training zuschauen kann. Das macht vor allem bei Welpen- und Junghundespielstunden Sinn, wo die Hunde miteinander interagieren dürfen. Hier gibt es Trainerinnen und Trainer, die sehr gut übersetzen können, was gerade unter den Hunden Sache ist. Sie sehen, ob die Welpen ausgelassen spielen, oder ob es dem ein oder anderen zu viel wird, und der Mensch eingreifen sollte. Für eine

++Lesetipp++

„Calming Signals – Die Beschwichtigungssignale der Hunde" (animal lern verlag, 7. Ausgabe im Jahr 2001). Die norwegische Trainerin Turid Rugaas beschreibt anhand zahlreicher Beispiele, welche Signale Hunde zur Vorbeugung von Konflikten einsetzen, auch um den eigenen Stress zu mindern.

gute Bindung ist es wichtig, dass der Hund sich bei seinem Menschen sicher fühlt. Wer erkennt, wann ein Hund Angst hat, Aggression zeigt, beschwichtigt oder zum Spielen auffordert, hat die Grundvokabeln gelernt. Würde man „Hundesprache" unter den Sprachkenntnissen im Lebenslauf anführen, dürfte diese Person „Grundkenntnisse" dahinterschreiben. Wer „gute Kenntnisse" angeben möchte, für den geht das Lernen weiter. Denn es gibt noch viele weitere, subtile Körpersignale, durch die sich Hunde beispielsweise bei Stress selbst beruhigen, etwa Gähnen, Über-die-Schnauze-Lecken oder Gras fressen. Solche Körpersignale spielen auch in anderem Zusammenhang eine Rolle. Ein Hund, der gähnt, kann auch einfach müde sein. Ein Hund, der Gras frisst, könnte auch Bauchschmerzen haben. Die Interpretation von Körpersignalen hängt also sehr stark vom Kontext ab und das Schwierigkeitslevel steigt. An den Expertenstatus nähert sich an, wer die Feinheiten beherrscht, wer bei seinem Hund beispielsweise das kurze Zucken der Ohren sieht, eine Sekunde bevor er zum Jagen lossprintet, oder wer sieht, dass der Hund leicht durch die Lefzen bläst, bevor er zum Bellen ansetzt. Diese Fähigkeit ist Gold wert für ein effektives Training, denn man kann reagieren, bevor das unerwünschte Verhalten zum Vorschein kommt, den Hund korrigieren oder ablenken. Egal, welche Trainingsmethode man nutzt, allesamt setzen ein gutes Verständnis für Hundesprache voraus.

Bis man wirklich „verhandlungssicher" ist in der Hundesprache, braucht es jede Menge Erfahrung mit unterschiedlichen Hunden. Denn Hundesprache hat auch eine persönliche Note. Eine Trainerin meinte sogar, es gebe regionale Dialekte. Was ich mit Sicherheit sagen kann, ist, dass meine Hündin im Welpenalter ein paar Eigenheiten besaß, die andere Leute oft verwirrten. Die Markanteste davon war, dass sie bei Begegnungen mit neuen Menschen oder Hunden die Ohren anlegte, sich duckte und aufgeregt mit der Rute wedelte. Dabei handelte es sich keineswegs um eine Drohgebärde, sondern um ein sehr intensives Beschwichtigungssignal, das man häufig auch bei Wölfen sieht. Die angelegten Ohren gehören bis heute zu Chaskas körpersprachlichem Repertoire. Auch ihre Mutter und Geschwister kommunizieren auf diese Weise. „Kein-Ohr-Hund", scherzt der Züchter dann immer.

Man sieht, Hundesprache ist eine Wissenschaft für sich. Es zahlt sich aus, sie zu lernen, denn sie bereichert den eigenen Wissensschatz enorm. Ein Tamaskan ist dabei ein großartiger Sparringspartner. Die Tiere haben zwar nicht unbedingt den berühmten „Will to please", also den Willen, dem Menschen zu gefallen, doch haben Tamaskane das große Talent, in klarer Hundesprache zu kommunizieren. Für Menschen, die sich auskennen, sind sie sehr einfach zu lesen. In verschiedenen Situationen habe ich bereits von meinen Hundetrainerinnen gehört: „Bei Chaska sieht man gerade sehr schön, dass sie...."

Tamaskan als „Muttersprachler"

Durch die Züchtung aus teils sehr ursprünglichen Hunderassen hat der Tamaskan eine klare Körpersprache, die der von Wölfen ähnlich ist.

Achtung: Auch Drohverhalten gegenüber anderen Hunden kann sehr intensiv ausfallen. Man sollte Acht geben, dass man nicht unbewusst Opfer des Rotkäppchen-Syndroms wird, wenn der eigene Hund garstig die Zähne fletscht.

„Kein-Ohr-Hund" - Die angelegten Ohren sind Teil eines Beschwichtigungssignals Foto: alo

Die eigene Körpersprache verstehen und einsetzen

Was Menschen betrifft, haben Tamaskane in der Regel sehr feine Antennen. Wie die meisten Hunde nehmen sie Stimmungen wahr und können zwischen zahlreichen verschiedenen Gesichtsausdrücken unterscheiden. Es kann passieren, dass vor allem der aufgeweckte Junghund diese Fähigkeit zum eigenen Vorteil nutzt. Ein Beispiel: Chaska bekommt es auf die Sekunde genau mit, wenn ich abgelenkt bin. Beispielsweise sitzt sie lange Zeit brav auf ihrem Platz im Wohnzimmer, aber nur solange ich mit den Gedanken bei ihr bin, darauf gefasst, sie zurückzuschicken, sollte sie aufstehen. Sobald ich auch nur kurz an etwas anderes denke, steht sie mitten in der Küche. Generell haben viele Hunde die Fähigkeit, die Körpersignale des Menschen zu interpretieren. Das ist der Lernfähigkeit der Tiere und dem engen Zusammenleben geschuldet. Ein Hund stimmt sich dabei ganz auf seine Menschen ein und lernt, sie zu lesen.

Im Großen und Ganzen basieren viele Trainingskonzepte darauf, dass der Mensch nicht nur die Körpersprache des Hundes versteht, sondern auch seine eigene. Dann kann man sie gezielt zum Training einsetzen. Beispielsweise kann man den Hund korrigieren, indem man ihn räumlich begrenzt. Wenn Chaska beispielsweise andere Leute anspringen will, stelle ich mich einfach dazwischen und versperre den Weg. Mit Körpersprache kann man dem Hund nicht nur Gren-

Verständnis schafft Vertrauen. Die Kommunikation zwischen Mensch und Hund ist die wichtigste Grundlage für jedes Trainingskonzept. Foto: UliGraphics

zen setzen, sondern auch das gemeinsame Spiel steuern. Hier ist es wichtig zu verstehen, dass Körpersprache weit mehr ist als eine Kombination aus Bewegungen und Gesten. Es geht nämlich auch darum, das eigene Energielevel zu steuern. Damit ist die Kombination aus Körperspannung und Dynamik gemeint. Wenn ich beispielsweise will, dass Chaska auf ihrer Decke bleibt oder nicht mit in die Küche kommt, dann baue ich mich vor ihr auf und blockiere den Weg. Wenn sie nachgibt und die Grenze akzeptiert, kann ich die Spannung aus der Situation nehmen, meine Körperhaltung wieder weich machen und den Hund loben. Ich kann Chaska auch zum Spielen auffordern, wenn ich mein Energielevel erhö-

he, also wenn ich mehr freudige Spannung und Dynamik in meinen Körper bringe. Wenn ich das Spiel beenden will, nehme ich meine Energie wieder heraus, werde ganz ruhig und bewege mich nicht mehr. Das funktioniert auch bei Welpen überraschend gut, und sie lassen in der Regel ebenfalls ab.

Kinder strahlen diese Spielenergie häufig unbewusst aus, weshalb ein Welpe hier gern einsteigen möchte und vielleicht Dinge tut, die für ein Kind unangenehm sind, etwa Anspringen oder in Hände oder Füße zwicken. Als Erwachsener sollte man ein Gespür für solche Situationen entwickeln und nicht nur den Hund, sondern auch das Kind zur Ruhe bringen.

Später wird der Hund auch spielenden Kindern gelassen zuschauen können, aber bis dahin braucht es Übung in der Impulskontrolle. Dazu später mehr.

Interaktion zwischen Hund und Kind

Kinder können ihre eigene Dynamik und Körperspannung noch nicht bewusst kontrollieren. Erwachsene sollten daher regulierend eingreifen, wenn das Kind den Hund unbewusst zum Spiel animiert.

Achtsamkeit ist die Basis eines guten Hundetrainings. Damit ist gemeint, dass man auf die Körpersprache des Hundes

Durch die Regulation der eigenen Körperdynamik kann man den Hund zum Spielen animieren oder das Spiel abbrechen. Foto: Max Hörath Design

achtet, auf die eigene sowie auf das Zusammenspiel der beiden. Bei jedem Mensch-Hund-Team ist hier Feintuning notwendig. Je nachdem wie sensibel der Hund ist, kann es sein, dass man die eigene Körperspannung dosieren muss. Wenn ich zum Beispiel verhindern will, dass mein Junghund einen anderen Menschen anspringt, gehe ich dazwischen. Tue ich das entschlossen und sehr dynamisch, kann es sein, dass ein sensibler Hund erschrickt und Angst bekommt, während ein weniger sensibler Hund nicht einmal mit der Wimper zuckt.

Alles in allem sollte ein Hundetrainer beziehungsweise eine -trainerin Tipps zum Verständnis und zum Einsatz der eigenen Körpersprache geben. Wenn sich das Hundetraining ein bisschen anfühlt wie ein Tanzkurs, ist man auf dem richtigen Weg.

Liebe und Bindung

„Bist du verliebt?", fragte mich ein guter Freund, als ich damals den Welpen bekam. Er ist selbst erfahrener Hundehalter und schien diesen Aspekt für sehr wichtig zu halten. Erst verwirrte mich die Frage, doch zu meiner Überraschung konnte ich aus tiefstem Herzen bejahen. Was ich für mein kleines Hündchen empfand, war tatsächlich Liebe, und daran hat sich bis heute nichts geändert.

Das Hormon Oxytocin, das die Bindung zwischen Liebenden oder zwischen Mutter und Kind knüpft, ist auch bei der

Hund-Mensch-Beziehung im Spiel.[1] Ich glaube, das ist es auch, was ein Wolfsrudel zusammenhält oder eine Büffelherde, oder jeden anderen Zusammenschluss von Säugetieren. Denn unsere Gehirnbiochemie ist grundsätzlich sehr ähnlich. Evolutionsbiologisch macht das durchaus Sinn, denn nur ein solches Gefühl von Verbundenheit gibt Sicherheit, und die ist im Tierreich überlebenswichtig. Daher finde ich es fast etwas nüchtern betrachtet, wenn man von Rudel- oder Herdentrieb spricht, als wäre es etwas rein Mechanisches. Bindung kann man nicht auf Knopfdruck erschaffen. Ein Hund ist schließlich kein lebendiges Sportgerät. Wie in jeder Beziehung gilt es, sich auf sein Gegenüber einzulassen und Qualitätszeit miteinander zu verbringen. Damit ist solche Zeit gemeint, die beide genießen, Hund und Mensch.

Es gibt zahlreiche Hundetrainer und -trainerinnen, die Kurse anbieten, um die Bindung zwischen Hund und Mensch zu stärken. Dabei lernt man, wie man richtig mit seinem Hund spielt oder gemeinsam im Team Aufgaben löst. Spielen und Teamarbeit sind wichtige Aspekte für die Bindung, Streicheleinheiten und gemeinsames Kuscheln auch. Wenn solche Aktivitäten allerdings dem Menschen keine Freude bereiten, dann sind die Bemühungen mehr oder weniger vergebens, denn Hunde spüren genau, was in uns vorgeht. Wem also das Herz höher schlägt, wenn er seinem neuen besten

Freund in die Augen schaut, der hat eine ausgezeichnete Ausgangsposition für das Hundetraining.

Spielend zum Team werden

Spielen fördert die Bindung. Es gibt hunderte von Such-, Apportier- und Rennspielen für Mensch-Hund-Teams. Ein Kurs zu dem Thema zahlt sich aus, auch für Menschen, die bereits Hundeerfahrung haben.

Grenzen geben Sicherheit

Ähnlich wie bei Kindern, gehört es zur Liebe auch dazu, Grenzen zu setzen. Der Fernsehtrainer Martin Rütter hat in seiner Reality-TV-Show „Die Welpen kommen" einmal gesagt: „Sie würden Ihre Kinder doch auch nicht mit schmutzigen Gummistiefeln auf dem Sofa hüpfen lassen." Das war nur ein Beispiel für viele Dinge, die man seinen Kindern nicht erlauben würde, warum also dem Familienhund? Bei Rütters Unterhaltungssendung werden sehr deutlich die Fehler aufgezeigt, die frisch-gebackene Hundeeltern in den ersten Wochen mit ihren kleinen Wonneproppen machen. Sehr häufig versäumen es die Menschen, dem Welpen Grenzen zu setzen, und sind dann überfordert, wenn der Hund viel unerwünschtes Verhalten an den Tag legt. Vor allem die Interaktion zwischen Kind und Hund muss dringend von den Erwachsenen geregelt werden. Für die richtige Perspektive hilft es, wenn man hundetypisch in Form von Ressourcen denkt: „Kinder, Katzen, Schuhe, Möbel,

---

1 S. Marshall-Pescini et al., The Role of Oxytocin in the Dog-Owner Relationship, Animals (Basel), 2019 Oct 12;9(10):792.

Futter, Spielzeug oder der Stock, der auf der Wiese liegt: Alles meins und du bekommst es nur, wenn ich es erlaube." Bereits lange bevor ich Chaska bekam, hatte mir das Züchter-Ehepaar das Trainingskonzept der hessischen Trainerin Anita Balser empfohlen. Auf der Website ihrer Hunde-Team-Schule (HTS) bietet sie zahlreiche Seminare, Webinare und DVDs an, bei denen es darum geht, Körpersprache zur Kommunikation mit dem Hund einzusetzen, zum Begrenzen und zum Spielen. Ihr Konzept hat mir bereits vor dem Einzug des Welpen geholfen, eine für mich hilfreiche Grundeinstellung zur Hundeerziehung zu bekommen. Allerdings habe ich nie einen Präsenzkurs besucht und kann zur schulischen Umsetzung des HTS-Konzepts nichts sagen. Manche Trainingsmethoden gelten mittlerweile als umstitten.

Keine Alleingänge zulassen

Bei einem von Natur aus zur Eigenständigkeit veranlagten Hund wie dem Tamaskan ist es wichtig, viel Struktur in den Alltag zu bringen, beispielsweise Liegeplätze zuzuweisen oder immer gemeinsam in den Garten zu gehen.

Einer der HTS-Kerninhalte ist die Idee, dass das Bedürfnis nach Freiheit eher ein Wunsch des Menschen ist, den er auf seinen Hund überträgt. Ich glaube, da ist durchaus etwas dran. Wir assoziieren Freiheit mit Distanz und Dynamik, das heißt, wir freuen uns, wenn der Hund ausgelassen über die Wiese tobt, auch wenn er sich dabei sehr weit von uns

entfernt. Trainerin Balser zufolge ist das am meisten gesuchte Gefühl in der Hundewelt Zugehörigkeit und Sicherheit. Hunde kommunizieren durch ihr Verhalten. Wenn ein Hund einen anderen einschränkt, vermittelt er automatisch auch ein Gefühl von Gruppenzugehörigkeit. Begegnungen unter Menschen sind geprägt von Höflichkeit, doch die gibt es in der Hundesprache nicht. Der Hund mag mich nicht lieber, wenn ich ihm möglichst viel erlaube. Im Gegenteil: Mit Inkonsequenz verwirre ich das Tier. Vor allem zu Beginn der Erziehung sollte man Grenzen setzen, etwa bestimmte Liegebereiche im Haus zuweisen. Erst

Auch ohne Leine sollte sich der Hund nicht zu weit vom Menschen entfernen.
Foto: Max Hörath Design

dann, wenn der Hund diese Grenzen akzeptiert, kann man nach und nach Freiheiten zurückgeben. Dann darf der Hund bespielsweise auf die Couch oder bekommt Freilauf beim Spazierengehen.

Auf der anderen Seite gibt es auch Trainerinnen und Trainer, die unterrichten, dass Hunde ein Bedürfnis nach Eigenständigkeit haben. Hier würde ich nachfragen, was genau damit gemeint ist. Ein Hund braucht durchaus eigene Erfolgserlebnisse, etwa die Problemlösung bei der Nasenarbeit, zum Beispiel: „Wie komme ich an das Leckerli unter dem Blumentopf?" Ein weiteres Beispiel: Wenn Chaska beim Spazierengehen einen anderen Weg gehen möchte, machen wir das nur, wenn sie mich vorher fragt, also wenn sie mich anschaut. Sie fragt, ich entscheide. Beim Mantrailing geht Chaska voran und führt mich zur gesuchten Person. Zwar gibt sie hier den Weg an, doch ist das meiner Meinung nach eine Form von Teamarbeit, auch wenn eine meiner Trainerinnen das anders sieht. Was das Bedürfnis nach Eigenständigkeit sicher nicht meint ist, dass der Hund alleine durch den Wald rennen soll.

Von seinen Schlittenhundevorfahren hat der Tamaskan die Veranlagung zur Eigenständigkeit geerbt. Begegnungen mit Menschen oder Hunden würde er gerne selbst regeln, oder aus der Laune heraus beschließen, einem Hasen hinterherzurennen. Man sollte im Hinterkopf behalten: Zu viel Freiheit in Haus und Garten fördert auch die Eigenständigkeit außerhalb. Wenn der Hund allen voran die Gäste begrüßen darf und im Garten Vögel jagen, braucht man sich nicht wundern, wenn er auch beim Spazierengehen macht, was er will. Wer dem Hund viel Raum für eigene Entscheidungen gibt, vor allem während der Ausbildungszeit in den ersten beiden Lebensjahren, gibt auch Raum für viel unerwünschtes Verhalten. Das bekommt man beim erwachsenen Hund nur schwer wieder in den Griff. Daher sollte man in einer Hundeschule lernen, wie man von Anfang an Struktur in den Alltag bringt.

Belohnung und Korrektur

Wie eingangs erwähnt, gibt es zahlreiche verschiedene Trainingskonzepte, die sich häufig stark unterscheiden. Wer schon einmal verschiedene Hundeschulen besucht hat, weiß, dass manchmal komplett Gegensätzliches unterrichtet wird. Einzelne Trainingskonzepte sind komplex und würden den Rahmen dieses Buches sprengen. Der größte Streitpunkt unter Hundetrainern und -trainerinnen ist wohl der Einsatz von Belohnung und Korrektur.

Viele Trainerinnen und Trainer behaupten von sich, dass sie ausschließlich mit positiver Verstärkung arbeiten, also nur mit Belohnung, nie mit Strafe beziehungsweise Korrektur. Sie beziehen sich dabei nicht auf die gängigen Definitionen aus der Lerntheorie, denn auch das Ignorieren des Hundes, wenn er am Esstisch bettelt, wäre bereits eine Strafe. Trainerinnen und Trainer, die sagen, dass sie ausschließlich mit positiver Verstärkung

Ausflug in die Lerntheorie

Lerntheorie beschreibt die psychologischen Vorgänge des Lernens.

Positive Verstärkung

Ein angenehmer Reiz wird hinzugefügt, um ein Verhalten zu fördern.

Der Hund wird belohnt, sobald er ein gewünschtes Verhalten zeigt. Dieses Trainingskonzept ist für Mensch und Tier sehr angenehm. Das Hundehirn schüttet Glückshormone aus, die dafür sorgen, dass sich bestimmte Verhaltensweisen einprägen. Allerdings muss man aufpassen, dass positive Verstärker nicht versehentlich bei ungewünschtem Verhalten eingesetzt werden, denn auch das prägt sich ein. Wenn der Hund also Leute anspringt und dafür mit Aufmerksamkeit belohnt wird, ist das positive Verstärkung eines unerwünschten Verhaltens.

Negative Verstärkung

Ein unangenehmer Reiz wird entzogen, damit ein Verhalten häufiger auftritt.

Ein Beispiel dafür wäre, dass man den Hund finster anschaut, wenn er am Esstisch bettelt. Wenn er damit aufhört, schaut man wieder freundlich. Negative Verstärkung findet sich allerdings auch bei Verstößen gegen das Tierschutzgesetz, etwa beim Einsatz von Stachel- oder Würgehalsbändern: Beim Ziehen an der Leine empfindet der Hund Schmerzen, die verschwinden, sobald er damit aufhört. Das ist ein absolutes Tabu.

Negative Strafe

Ein angenehmer Reiz wird entzogen, damit ein Verhalten weniger auftritt.

Das Ignorieren eines unerwünschten Verhaltens ist ein Paradebeispiel für eine negative Strafe, etwa wenn der Hund jemanden anspringt oder am Esstisch bettelt. Alle Arten von Strafen bergen Potenzial für Frust. Auch das passive Verhalten des Menschen kann dazu führen, dass der Hund noch stürmischer versucht, Aufmerksamkeit zu bekommen.

Positive Strafe

Ein unangenehmer Reiz wird hinzugefügt, damit ein Verhalten seltener auftritt.

Bei der positiven Strafe gibt es eine große Bandbreite. Daher wird sie so kontrovers diskutiert. Sie fängt bereits damit an, dass man den Hund räumlich begrenzt, damit er beispielsweise auf seiner Decke bleibt. Meistens haben Menschen beim Ausdruck „positive Strafe" das Schütteln mit einer Klapperdose oder das Werfen einer Klapperkette vor Augen. Auch das Rucken an der Leine gehört zur positiven Strafe, das Kneifen in die Lenden oder das tierschutzrechtlich verbotene Elektrohalsband. Positive Strafe hinterlässt beim Hund großen Eindruck und Fehler schlagen schwer zu Buche. Falsch angewandt baut positive Strafe Druck auf und fördert Angst und Aggression, etwa wenn das Timing nicht stimmt und der Hund die Strafe nicht mit dem Fehlverhalten in Verbindung bringen kann.

arbeiten, meinen in der Regel, dass sie besonders sanft mit den Tieren umgehen. Da körperliche Gewalt, Würgehalsbänder oder Elektroschocks im Hundetraining ohnehin gesetzlich verboten sind, geht es hier vor allem um andere Arten von Korrektur, etwa das Werfen von Klapperketten auf den Boden, um den Hund von Fehlverhalten abzubringen oder Wasser ins Gesicht spritzen, etwa wenn der Hund aufhören soll zu bellen. Ob solche Arten der Korrektur zu heftig sind, darüber kann man diskutieren. In manchen Fällen geht das Verständnis des positiven Hundetrainings aber noch ein Stück weiter. Dann heißt es: „Ein Nein ist auch eine Strafe!" Diese Trainer und Trainerinnen wollen alles Fehlverhalten umlenken, bevor es passiert. Das setzt voraus, dass man das Expertenlevel erreicht hat im Verständnis der Hundesprache, und beinahe schon Gedanken lesen kann. Das können die wenigsten Menschen. Daher finde ich es schwierig, Halter oder Halterin das „Nein-Sagen" zu verbieten. Wer in eine solche Hundeschule geht, macht sich meiner Meinung nach unnötig das Leben schwer. Denn schließlich geht es darum, ein Konzept zu finden, das nicht nur für den Hund, sondern auch für den Menschen funktioniert. Die meisten von uns erkennen Fehlverhalten oft erst dann, wenn es passiert. Der Hund sollte daher ein „Nein!", „Aus!" oder „Pfui!" akzeptieren können, spätestens, wenn er einen Giftköder im Maul hat.

Positive Verstärkung sollte definitiv einen großen Teil des Trainingskonzepts ausmachen, vor allem beim Welpen,

der erst lernen muss, was der Mensch eigentlich von ihm möchte, wenn er „Sitz", „Platz" oder „Bleib" sagt. Es hört sich vielleicht makaber an, aber es gibt Menschen, die glauben, dass Hunde mit dem Verständnis dieser „an den Hund gerichteten Sprache" geboren werden. Leider nicht. Das Hundekind muss erst die Vokabeln der Menschensprache lernen. Am besten klappt das, wenn es Spaß macht. Das Schöne am Training durch positive Verstärkung ist, dass sie in der Regel völlig stressfrei ist, das heißt, es entsteht kein Druck beim Hund. Doch positive Verstärkung allein reicht in der Regel nicht aus, um einen Hund so auszubilden, dass er in der Menschenwelt zurechtkommt. Bei Pudel oder Mops mag das vielleicht funktionieren, aber bei den meisten anderen Hunden nicht.

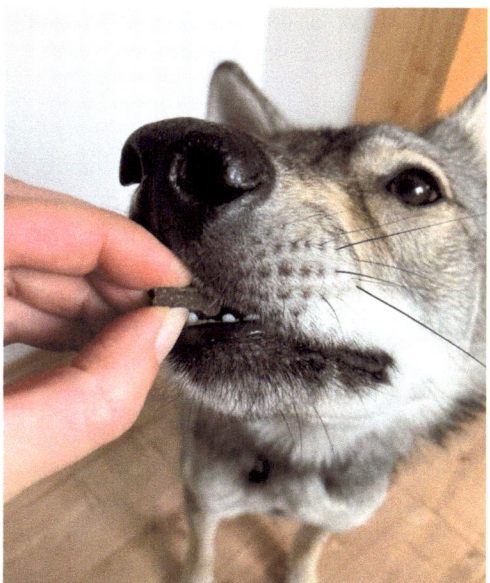

Leckerli allein machen noch kein gutes Hundetraining. Foto: alo

Auf der anderen Seite der extremen Ansichten im Hundetraining stehen solche Menschen, die überwiegend mit Korrektur arbeiten, weil sie sagen, dass im Wolfsrudel auch so gelernt wird. Teils wird argumentiert, dass die Hundemutter mit ihren Welpen ebenfalls sehr ruppig umgeht und körperliche Maßregelung daher in Ordnung ist. Aber Ziel des Trainings ist es nicht, dass der Hund den Menschen als Artgenossen wahrnimmt, ganz im Gegenteil. Es ist wichtig, dass Hunde hier unterscheiden lernen. Meine Hündin lässt sich beispielsweise von Menschen ihr Futter wegnehmen, von Hunden allerdings nicht. Es wäre fatal, würde sie Menschen hier wie Artgenossen behandeln. Zum anderen müsste, wer nur mit Korrekturen arbeitet, ebenfalls Meister oder Meisterin der Hundesprache sein und genau sehen, ab wann der Stress dem Hund zu viel wird. Zwischen gesundem Respekt und Angst liegt ein schmaler Grad. Jedes Verbot baut Druck auf, den man wieder abbauen muss, sonst läuft das Fass irgendwann über.

Je nach Trainingskonzept gibt es viele Arten der Korrektur. Alles was mit Schmerzen verbunden ist, ist tierschutzrechtlich verboten, weshalb keine Hundeschule mit Schmerzen arbeiten darf. Achtung: Neben körperlicher, gibt es auch psychische Gewalt, die vom Gesetzgeber nicht so leicht zu fassen ist. Damit wäre gemeint, dass man den Hund zwar nicht anfasst, aber etwas tut, um ihn zu erschrecken oder zu verängstigen. Oft hört man den Ausdruck „Aversives Hundetraining". Generell ist damit gemeint, dass man unerwünschtes Verhalten oder die auslösende Situation mit der Emotion Angst verknüpft. Damit sind sämtliche Schock- und Schreckreize gemeint, oder der Entzug der sozialen Bindung.

§3 Tierschutzgesetz - Absatz 5

Es ist verboten, ein Tier auszubilden oder zu trainieren, sofern damit erhebliche Schmerzen, Leiden oder Schäden für das Tier verbunden sind.

Wo aber hört ein angemessenes Verbot auf und wo fängt psychischer Stress an? Die gleiche Frage wird häufig in der Kindererziehung gestellt. Ähnlich wie bei Menscheneltern hilft es, wenn Hundeeltern empathisch sind und ihr Verhalten den Bedürfnissen ihres Schützlings anpassen können. Denn was den einen Hund stresst, ist einem anderen Hund vielleicht ganz egal. Das fängt bereits beim Tonfall an. Pauschale Aussagen lassen sich hier leider nicht treffen. Wichtig ist daher, dass ein Hundetrainer beziehungsweise eine -trainerin den einzelnen Hund gut einschätzen kann und dann flexibel genug ist, seine oder ihre Trainingsmethode anzupassen. Salopp gesagt, wird man einen sensiblen Border Collie anders trainieren müssen als einen Haudegen von Cattle Dog. Im Fall des Tamaskans hilft es sehr, wenn Trainer oder Trainerin bereits Erfahrung hat mit Nordischen Hunden, Wolfhunden oder Hunden vom Urtyp. Bevor man zu erlaubten Schreckreizen wie etwa Wurfschellen greift, sollte man sich informieren, ob es auch anders geht. Durch schlechtes Timing von Korrekturen kann beim Training viel kaputtgehen. Daher sollte die Anwendung immer unter fachkundiger Anleitung erfolgen.

Ein guter Hundetrainer beziehungsweise eine -trainerin passt das Trainingskonzept nicht nur dem Hund an, sondern auch dem Menschen. Jeder hat seine eigene Grenze, was den Einsatz von Korrekturen betrifft. Beim Hundetraining darf man auf sein Bauchgefühl hören und das auch dem Trainer oder der Trainerin kommunizieren: „Das fühlt sich für mich nicht gut an. Das möchte ich nicht machen." Eine angemessene Reaktion

des Gegenübers auf eine solche Aussage wäre, eine alternative Möglichkeit anzubieten, oder eine andere Hundeschule zu empfehlen. Es gibt viele verschiedene Wege, einem Hund die grundlegenden Fähigkeiten beizubringen, die er in der Menschenwelt braucht. Vielleicht kann man sich von den verschiedenen Ansätzen einfach die besten Methoden mit nachhause nehmen und den Rest einfach ignorieren. Ich habe selbst schon verschiedene Hundeschulen ausprobiert und kann sagen, dass ich mit schätzungsweise 80 Prozent der Methoden arbeiten konnte. Die restlichen 20 Prozent waren mir entweder zu hart oder sie haben einfach nichts gebracht. Es ist wichtig, hier die persönliche Komfortzone zu finden.

Eine gute Ausgangssituation hat man, wenn Trainer beziehungsweise Trainerin sympathisch ist und auch zwischenmenschliche Kompetenzen besitzt. Die meisten Menschen, die im Hundetraining

Belohnung und Korrektur im Trainingskonzept

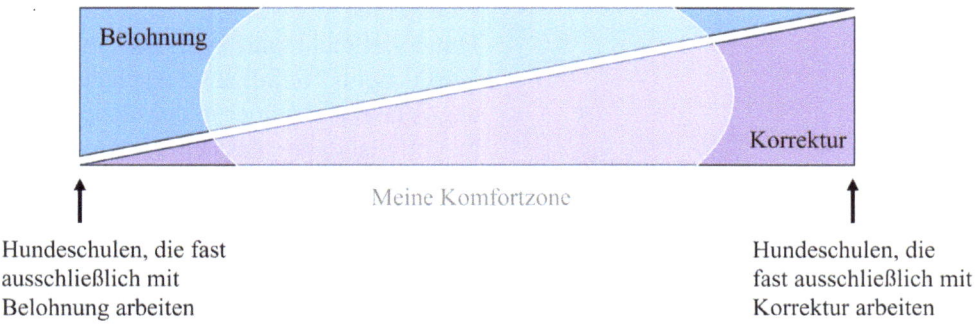

Beim Hundetraining die eigene Komfortzone finden zwischen Belohnung und Korrektur. Grafik:alo

arbeiten, tun das, weil sie Hunde gerne mögen. Wer mit seiner Hundeschule Erfolg haben möchte, muss auch mit Menschen gut können, konfliktfähig sein und vor allem sehr viel Geduld haben. Denn nicht alle Azubis lernen gleich schnell, weder die Vier- noch die Zweibeinigen.

Okay-Belohnung bis zur Super-Belohnung. Letztere spart man sich dann für besonders schwierige Trainingssituationen auf. Manche Hundeschulen arbeiten komplett ohne Leckerli. Damit macht man sich meiner Meinung nach nur unnötig das Leben schwer.

Belohnung

Mit Belohnung meine ich alles, was der Hund als schön empfindet. Was sich als Belohnung eignet, kommt auf die Situation und die Vorlieben des einzelnen Hundes an. Mögliche Belohnungen:

- Aufmerksamkeit, Zuwendung
- Freundliche Stimme/lobende Worte
- Freudige, energiereiche Körpersprache, auch in Kombination mit:
- Gemeinsam Spielen - mit oder ohne Spielzeug
- Streicheleinheiten
- Leckerli, wahlweise in Kombination mit dem Clicker
- Umweltbelohnung: Der Hund darf z.B. am Wegrand schnuppern oder mit einem Artgenossen spielen

Belohnung ist eine schöne Sache, doch sollte man aufpassen, dass man nicht versehentlich Fehlverhalten belohnt. Das Timing spielt eine wichtige Rolle sowie die Stärke der Belohnung. Bei Leckerli und Spielsachen sind die Geschmäcker verschieden. Hier kann man zunächst ausprobieren, was der Hund am liebsten mag, und ein Rating aufstellen von der

Korrektur

Mit Korrektur meine ich, dass man dem Hund etwas verbietet. Schlechtes Timing kann großen Schaden anrichten, weshalb man nur mit fachkundiger Anleitung arbeiten sollte. Mögliche Korrekturen:

- Körperspannung erhöhen und selbstbewusst vor dem Hund aufbauen oder Schritt auf den Hund zu machen
- Verbales Signal z.B. „Tscht!", „Pfui!" oder „Nein!" (Manche Leute knurren)
- Handgeste z.B. Fingerschnippen
- Starke Energieentladung, z.B. mit der Hand auf den Oberschenkel klopfen, mit dem Fuß auf den Boden stampfen oder eine Packung Taschentücher o.ä. zu Boden werfen (siehe HTS-Konzept)

Zuvor hatte ich erwähnt, dass auch das Erschrecken des Hundes als psychische Gewalt interpretiert werden kann. Vor allem beim Welpen sollte man vorsichtig sein, da ein hoher Stresspegel den Charakter nachhaltig beeinträchtigen kann. Daher beinhalten viele Trainingskonzepte ein Stufen-System, ähnlich wie beim Fußball mit Gelber und Roter Karte.

Sanfte Konsequenz

Die Herausforderung in Chaskas Ausbildung lag in der Kombination ihrer Willensstärke, Vorwärtsenergie und Sensibilität. Salopp ausgedrückt, könnte man sagen, ich hatte vor mir eine fröhliche, dennoch manchmal rücksichtslose Anarchistin, die weinte, sobald ich zu doll schimpfte. Hier hat sich für mich ein Trainingskonzept bewährt, das man als „Sanfte Konsequenz" bezeichnet. „Sanft", weil es ohne Härte auskommt, und „konsequent", weil es davon lebt, einen klaren Kurs zu fahren. Zum besseren Verständnis ein Beispiel: Ich schicke Chaska auf ihre Decke. Sie will nicht liegen bleiben und steht wieder auf. Ich schicke sie zurück. Jetzt steht sie erst recht auf, und die ganze Sache entwickelt sich zu einem Machtkampf nach dem Motto: „Du kannst nicht über mich bestimmen!" Jetzt geht es darum, wer den längeren Atem hat. Jedes Mal, wenn sie aufsteht, schicke ich sie zurück. Wenn wir dieses Durchhaltespiel längere Zeit gespielt haben, bleibt sie liegen. Meist drückt sie ihre Resignation durch ein lautstarkes Murren aus. Ich denke, ich habe gewonnen. Das habe ich aber nur, solange ich hinschaue. Ist das

nicht mehr der Fall, steht sie wieder auf, und die zweite Runde beginnt. Hier an irgendeinem Punkt aufzuhören und zu sagen, „Dann mach doch was du willst!" wäre abträglich, denn beim nächsten Mal würde es länger dauern, bis sie aufgibt. Ein Tamaskan lernt sehr schnell, auch die Tatsache, dass die Kommandos von Herrchen oder Frauchen offen sind zur Diskussion. Wenn auch nur die kleinste Aussicht auf Erfolg besteht, wird der Hund beim nächsten Mal noch länger nachfragen: „Meinst du das auch wirklich ernst?" Solche Durchhaltespiele kosten Zeit und Energie. Daher empfehle ich, Planungsaufwand in die Prävention zu investieren. Wenn ich beispielsweise eine Freundin zum Kaffeetrinken zu Besuch habe und weiß, dass ich mich in der nächsten Stunde nicht auf den Hund konzentrieren kann, dann leine ich

Chaska als sensibler Frechdachs stellte mich vor so manche Trainingsherausforderung. Foto: alo

Chaska an ihrem Platz an. So lernt sie zur Ruhe zu kommen, auch wenn Besuch da ist. Einfacher ist das natürlich, wenn sie vorher schon müde ist.

Viele Menschen - mich eingeschlossen - neigen dazu, Kommandos öfters zu wiederholen. Das ist nicht gut, da der Hund lernt, dass er sie nicht beim ersten Mal ausführen muss. Psychologisch kann man sich selbst überlisten, indem man Kommandos im Voraus so festlegt, dass es für manche Sachen sowohl ein „Kann", als auch ein „Muss" gibt. Bei uns heißt beispielsweise „Komm": „Es wäre schön, wenn du jetzt kommst." „Hier!" heißt „Komm sofort her!" Wenn ich gerade keine Lust habe, den Rückruf durchzusetzen, sage ich einfach „Komm" und warte, bis Chaska am Wegrand fertig geschnuppert hat. So kann ich mit meinen Kommandos haushalten und mache mir keinen Druck, immer alles durchsetzen zu müssen. Das spart Energie.

Konsequenz bedeutet auch Zuverlässigkeit. Der Hund kann sich darauf verlassen, dass es Regeln gibt, die immer gelten, und dass auch die Kommandos immer dieselben sind. In Vorbereitung für ein konsequentes Hundetraining sollte sich also die gesamte Familie zusammensetzen und besprechen, welche Regeln und Kommandos das sein sollen. Darf der Hund auf die Couch? Darf er ins Bett? Darf er vom Tisch gefüttert werden? Falls man hier überall „Ja" sagt, ist das zwar nicht der Untergang des Trainings, aber man sagt auch „Ja" zu Hundehaaren auf den Möbeln und

„Ja" zu einem Hund, der bettelt, nicht nur zu Hause, sondern auch im Restaurant. Das sollte man sich gut überlegen. Auch bei den Kommandos darf man ins Detail gehen. Heißt „Sitz": „Komm her und mach Sitz"? Oder heißt „Sitz" „Egal, wo du bist, mach dort Sitz"? Oder soll es vielleicht ein Extrakommando für ein Sitz oder Platz in Entfernung geben? Welche Handzeichen werden in Kombination mit den Kommandos verwendet? Am besten schreibt man alles auf und hängt die Liste für alle sichtbar an den Kühlschrank. Dann darf die ganze Familie die Vokabeln lernen, die später dem Hund beigebracht werden sollen.

Impulskontrolle und Frustrationstoleranz

„Der Frust ist stark in diesem Hund", sagte meine Mitbewohnerin, als Chaska in ihrer Welpenzeit ruppig ein Intelligenzspielzeug bearbeitete. Mit Willensstärke kommt eben auch Ungeduld, und mit Ungeduld kommt Frust. Was für Menschen gilt, gilt in diesem Fall auch für Hunde. Damals durfte ich zwei neue Begriffe lernen: Impulskontrolle und Frustrationstoleranz.

++Lesetipp++

„Impulskontrolle und Frustrationstoleranz bei Hunden - Mit 124 einfachen Übungen" von Miriam Sommer, erschienen im Selbstverlag, 1. Auflage im Jahr 2022.

Impulskontrolle ist die Fähigkeit, Gefühle und Affekte bewusst kontrollieren zu können. Konkret bedeutet dies, dass der Hund – wenn er über eine gute Impulskontrolle verfügt – dazu in der Lage ist, sich zu beherrschen.

Frustrationstoleranz beschreibt die Fähigkeit, Frust auszuhalten und seinen Instinkten nicht unkontrolliert nachzugehen. Im Grunde genommen handelt es sich um Geduld.

Es versteht sich, dass man von einem Welpen noch nicht so viel Selbstbeherrschung erwarten kann wie von einem erwachsenen Hund. Daher sollten Impulskontrolle und Frustrationstoleranz langsam aufgebaut werden. Das beginnt bereits damit, dass der Hund ausreichend Ruhephasen bekommt. Ähnlich wie bei Kindern führt ein Schlafdefizit bei Hunden zu aufgedrehtem Verhalten.

„Nach müde kommt doof"

Ein Welpe braucht 22 Stunden Schlaf am Tag, der erwachsene Hund immer noch 16 bis 20 Stunden. Hat der Hund ein Schlafdefizit, führt das oft zu übermütigem, aufgedrehtem Verhalten, das man nicht befeuern, sondern bremsen sollte.

Wenn der Welpe nach einer altersgerechten Aktivität immer noch nicht schlafen will, dann ist es Zeit, Impulskontrolle zu üben und die Ruhephase einzufordern. Das beginnt damit, dass man dem Hund einen Ruheplatz zuweist, an dem er auch von anderen Familienmitgliedern nicht gestört wird und sich entspannen kann. Ich habe Chaska dazu an ihrem Liegeplatz angeleint. Wenn der Hund an eine Box gewöhnt ist und sich darin wohlfühlt, dann kann man auch diese zu Hilfe nehmen. Zu den Methoden, wie man Ruhephasen einfordern und Impulskontrolle üben kann, fragt man am besten Trainer oder Trainerin beim Hausbesuch. Im Folgenden ein paar Beispiele zu Übungen, um eine Vorstellung zu vermitteln, was gemeint ist:

Eine relativ einfache Übung zur Impulskontrolle, die ich mit Chaska zur Welpenzeit gemacht habe, habe ich auch in Miraim Sommers Buch gefunden, unter dem Stichwort „Abbruchsignal ‚Nein' Konditionierung": Zunächst lege ich ein Leckerli in die offene Hand und halte es Chaska mit dem Signalwort „Nimm's" hin. Das wiederhole ich einige Male. Im nächsten Schritt sage ich „Nein" und verschließe die Hand zu einer Faust. Das Leckerli gebe ich erst dann frei, wenn Chaska aufhört, gierig in die Hand zu zwicken - am besten trainiert man mit Handschuh. Sobald ich sehe, dass Chaska „rückwärts denkt", also aufhört, die Hand zu bearbeiten und einen Schritt zurück macht, öffne ich meine Hand und gebe mit dem bereits bekannten Kommando „Nimm's" das Leckerli frei. Diese Übung kann man weiter ausbauen, etwa indem man das eine Leckerli komplett verbietet und ein besseres Leckerli aus der anderen Hand füttert. Das wäre schon ein erster Schritt in Richtung Anti-Giftköder-Training.

Damit sich der Hund auch an fremden Orten entspannen kann, macht ein Deckentraining Sinn. Das heißt, man etabliert eine Decke als Liegeort, auf der der Hund auch im Büro oder im Restaurant bleiben soll. Dazu macht man zunächst dem Welpen die Decke schmackhaft, indem es Leckerli gibt, wenn er darauf liegt. Später führt man ein Kommando ein, mit dem man ihn auf die Decke schickt. Normalerweise ist das Deckentraining einer der Inhalte im Welpenkurs.

Dass ein jagdlich motivierter Hund sein Instinktverhalten abbricht und sich von einem rennenden Hasen abrufen lässt, erfordert ein sehr hohes Maß an Impulskontrolle. Daher sollte man frühzeitig damit anfangen. Hunde haben von Natur aus den Instinkt, bewegten Objekten nachzulaufen. Um in der Menschenwelt zu überleben, müssen sie lernen, diesem Instinkt zu widerstehen. Beim Welpen könnte man so beginnen: Ist die Decke als Liegeort etabliert, rollt man einen Ball am Hund vorbei. Ziel ist es, dass er seinem Impuls widersteht, dem Ball nachzujagen, und auf der Decke liegen bleibt. Wenn ein Junghund diese Übung beherrscht, kann er später im Straßencafé brav unter dem Tisch liegen, auch wenn Tauben an ihm vorbeimarschieren.

Mein Weg zum ausgeglichenen Hund

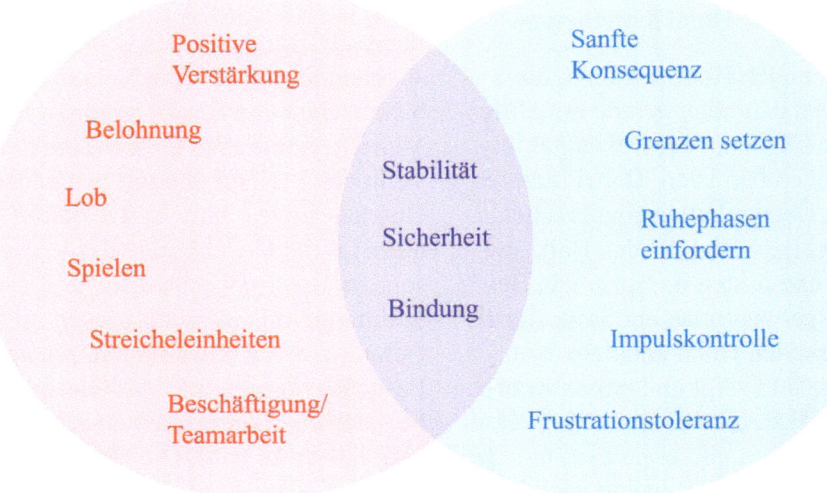

Positive Verstärkung
Belohnung
Lob
Spielen
Streicheleinheiten
Beschäftigung/ Teamarbeit

Stabilität
Sicherheit
Bindung

Sanfte Konsequenz
Grenzen setzen
Ruhephasen einfordern
Impulskontrolle
Frustrationstoleranz

Alles, was Spaß macht　　　**Alles, was Struktur gibt**

In unserem Fall hat die Kombination aus Spaß und Struktur sehr geholfen. Manche Begriffe im Diagramm meinen das Gleiche, ihre Nennung war mir aber wichtig. Grafik: alo

Viele Leute nutzen diese natürliche Freude am Hetzen zur Beschäftigung des Hundes. Sie werfen einen Ball oder Frisbee, damit der Hund hinterherrennt, den Gegenstand fängt und zurückbringt. Dann wirft der Mensch ihn erneut. Mittlerweile ist bekannt, dass solche Spiele das Jagdverhalten fördern. Denn jedes Hinterherrennen verstärkt den Impuls hinterherzurennen, ein biochemischer Teufelskreis im Gehirn. Das Hetzen wird zur Sucht. Das Stichwort hier lautet „Balljunkie". Manche Hundeschulen raten daher, auf alle Spiele zu verzichten, bei denen der Hund Objekte hetzen darf. Vor allem die Reizangel wird in diesem Zusammenhang kontrovers diskutiert. Dabei handelt es sich um einen Stock mit einer Schnur, an der ein Futterbeutel befestigt wird. Ähnlich einer Angel zieht der Mensch den Futterbeutel über den Boden, damit der Hund hinterherjagt.

Es gibt aber auch Hundeschulen, die unterrichten, dass man gerade mit Hilfe von Ballspielen oder der Reizangel Impulskontrolle üben kann. Dabei lernt der Hund, das Hetzverhalten abzubrechen. Beispielsweise wirft man den Ball, und ruft den Hund mitten im Sprint ab. Bei der Reizangel baut man ein Stoppsignal ein und lässt den Hund anhalten. Nur wenn er Geduld zeigt und brav abwartet, darf er den Futterbeutel erbeuten. Wer an solchen Übungen interessiert ist, müsste bei einer Hundeschule gezielt nachfragen, ob das Thema unterrichtet wird.

Viele Leute üben Impulskontrolle, indem sie den Hund vor dem Futternapf absitzen lassen und er erst auf ein Kommando warten muss, um fressen zu dürfen. Hierbei sollte man bedenken, dass ein Tamaskan nicht die Futterbegeisterung eines Labradors besitzt. Meine Hündin genauso wie ihre Mutter gehört nicht zu der Sorte Hund, die sich schnurstracks auf den Futternapf stürzt. Da wird erst von Weitem geschnuppert und dann entschieden, ob man vielleicht einen Bissen probiert. Wenn ein Hund nicht impulsiv an sein Futter geht, braucht man in diesem Zusammenhang auch keine Impulskontrolle trainieren. Im schlimmsten Fall geht der Hund nämlich gar nicht mehr an den Futternapf. Impulskontrolle kann man bei wenig futteraffinen Hunden mit besonders guten Leckerli oder Spielzeug üben.

Impulskontrolle geht auch im Hundespiel, beziehungsweise davor. In ziemlich jeder Hundeschule müssen sich Junghunde zunächst noch einmal kurz beherrschen und Blickkontakt zu ihrem Menschen aufnehmen. Erst dann dürfen sie in den Freilauf und mit den anderen Hunden spielen. Hier ist die Belohnung für die Geduld nicht das Leckerli, sondern der Spielspaß, also die Ausschüttung von Glückshormonen im Gehirn, ähnlich wie beim Hetzen eines Balls. Wer Junghunde bei Rennspielen beobachtet, erkennt, dass auch hier für die Jagd geübt wird. Die Hunde spielen Fuchs und Hase, einer ist der Jäger, der andere der Gejagte. Bei einem harmonischen Spiel wechseln sich die Hunde dabei ab. Auch beim Rennspiel kann man den Abbruch des Hetzverhaltens üben. Da ein weiterer Hund beteiligt ist, geht das nur in Zusammenarbeit mit dessen Halter oder Halterin, am besten unter fachkundiger Anleitung von Trainerin oder Trainer.

Nicht vergessen: Druck abbauen!

Immer wenn der Hund einen Impuls unterdrückt und beispielsweise ruhig sitzen bleibt, obwohl er rennen möchte, baut sich Druck auf. Man kann sich ein Fass vorstellen, das sich füllt, bis es überläuft. Ist das der Fall, kann es sein, dass der Hund plötzlich aus der Trainingssituation ausbricht und wie wild über die Wiese flitzt. Dafür sollte man ein Gespür entwickeln, die letzte Übung erfolgreich abschließen und dann ausgelassen mit dem Hund spielen.

Gehorsamkeits- und Beschäftigungstraining

Hundetraining unterscheidet sich nicht nur in der Art, wie man dem Hund etwas beibringt, sondern auch in den Lehrinhalten. Es gibt eine ganze Palette an Kursen und Trainingsfächern, die man gemeinsam mit seinem Vierbeiner belegen kann, oder auch schon in Vorbereitung auf die Hundehaltung. Zum einen gibt es das Gehorsamkeitstraining, das den Hund auf das Leben in der Menschenwelt vorbereitet. Das ist sozusagen das Pflichtprogramm für die ersten beiden Lebensjahre und darüber hinaus. Daneben gibt es Training, das darauf abzielt, den Hund rassegerecht zu beschäftigen. Dazu gehören beispielsweise Hundesport, Trickdog,

Nasenarbeit oder eine Kombination daraus. Da der Tamaskan ein vielseitig talentierter Hund ist, kann der Mensch wählen, worauf er am meisten Lust hat. Das Beschäftigungstraining macht man, sofern es die Gesundheit des Hundes zulässt, sein ganzes Leben lang. Die folgende Liste entstammt meiner eigenen Erfahrung und erhebt keinen Anspruch auf Vollständigkeit. Es gibt noch viele weitere Facetten des Hundetrainings, und andere Spezialkurse.

Vorbereitungskurs

Trainerin oder Trainer berät vor der Anschaffung, welcher Typ Hund zum Alltag des Menschen passt. Achtung: Im Zusammenhang mit dem Tamaskan können Trainer oder Trainerin nur dann gut beraten, wenn ihnen die Rasse bekannt ist. Ganz allgemein wird den künftigen Hundeeltern auch beigebracht, was sie vor und nach dem Einzug des Hundes beachten müssen, und welche Trainingsmöglichkeiten es gibt.

Theorieteil eines Hundeführerscheins

Unabhängig davon, ob man eine Prüfung machen will, empfiehlt es sich, den Theorieteil eines Hundeführerscheins durchzuarbeiten. Das funktioniert so ähnlich wie beim Kfz-Führerschein im Antwort-Wahl-Verfahren. Inhalte und Probetests gibt es im Buchformat oder als App. Am besten fragt man bei Hundeschulen in der Nähe nach, welcher Hundeführerschein in der jeweiligen Region angeboten wird. Ich habe damals mit der Dogorama-App der Rütter-Schulen gearbeitet und fand sie sehr hilfreich.

Einzeltraining zu Hause

Das effektivste, wenn auch teuerste Training ist der Hausbesuch. Er ist es aber wert. Denn es geht beim Hundetraining in erster Linie darum, dass der Alltag funktioniert. Es macht durchaus Sinn schon vor dem Einzug des Welpen einen Hundetrainer oder eine -trainerin nach Hause zu bestellen, um die ersten Tage mit dem Welpen durchzusprechen. Wo sollen die Ruheplätze eingerichtet

Die Eselchen-Position

Der Hund will nicht mehr weitergehen und stämmt sich wie ein stures Eselchen gegen die Leine.

Interpretationsmöglichkeiten:

* „Da vorne ist etwas, das mir Angst macht." (öfter beim Welpen)

* „Du kannst nicht über mich bestimmen!" (öfter beim Junghund)

* „Ich rieche da hinten etwas ganz Tolles. Du solltest mitgehen und dir das anschauen." (öfter beim erwachsenen Hund)

werden, wo und wie oft wird der Hund gefüttert? Zu welchen Räumen sollte in den ersten Tagen Zugang haben, zu welchen nicht? Wenn der Welpe da ist und sich eingewöhnt hat, kann Trainer oder Trainerin vor Ort beraten, wie man den Hund am einfachsten zur Ruhe bringt, oder wie man die Beißhemmung trainiert. Auch die alltägliche Interaktion zwischen Hund und Kind ist ein wichtiges Thema. Mit dem Einzeltraining zu Hause lassen sich viele Probleme frühzeitig im Keim ersticken und zwar bevor es richtig teuer wird.

Das Grundlagentraining für Mensch-Hund-Teams auf dem Hundeplatz umfasst folgende Kurse und Trainingsangebote:

Welpenkurs

In mehreren Trainingseinheiten wird den Menschen beigebracht, wie sie ihrem Welpen grundlegende Fähigkeiten antrainieren können, etwa den Rückruf, „Sitz", „Platz", „Bleib", oder erste Schritte in der Leinenführigkeit. Da der Hund in diesem Alter völlig ahnungslos ist, sollte viel mit positiver Verstärkung gearbeitet werden. Es macht Sinn, im Vorfeld zu erfragen, ob die Welpen am Ende der Stunde miteinander spielen dürfen. Manche Hundeschulen bieten eigene Spieletreffs an. Dabei geht es nicht um Training, sondern um die Sozialisierung mit Artgenossen. In Fachkreisen wird diskutiert, wie sinnvoll solche Spielgruppen aus drei bis sechs Hunden sind, da sie manche Welpen überfordern können. Das hängt meiner Meinung nach stark

Chaska spielt Fuchs und Hase mit einem etwa gleichaltrigen Labrador-Mädchen, während eines privaten Play-Dates. Aus Sicherheitsgründen wäre es besser gewesen, die Geschirre abzumachen. Foto: alo

von Trainerin oder Trainer ab. Er oder sie sollte die ganze Zeit dabei sein und für die Menschen übersetzen, was unter den Hunden gerade Sache ist, wann das Spiel noch harmonisch verläuft und wann der Mensch eingreifen sollte.

Chaska hat immer gern und viel mit anderen Welpen gespielt. Daher hätte ich ihr das ungern vorenthalten. Wenn man sieht, dass der eigene Hund sich in einer Welpengruppe nicht wohlfühlt, sollte man nichts erzwingen. Spielstunden zu zweit mit einem gleichaltrigen, etwa gleich schweren Welpen sind in der Regel für jedes Hundekind in Ordnung. Wir haben uns daher auch jenseits der Welpengruppe zum Spielen getroffen.

Junghundekurs

Der Junghundekurs baut auf dem Welpenkurs auf. In mehreren Trainingseinheiten wird der Rückruf gefestigt oder die Leinenführigkeit vertieft. Auch die Impulskontrolle bei Hundebegegnungen wird intensiv geübt. Viele Hundeschulen erlauben daher nicht mehr, dass die Junghunde auf dem Trainingsplatz Freilauf bekommen. In diesem Fall bietet es sich an, parallel eine Spielgruppe zu besuchen, die von Trainerin oder Trainer gemanagt wird.

Junghunde-Spielgruppe

Der Ablauf ist ähnlich wie bei der Welpen-Spielgruppe, allerdings dauern die Spieleinheiten länger. Mit Chaska habe ich bis zum zweiten Lebensjahr solche Spielgruppen besucht, damit sie sicher wird im Umgang mit Artgenossen. Grundsätzlich sind Tamaskane sehr verspielte Hunde, die sich vor allem in der Jugendzeit über positiven Sozialkontakt mit anderen Hunden freuen. Ähnlich wie beim Welpenspiel gilt hier Qualität statt Quantität. Am schönsten ist es, wenn sich Hunde treffen, die sich schon kennen, auch außerhalb der Gruppe eins zu eins. So manche Freundschaft hat sich bis heute gehalten, sowohl unter den Vier- als auch unter den Zweibeinern.

Begleithundeprüfung

Die Prüfung ist relativ einfach, weil sie auf dem Trainingsplatz erfolgt. Hier werden erste Alltagskompetenzen geprüft, wie Leinenführigkeit und Freifolge sowie der Umgang mit Außenreizen: andere Hunde, Fahrräder oder Geräusche. In der Regel gehen der Begleithundeprüfung mehrere Vorbereitungsstunden voraus, mit Inhalten, die auf dem Junghundekurs aufbauen.

Hundeführerschein

Beim Hundeführerschein wird die Alltagskompetenz des Hundes auf Herz und Nieren geprüft, in echten Situationen, in der Fußgängerzone oder im Park. In der Regel gibt es einen Theorieteil für Halterin oder Halter und einen Praxisteil für das Mensch-Hund-Team. Was genau geprüft wird, kommt auf den jeweiligen Hundeführerschein an, der sich je nach Bundesland und Anbieter unterscheiden kann. Bundesweit einheitliche Konzepte sind beispielsweise der Martin-Rüter-DOGS-Hundeführerschein und der D.O.Q.-Test 2.0 der Tierärztlichen Gemeinschaft Hundehaltung e.V. Ähnlich wie zur Begleithundeprüfung gehört zum Hundeführerschein in der Regel ein Vorbereitungskurs. Hier kann man also nach dem Junghundekurs beziehungsweise nach der Begleithundeprüfung weitertrainieren.

Prüfungen sind nicht jedermanns Sache, und oft nur ein Nice-to-Have. Aber: Sollte es einmal einen Zwischenfall geben, und sei es nur, dass der Hund aus Übermut ein fremdes Kind umrennt, dann ist die Begleithundeprüfung und vor allem der Hundeführerschein ein sehr gutes Charakterzeugnis für den Hund und seinen Menschen. Chaska ist zertifizierter Schulbesuchshund und hat oft mit Kindern zu tun. Hier war der Hundeführerschein eine Voraussetzung. Meines Wissens nach muss man auch für Rettungshunde Alltagskompetenz nachweisen. Je nach späterem Einsatzgebiet sollte man sich also informieren, ob Prüfungen notwendig sind. Unabhängig davon, macht es Sinn, die Alltagskompetenz zu vertiefen, bespielsweise mit den folgenden Kursen:

Anti-Giftköder-Kurs

In mehreren Trainingseinheiten lernt der Hund, auch besonders gute Häppchen auf der Straße liegenzulassen. Im besten Fall zeigt er sie seinem Menschen an, indem er sich davor setzt und das Objekt der Begierde nur anschaut. Giftköder sind heutzutage leider ein wichtiges Thema, und das Training ist überlebenswichtig. Tamaskane haben in der Regel nicht die Futteraffinität eines Labradors. Daher lernen sie diese Übung sehr schnell.

Vertiefungskurs zur Leinenführigkeit
Im dritten Kapitel hatte ich bereits erwähnt, dass viele Tamaskane durch ihre Schlittenhundevorfahren leidenschaftlich gerne Lasten ziehen. Das erschwert das Lernen der Leinenführigkeit, also das Gehen an lockerer Leine oder das typische „Bei Fuß". Man sollte sich bewusst sein, dass man hier gegen eine dem Schlittenhund absichtlich angezüchtete Eigenschaft arbeitet und Geduld haben muss. Es braucht einfach mehr Zeit und kleinere Schritte, als bei vielen anderen Hunderassen. Ich kann mich erinnern,

Durch Umklicken der Leine vom Geschirr ans Halsband zeige ich Chaska, dass wir jetzt leinenführig gehen. Foto: alo

dass ich einmal ganz neidisch einem drei Monate alten Berner-Sennenhund-Welpen zusah, wie er locker bei seiner Besitzerin an der Leine ging. Bei uns sah das sehr lange anders aus. Obwohl Chaska körperlich durchaus sensibel ist, also lautstark quietscht, wenn ich auch nur an einem Haar ziepe, hat sie kein Problem damit, sich mit voller Kraft in die Leine zu werfen. Zu ihrer Verteidigung denke ich dann oft: Ein guter Schlittenhund bekommt mit einem Ruck auch einen festgefrorenen Schlitten zum Fahren. Chaskas Antrieb ist der Frust, weil es ihr nicht schnell genug voran geht. Wer einen Tamaskan halten will, kann also gleich den Vertiefungskurs zur Leinenführigkeit einplanen. Hier arbeiten die Hundeschulen oft mit sehr unterschiedlichen Methoden. Meist wird der Hund vorne geblockt, wenn er überholen will. Das heißt, man begrenzt den Hund von vorn, oder man geht so nah an einer Wand, dass er nicht überholen kann. Von solchen Hindernissen war Chaska nicht sehr beeindruckt. Sobald der Weg frei war, zog sie wieder nach vorne. Hier müsste man äußerst konsequent sein und nur dann vorwärts gehen, wenn der Hund hinter dem Knie des Menschen bleibt. Was bei uns besser funktioniert hat, waren Richtungswechsel. Die Übung ist dynamischer, und das liegt einfach mehr in Chaskas Natur. Dabei ändert der Mensch häufig die Richtung. Wenn der Hund bei ihm bleiben will, muss er achtsam sein. Das geht beim Welpen noch gut in der Freifolge, später auch an der Leine. Viele Trainerinnen und Trainer unterrichten, dass man mit einem Signal den Richtungswechsel ankündigt. Hier ist es von großem Vorteil, wenn man eine fachkundige Person findet, die Erfahrung mit Schlittenhundrassen hat.

Tipp: Den Wechsel in die Leinenführigkeit durch eine Geste ankündigen, etwa durch Umklicken der Leine vom Geschirr ans Halsband. Dann konsequent ein paar Minuten leinenführig gehen. Wenn es klappt, die Übung erfolgreich abschließen und wieder in den Freizeitmodus wechseln. Dabei sollte man Geduld haben und die Zeitintervalle langsam ausdehnen. Für den Junghund ist die Leinenführigkeit eine Übung in der Impulskontrolle, die dementsprechend Druck aufbaut.

Im Alltag hat man oft nicht genug Zeit. Da muss der Welpe schon frühzeitig an der Leine gehen, etwa weil die Gassitour vielleicht an einer Straße entlangführt, oder sogar schon beim Rastplatzstopp am Tag der Abholung. Hier gibt es verschiedene Trainingsansätze und Meinungen. Das ist meine: Wenn ich die Leinenführigkeit noch gar nicht aufgebaut habe, oder weiß, dass ich sie gerade nicht durchsetzen kann, mache ich die Leine ans Geschirr. Wenn möglich, gebe ich dem Hund etwas mehr Raum. Dann lässt das Ziehen oft schon von alleine nach.

Gemeinsames Spielen
Spielkurse bietet nicht jede Hundeschule an, sollte aber, denn: Gemeinsames Spielen ist auf vielen Ebenen förderlich. Der Hund wird geistig und körperlich beschäftigt, unkompliziert, jeden Tag in Haus und Garten. Eigentlich könnte man das gemeinsame Spielen daher in die Kategorie des Beschäftigungstrainings stecken. Da es die Bindung zwischen Mensch und Hund aber enorm stärkt, ist es einer Meinung nach nicht optional wie Agility oder Zugsport, sondern sollte in keiner Mensch-Hund-Beziehung fehlen. Tamaskane spielen sehr gerne, bis ins Erwachsenenalter. Daher sollte man die Möglichkeiten, die sich hier bieten, unbedingt ausschöpfen.

Maulkorbtraining
Hunde mit Maulkorb werden von der Öffentlichkeit oft als „gefährlich" wahrgenommen. Als Halter oder Halterin sieht man es nicht gern, wenn das liebe Haustier mit einem Maulkorb eingeschränkt wird. Leider ist es manchmal notwendig, auch dann, wenn der Hund nicht bissig ist. Beispielsweise ist der Maulkorb bei Reisen in Bus und Bahn oft Vorschrift. Es kann passieren, dass der Hund beim Tierarzt eine potenziell schmerzhafte Behandlung aushalten muss, und vorsichtshalber einen Maulkorb angezogen bekommt. In Giftköder-Risikogebieten kann sogar das Spazierengehen mit Maulkorb Sinn machen. Für den Hund ist ein Maulkorb zunächst einmal ungewohnt und daher unangenehm. Es macht daher Sinn, den Hund in kleinen Schritten daran zu gewöhnen. Achtung: Es gibt verschiedene Arten von Maulkörben, bequeme und weniger bequeme, Standardgrößen und Maßgeschneiderte. Am besten lässt man sich beraten.

Hund und Kind

Leben Kinder im Haushalt, macht es Sinn, einen „Hund und Kind"-Kurs zu besuchen. Man wird staunen, wie viele Details es hier zu beachten gilt, unter anderem wie Kind und Hund ohne Risiko miteinander spielen können. Beispielsweise sind Apportierspiele sicherer für kleine Kinderhände als Zerrspiele. In der Schulhundeausbildung habe ich gelernt, dass immer wieder Beissunfälle mit Familienhunden passieren - auch mit Labrador und Golden Retriever - weil das Kind den Hund umarmt, obwohl

Viele Hundeschulen bieten Kurse an für Eltern, die lernen möchten, die Interaktion zwischen Hund und Kind risikofrei zu gestalten. Foto: alo

dieser bereits im Voraus signalisiert hat, dass ihm das unangenehm ist. Hier sind die Erwachsenen in der Verantwortung, die Körpersprache des Hundes immer zu beobachten. Ein weiterer Aspekt ist der Umgang mit fremden Kindern. Wenn Spielgefährten des Kindes zu Besuch sind und es zu einer Rangelei kommt, sollten die Aufsichtspersonen Acht geben, dass der Hund nicht zum Beschützer wird und die fremden Kinder maßregelt. Auf welche Weise Hund und Kind miteinander interagieren können, kommt auch auf das Alter des Kindes an. Manche Hundeschulen bieten Vorbereitungskurse an für werdende Eltern, damit sie das Leben mit Hund und Säugling stress- und risikofrei regeln können. Das ist eine sehr sinnvolle Sache.

Anti-Jagd-Training

Beim Anti-Jagd-Training geht es darum, das instinktive Jagdverhalten des Hundes zu verhindern oder abzubrechen. Ein wichtiger Teil davon ist ein zuverlässiger Rückruf. Im Idealfall heißt das, man kann den Hund auch von einem rennenden Hasen abrufen. Hier sei angemerkt, dass das Hundegehirn allein beim Hetzen Glückshormone ausschüttet. Jedes Mal, wenn der Hund die Gelegenheit bekommt, Katze, Hase oder Reh hinterherzurennen, ist das ein großer Rückschritt im Training. Vor allem in der Jugendzeit, wenn das Hundegehirn noch in der Entwicklung ist, schlägt sich das stark nieder und ist kaum mehr rückgängig zu machen. Hetzverhalten sollte man daher verhindern, indem man den Junghund beim Spaziergang an die Leine nimmt, solange, bis der Rückruf zu hundert Prozent funktioniert, auch wenn das zwei Jahre lang dauert. Hunde, die viel Jagdambition zeigen, leiden oft unter Langeweile. Daher sollte ein gutes Anti-Jagd-Training immer Hand in Hand gehen mit einem Jagdersatztraining, bei dem der Hund lernt, seine jagdlichen Bedürfnisse anderweitig zu befriedigen. Hier wären wir schon im Bereich des Beschäftigungstrainings angelangt. Damit ist alles Training gemeint, das dem Hund eine Aufgabe gibt, das ihm Spaß macht, und das die Bindung zum Menschen fördert.

Tipp 1: So oft wie möglich Wildparks oder Wildgatter besuchen. Hier kann man üben, gemeinsam Wildtiere zu ignorieren. Das heißt, man macht beispielsweise Leinenführigkeits- oder Apportierübungen vor dem Rehgehege. Bitte nicht die Aufmerksamkeit absichtlich auf das Wild lenken: „Schau mal, da sind Rehe."

Tipp 2: Ist bereits ein gewisses Maß an Impulskontrolle vorhanden, kann man den Härtetest mit dem „Rasenden Hasen" durchführen, einem Echtfell-Spielzeug an einem Expanderseil. Das wird gespannt und gaukelt beim zurückschnellen ein rennendes Wildtier vor.

Jagdersatztraining

Beim Jagdersatztraining geht es darum, Jagdverhalten zu verhindern, indem man die jagdlichen Bedürfnisse des Hundes durch gerichtete Beschäftigung befriedigt. Die Hintergründe werden sehr schön im folgenden Buch beschrieben.

++Lesetipp++

„Jagdverhalten bei Hunden" von Martin Rütter und Andrea Buismann, 1. Auflage, 2015, herausgegeben vom Franck-Kosmos-Verlag.

Gemäß Rütter und Buismann besteht eine natürliche Jagdsequenz aus acht einzelnen Elementen:

1. **Orten** der Beute durch Sehen, Hören oder Riechen
2. **Fixieren** - Die Beute wird nicht mehr aus den Augen gelassen
3. **Anschleichen**
4. **Hetzen** - Die Beute wird verfolgt.
5. **Packen** - Ergreifen der Beute
6. **Töten** (Wölfe machen das in der Regel effizienter als Hunde)
7. **Zerreißen** - Die Beute wird in verzehrbare Stücke zerteilt
8. **Fressen**

Über die Jahrhunderte hat sich der Mensch die Elemente dieser Jagdsequenz zu Nutze gemacht. Hütehunde sollen die Schritte nur bis zum Hetzen und teils noch zum Packen ausführen, dann aber abbrechen. Für den Border Collie beispielsweise ist das Fixieren und Anschleichen typisch. Der Australian Shepherd packt das Nutzvieh auch gerne mal am Hinterbein. Viele Windhundrassen sind dazu gezüchtet, dass sie die Beute zwar packen und töten, sie aber dann dem Menschen überlassen. Bei nordischen Hunden geht man aufgrund ihrer Ursprünglichkeit davon aus, dass sie alle acht Elemente der Jagdsequenz beherrschen. Durch meine Arbeit als

Journalistin hatte ich hier in der Region schon häufig mit wildernden Hunden zu tun. Dabei handelte es sich um Doggen, Retriever oder Schäferhunde beziehungsweise Mischlinge. Daraus folgere ich, dass ein Hund bei entsprechender Vernachlässigung durch den Menschen die vollständige Jagdsequenz durchaus erlernen kann. Hier spielt die Haltung also eine große Rolle.

Duch seine Hüte- und Schlittenhundvorfahren bringt der Tamaskan genetisch ein gewisses Interesse am Jagen mit. Wie weit der einzelne Hund aber die Jagdsequenz ausführen würde, sollte man nie herausfinden müssen. Was ich bei Chaska sagen kann ist, dass sie gern ortet, fixiert, anschleicht und hetzt, also gern allem hinterherrennen möchte, das sich

bewegt. Hier bieten sich gleich mehrere Möglichkeiten des Jagdersatztrainings. Um ihr Bedürfnis zum Orten zu befriedigen, lasse ich Chaska gern Fährten suchen, als Junghund die Würstchenfährte auf der Wiese nebenan und später auch die Fährte eines fremden Menschen bei der Personensuche. Eigentlich sind alle Arten der Nasenarbeit ein „Orten der Beute". Die Sequenz vom Orten bis zum Hetzen lässt sich super mit dem Futterbeutel, auch Prey Dummy genannt, nachstellen. Den kann man verstecken und suchen lassen, oder werfen und bringen lassen. Mit dem Futterbeutel als Beuteersatz kann man auch den Abbruch des Jagdverhaltens üben beziehungsweise die Impulskontrolle am bewegten Objekt. Für solche Futterbeutel-Übungen

Chaska im Alter von 14 Wochen beim Jagdersatztraining mit dem Futterbeutel. Foto: alo

gibt es zahlreiche Variationen, weshalb sich ein eigener Kurs dazu anbietet. Wichtig ist, dass tatsächlich Futter im Dummy ist. Tamaskane haben nicht gleiche Apportierfreude wie Retriever, die auch futterlose Gegenstände gern apportieren. Für den Tamaskan muss jede Übung Sinn ergeben. Ob der Hund den Beutel apportieren mag oder nicht, hängt auch von der Qualität des Futters ab, das sich darin befindet. Durch den Reißverschluss am Beutel kann der Hund nur mit Hilfe des Menschen an die Belohnung kommen. Hier ist es wichtig, dass der Hund es niemals alleine schafft, an das Futter zu kommen, etwa indem er den Beutel ins Gestrüpp trägt und aufbeißt. Bevor solcher Schabernack anfängt, sollte man die Übung lieber abschließen und etwas anderes machen.

Je nach Interesse des einzelnen Hundes gibt es verschiedene Möglichkeiten des Jagdersatztrainings. Neben Fährtenarbeit und Apportieren gibt es beispielsweise noch Treibball. Dabei soll der Hund auf Anweisung des Menschen zielgerichtet einen Ball treiben. Diese Hundesportart befriedigt vor allem das Bedürfnis von Hütehunden, etwas vor sich herzutreiben.

Tipp: Tamaskane sind lauffreudige Hunde, die auch deshalb hetzen, weil sie gerne Vollgas geben. Dieses Bedürfnis sollte man bei ausgelassenen Rennspielen im Garten oder auf dem Hundeplatz befriedigen. Hier reichen kurze Einheiten, dafür aber regelmäßig.

Suchhundearbeit bietet zahlreiche Möglichkeiten, den Hund geistig zu beschäftigen. Foto: alo

Um herauszufinden, welches Jagdersatztraining sich am besten für Chaska eignet, haben wir einen allgemeinen Kurs besucht, bei dem verschiedene Möglichkeiten vorgestellt und ausprobiert wurden. Chaska hat sowohl beim Apportieren als auch beim Treibball durchaus Arbeitswillen bewiesen. Ihre absolute Leidenschaft sind aber die Fährten. Daher haben wir diesen Aspekt weiter ausgebaut.

Mantrailing und andere Arten der Nasenarbeit

„Nasenarbeit ist selbstbelohnend", hört man oft. In Chaskas Fall kann ich nur zustimmen. Fährten arbeitet sie sehr gerne. Die Belohnung am Ende ist sozusagen nur das Sahnehäubchen. Obwohl Tamaskane nicht explizit dafür gezüchtet wurden, hat sich immer wieder gezeigt, dass sie ausgesprochen gute Fährtenleser sind. Die Kombination aus ausgezeichneter Sinnesleistung, Intelligenz und großer Arbeitsfreude lassen sie in diesem Fachgebiet schnell vorankommen. Bei der Fährtenarbeit ist das Ziehen an der Leine ausdrücklich erwünscht. Vielleicht ist das auch ein Grund, warum das Schlittenhundeherz hier höher schlägt. Die Personensuche, auch Mantrailing genannt, ist ein Teilgebiet der Fährtenarbeit, die nicht nur von Rettungshundestaffeln, sondern auch an vielen Hundeschulen angeboten wird. Die Chance ist daher groß, dass man in der näheren Umgebung solche Gruppen findet. Fährtenarbeit lässt sich aber auch gut im privaten Bereich umsetzen. Wenn ich Lust habe, ziehe ich eine Fährte mit Hühnchen-Kochwasser durch Wald und Wiese. Chaska findet dann am Ende als Belohnung den Behälter mit den Fleischbrocken. Alternativ kann man auch eine Schleppe ziehen, beispielsweise mit einem Teebeutel. Bei besonders jagdlich motivierten Hunden kann es auch Sinn machen, gemeinsam mit den örtlichen Jägern und ihren Hunden Schleppenarbeit mit Wildtierfellen zu trainieren. Das würde ich aber nur machen, wenn der Hund ohnehin schon großes Interesse an Wild hat. Der Grundgedanke, genauso wie beim Jagdhund: „Du jagst nie alleine, nur mit mir im Team."

Eine weitere Möglichkeit, die Nase des Hundes zu beschäftigen, ist die freie Suche nach bestimmten Gerüchen, wie man es von Rauschgift- oder Sprengstoffspürhunden kennt. Daraus hervorgegangen ist beispielsweise eine Hundesportart names

Zielobjektsuche (ZOS) nach geruchsintensiven Metall-, Holz- oder Gummigegenständen. Darüber hinaus gibt es noch viele weitere Angebote der Spürhundearbeit, etwa im Bereich des Artenschutzes. Hier wird nach Kot, Fell oder Federn bestimmter Tierarten gesucht, oder nach bestimmten Pflanzen. Eine Ausbildung zum Trüffelspürhund gibt es ebenfalls. Grundvoraussetzung ist, bei jeder Art von Suchhundearbeit, dass der Hund lernt, den gesuchten Gegenstand anzuzeigen, beispielsweise indem er davor „Sitz" macht und ihn anschaut. Die meisten Hundeschulen nutzen zur Anzeige ein Verhalten des Hundes, das er ohnehin schon zeigt. Ein Hund, der sich gerne vor dem Suchgegenstand hinlegt, wird normalerweise nicht mehr zum Sitzen umgeschult. Soweit das professionelle Training. Nasenarbeit geht auch einfach zu Hause, für Zwischendurch, oder als Schlechtwetterbeschäftigung. Einfach im Haus oder Garten Futter oder Spielzeug verstecken und den Hund suchen lassen. Mit solchen kleinen Übungen habe ich Chaska schon in ihrer Welpenzeit beschäftigt.

Man sieht also, Nasenarbeit ist vielfältig. Ich empfehle, die eine oder andere Version der Nasenarbeit in den Alltag zu integrieren, da sie vor allem den Kopf des Hundes fordert. Daher ist sie weitgehend unabhängig vom Alter und der körperlichen Verfassung. Im Gegensatz zum Zugsport kann man bereits im Welpenalter beginnen und den Hund bis ins hohe Alter beschäftigen.

Trickdog und Dogdance

Trickdog bedeutet, dass der Hund Tricks lernt, vom Pfotegeben über Rollemachen bis hin zu Sprüngen auf Kommando. Beim Dogdance, übersetzt Hundetanz, lernt man zusätzlich, solche Tricks in einer Choreografie zu kombinieren und diese zu Musik vorzuführen. Hunde besitzen nicht die gleiche Wertschätzung für Musik wie wir. Daher ist für sie Trickdog und Dogdance eigentlich das Gleiche. Für den Menschen kann die Musik aber durchaus eine zusätzliche Motivation sein. So ist das auch bei uns. Ich gehe sehr gerne zum Dogdance-Unterricht. Chaska tut mir den Gefallen, allerdings nur für angemessene Belohnung. Während Nasenarbeit selbstbelohnend ist, geht das Lernen von Tricks nur über positive Verstärkung mit Leckerli, beziehungsweise mit dem Clicker. Dabei ist es wichtig, dass die Leckerli klein sind und schnell abgeschluckt werden können, sonst ist der Hund zu lange mit Kauen beschäftigt. Ich schneide dazu Hundewurst in kleine Stücke. Für Chaska sind die Tricks Kopfarbeit. Sie lernt sehr schnell, wenn auch nicht so schnell wie die Border Collies in der Gruppe. Mir fehlt beim Dogdance zwar der Wettkampfgeist, aber das Einstudieren einer Choreografie ist eine schöne Beschäftigung für zu Hause. Sie hält mich motiviert, weil es ein Ziel gibt. Andere Menschen sind immer ganz begeistert vom Dogdance-Konzept. Besonders für Familienfeste hat man damit ein zusätzliches Unterhaltungsprogramm. Dogdance kann ich also sehr empfehlen.

Bewegungs- und Geschicklichkeitstraining

Neben der Kopfarbeit gibt es natürlich auch zahlreiche Arten des Bewegungstrainings. Die typische Hundesportart, die in diesem Zusammenhang jeder kennt, ist Agility. Aus dem Englischen übersetzt heißt das so viel wie Beweglichkeit oder Geschicklichkeit. Unter Anleitung des Menschen überwindet der Hund einen Hindernisparcours. Dabei muss er über Hürden springen, Slalomlaufen, auf Wippen balancieren oder durch Tunnel flitzen. Agility wird in großer Geschwindigkeit durchgeführt. Hund und Mensch müssen dafür fit sein. Es gibt auch Kritik an dieser Hundesportart, weil sie - falsch praktiziert - auch zu übermäßigem Stress führen kann, oder zu Schäden am Bewegungsapparat. Von einem wettkampfmäßigen Agility-Einsatz des Tamaskans rate ich daher ab. Die Hindernisse an sich finde ich aber klasse, weil sie die motorischen und geistigen Fähigkeiten des Junghunds fördern, wenn er beispielsweise konzentriert über eine Wippe balanciert. Chaska ist von Anfang an souverän über die Hindernisse und durch den Tunnel gelaufen, und hat auch gern den kompletten Parcours ohne mich gemacht. Dann hat sie aber schnell die Lust verloren und wollte lieber mit den anderen Hunden spielen. Für Wettkampfsport empfehle ich daher Hunde, die mehr „Will to please" haben. Auch beim Agility sind Border Collies Naturtalente. Ein weniger anstrengender Hindernislauf aus den USA, der sich in Europa wachsender Beliebtheit erfreut, heißt Hoopers. Daneben gibt es beispielsweise noch das Crossdogging, das verschiedene Elemente aus dem Hundesport kombiniert. Bewegungssportarten kann man gerne mit dem Tamaskan ausprobieren, nur sollte man es nicht übertreiben.

Der Ausdruck „körperliche Auslastung" führt oft zu Missverständnissen. Hunde haben zwar ein Bedürfnis danach, zu toben und zu rennen, aber nicht so viel, wie die meisten Menschen glauben. Vor allem ein sportlicher Hund wie der Tamaskan verleitet viele frischgebackene Hundeeltern dazu, ihren Schützling „auspowern" zu wollen, damit er müde wird und schläft. Da wird häufig so lange mit dem Welpen gespielt, gerannt und teils auch schon gejoggt, bis das Tier nicht mehr kann. Das ist absolut unnötig und teils auch gesundheitsschädlich. Durch die Dauerbelastung kann es zu Fehlentwicklungen von Knochen und Gelenken kommen. Auch das Nerven- und Hormonsystem entwickelt sich bei übermäßig aktiven Hunden anders als bei solchen, die ausreichend Ruhe bekommen. Auch Halter oder Halterin leidet langfristig. Ein Hund, der sehr viel Bewegung gewohnt ist, wird auch sehr viel Bewegung fordern. Das kann das Alltagsleben belasten, vor allem, wenn der Mensch gerade wenig Zeit hat oder krank ist.

Es gibt Leute, die auf die Idee kommen, den Hund neben dem Auto herrennen zu lassen. Das ist laut Straßenverkehrsordnung verboten, kann zu schlimmen Verletzungen führen, und auch der Bindung schaden. Es gibt auch überforderte Menschen, die ihren Hund frei durch den Wald rennen lassen, in der Hoffnung, dass er sich an einem Reh oder Hasen müdehetzt. Bitte nicht! Man kann sagen: Bewegung ja, aber in gesundem Ausmaß.

Wie viel Bewegung ein Hund tatsächlich braucht, sieht man sehr schön am Beispiel von Straßenhunden. Die ruhen die meiste Zeit des Tages, schlendern oder erkunden. Vollgas beschränkt sich da in der Regel nur auf Jagdsequenzen. Für ein normales Hundeleben reichen regelmäßige, kurze Rennspiele im Garten oder auf dem Hundeplatz. Beim erwachsenen Hund bietet sich das gelegentliche Wandern oder der Zugsport an. Jeden Tag braucht es solch große Anstrengungen nicht. Wie lange die Bewegungseinheiten dauern sollten, hängt von Alter und Gesundheitszustand des Hundes ab. Generell gilt für Welpen: lieber mehrmals am Tag ein paar Minuten flitzen und danach gleich schlafen. Wer seinen Hund im Zugsport einsetzen möchte, sollte Kraft und Kondition langsam aufbauen, genauso wie man das bei einem Menschen auch machen würde. Am besten sucht man sich hierzu eine Hundeschule, die sich auf Hundesport spezialisiert hat. Trainerinnen und Trainer können ausführlich und professionell beraten, um eine gelenkschonende und gesundheitlich unbedenkliche Trainingsroutine aufzustellen. Solche Menschen können auch Ratschläge geben, wie viele Bewegungseinheiten im Alltag notwendig sind.

Dummy-Training (Apportieren)

Apportieren kommt ursprünglich aus der Jagd. Typische Apportierhunde wie der Labrador sollten geschossenes Federwild aus dem Wasser holen. Zum Training gibt es Beuteatrappen, sogenannte Dummys. Das können Futterbeutel sein oder längliche Säckchen. Was einzelne Hundeschulen unter Dummy-Training verstehen, ist sehr unterschiedlich. Das reicht vom Wettkampfsport für den Labrador bis hin zum bunten Freizeitsport für jeden Hund. Letzteres eignet sich sehr gut für den Tamaskan. Chaska apportiert den Futter-Dummy gerne, auch über Hindernisse. Man kann ihn wunderbar verstecken und dann entweder den Hund zum Suchen schicken oder sich gemeinsam anpirschen. Das macht Chaska eine Zeit lang sehr gerne, bis sie keine Lust mehr hat.

Zugsport

Der Zugsport ist die ideale Beschäftigung für einen Schlittenhund. Der Tamaskan bringt hier in der Regel große Motivation mit, das berühmte „desire to go". Sobald ich Chaska zum ersten Mal in ein Zuggeschirr gesteckt hatte, schien sie genau zu wissen, was zu tun ist. Bis heute geht mir das Herz auf, wenn ich sehe, wie begeistert sich mein Hündchen ins Zeug legt. Aber: Zugsport ist körperlich sehr anstrengend und belastet die Gelenke. Daher fängt man erst damit an, wenn das Hundeskelett ausgewachsen ist, ungefähr mit zwei Jahren. Die Einsatzfähigkeit des Hundes hängt auch von Außentemperatur und Luftfeuchtigkeit ab. Daher eignen sich nicht alle Tage im Jahr für diese Sportart. Vor allem im Sommer muss man entweder sehr früh aufstehen oder sich eine andere Art der Beschäftigung suchen, Schwimmen beispielsweise. Auch für den Hundesenior ist Zugsport in der Regel nicht mehr geeignet. Daher sollte er nur einen Teil des Beschäftigungskonzepts ausmachen. Möglichkeiten gibt es hier aber viele. Über den typischen Huskyschlitten hinaus gibt es zahlreiche weitere Optionen für ein bis zwei Hunde. Wer sich beim Laufen unterstützen lassen möchte, der kann Cani Cross ausprobieren. Dabei trägt der Mensch einen speziellen Hüftgürtel mit Beinschlaufen. Der Zugpunkt ist hier optimal gelagert, sodass man beim gemeinsamen Laufen gut ausbalanciert ist. Wichtig ist bei allen Zugsportarten, dass der Hund ein eigens dafür konzipiertes Zuggeschirr trägt. Im Gegensatz zu normalen Geschirren verteilt es die Last gleichmäßig auf den Hundekörper. Zusätzlich braucht man eine elastische Spezialleine, sodass plötzliche Rucks abgefedert werden. Lässt man den Hund einfach nur neben einem Fahrrad herlau-

Ideal für ein bis zwei Hunde: Bei Dogscooter oder Bikejöring ziehen die Hunde keinen Schlitten, sondern einen Roller beziehungsweise ein Fahrrad. Foto: iStock/TRAVELARIUM

fen, ist das ganz normaler Bewegungssport. Wenn der Hund das Fahrrad ziehen soll, nennt man das Bikejöring. Das ist die Sommerversion der Wintersportart Skijöring, bei dem der Hund den Menschen auf Skiern zieht. Dogscooter funktioniert so ähnlich wie Bikejöring. Der Mensch befindet sich dabei auf einem speziell dafür angefertigen Tretroller. Bei allen Zugsportarten, außer beim Cani Cross, können große Geschwindigkeiten entstehen. Die findet der Hund wahrscheinlich klasse, doch gibt es ein gewisses Unfallrisiko. Entsprechendes Schutzequipment für den Menschen ist daher ebenfalls wichtig. Wer es gerne risikoärmer mag, für den eignet sich das langsamere Dog Trekking, das Wandern im Zuggeschirr. Unterschätzen darf man auch diese Variante des Zugsports nicht. Für den Hund ist das Ziehen eines Menschen zu Fuß fast noch anstrengender als das Ziehen eines Gefährts auf Rädern. Daher sollte man sich bei allen Zugsportarten von Fachmann beziehungsweise Fachfrau beraten lassen. Es gibt auf Hundesport spezialisierte Trainerinnen und Trainer, die Einsteigerkurse geben, und gerne beim Equipmentkauf beraten. Hier sei noch einmal angemerkt, dass der Tamaskan sich eher für den Freizeitsport eignet. Wettkampfbegeisterte sind mit speziell dafür gezüchteten Rassen besser bedient.

Schwimmen

Schwimmen ist eine tolle Art, den Hund zu bewegen, ohne die Gelenke zu beanspruchen. Zudem lindert das kühle Nass die Sommerhitze, und erlaubt den Tagesausflug im August. Tamaskane haben in der Regel nicht die Wasseraffinität eines Labradors. Manche gehen von allein ins Wasser, andere nicht. Chaska musste ich erst ans Schwimmen gewöhnen. Das ging am besten, wenn ich voran ins Wasser ging. Obwohl alle Hunde instinktiv schwimmen können, müssen sie erst lernen, sich im Wasser sicher zu fühlen. Daher ist eine Schwimmweste für Hunde eine sinnvolle Anschaffung. Chaska strampelte anfangs immer wie verrückt und stand aufrecht wie eine Boje im Wasser. Die Schwimmweste gab ihr Sicherheit - und mir auch, denn ihre ersten Schwimmzüge sahen wirklich holprig aus. Mittlerweile geht sie sehr gern ins Wasser und apportiert auch schwimmendes Spielzeug. Die größte Schwierigkeit ist es oft, einen Badesee zu finden, an dem Hunde erlaubt sind.

Chaskas erster Tag am See. Foto: alo

Tipp: Am Ende der Freibadsaison öffnen viele Schwimmbäder ihre Türen für Hunde. An diesem Tag ist kein Chlor mehr im Wasser, und die Liegewiesen sind ein schöner Ort, den Hund flitzen zu lassen. Voraussetzung ist natürlich, dass der Hund mit Artgenossen zurechtkommt. Oft muss am Eingang der Impfpass vorgezeigt werden.

Bedürfnisorientiertes Hundetraining

Gehorsamkeits- und Beschäftigungstraining gehen Hand in Hand. Nur wenn der Hund rassegerecht beschäftig wird, kann man von ihm erwarten, dass er im Alltag ruhig und ausgeglichen ist. Allerdings sollte man es mit der Beschäftigung nicht übertreiben und ausreichend Ruhephasen einplanen. Das kann auch ein Tag in der Woche sein, an dem man zuhause bleibt und einfach gar nichts macht.

Es gibt mittlerweile viele Hundeschulen, die explizit „bedürfnisorientiert" arbeiten, obwohl das eigentlich immer der Fall sein sollte. Ein wichtiger Grundsatz ist hier, dass Hundetraining besser fruchtet, wenn die Bedürfnisse des Hundes befriedigt sind. Das beste Beispiel dafür ist die Kombination von Anti-Jagd-Training mit Jagdersatztraining. Bedürfnisorientiertes Training geht aber noch weit darüber hinaus. Beispielsweise macht es keinen Sinn, mit einem müden Hund Agility zu trainieren, allerdings geht das Üben der Freifolge in diesem Zustand meist besser. Anti-Giftköder-Training wird mit einem hungrigen Hund schwieriger sein, Trickdog leichter.

„Bedürfnisorientiert" heißt auch, dass ein hibbeliger Hund erst einmal zur Ruhe kommt, bevor er sich auf das Training konzentrieren kann. Die erste Frage wäre hier, warum der Hund überhaupt hibbelig ist. Mangelt es an Bewegung? Hat er nicht gelernt, zur Ruhe zu kommen? Oder ist es vielleicht sogar das Futter, das sich hier auf das Verhalten auswirkt? In letzterem Fall wäre eine Ernährungsberatung nötig, bevor das Hundetraining fortgesetzt wird. Gute Trainerinnen und Trainer achten auf die Grundverfassung von Hund und Mensch, bevor sie mit dem Training beginnen.

Was man genau unter den Bedürfnissen eines Hundes versteht, dazu gibt es im Netz zahlreiche Theorien und Listen. Grundsätzlich wird unterschieden zwischen biologischen und sozialen Bedürfnissen. Erstere umfassen unter anderem Futter, Wasser und Gesundheit. Bei Letzteren geht es um Sicherheit, Bindung und Gruppenzugehörigkeit. Bei dem Thema gibt es viele Feinheiten mit Diskussionspotenzial. So können sich etwa die Bedürfnisse des Welpen von denen des erwachsenen Hundes unterscheiden. Ein Welpe beispielsweise hat ein großes Bedürfnis an etwas zu kauen, vor allem wenn er im Zahnwechsel ist. Wenn ich dem Welpen also das Kauen an meinen Schuhen verbiete, dann sollte ich ihm immer eine Alternative anbieten, eine Kauwurzel oder Ähnliches. Es wäre zu viel verlangt, wenn der Welpe dieses Kaubedürfnis unterdrücken müsste.

Fazit zum richtigen Hundetraining

DIE Hundeschule für den Tamaskan gibt es wahrscheinlich nicht. Zumindest habe ich mit Chaska noch kein Trainingskonzept gefunden, das wir zu hundert Prozent übernehmen konnten. Das liegt nicht nur an Chaska, sondern auch an mir. Bei uns, wie bei vielen anderen Menschen, ist das Trainingskonzept ein Patchwork-Konstrukt aus verschiedenen Ansätzen. Jeder Mensch und jeder Hund haben ihre Eigenheiten, und nicht jede Trainingsmethode passt für jedes Mensch-Hund-Team. So kann es sein, dass man die Dienste verschiedener Trainerinnen und Trainer in Anspruch nehmen muss. Bei der einen Person lernt man viel über Kommunikation, die andere hat einen besseren Trainingsansatz für Leinenführigkeit, und wieder eine andere kennt sich hervorragend im Hundesport aus. Eine der besten Trainerinnen für Chaska, auch in Sachen Grundgehorsam, war bisher eine, die seit ihrer Kindheit Hunde trainiert, viel Turnier- und Freizeitsport macht, und selbst bereits Huskys, Schäferhunde sowie Jagd- und Windhund-Mischlinge führte. Wie man in seiner Region die passende Hundeschule findet, dabei hilft vielleicht folgende Liste. Hier sind meine zehn Kriterien für das passende Hundetraining:

1. Trainer oder Trainerin hat eine mehrjährige Ausbildung absolviert, oder besitzt viele Jahre Erfahrung mit verschiedenen Hunderassen. Er oder sie kann das Trainingskonzept den Bedürfnissen des einzelnen Hundes anpassen.

2. Trainerin oder Trainer ist sympathisch und kann Lehrinhalte gut vermitteln.

3. Die Hundeschule hat gute Referenzen, das heißt, gute Rezensionen im Internet, oder mündliche im Freundes- oder Bekanntenkreis.

4. In der Hundeschule wird Menschen beigebracht, wie sie ihren Hund trainieren können. Der Hund wird nicht zur Ausbildung abgegeben, beziehungsweise der Mensch steht nicht daneben und sieht zu, wie Trainer oder Trainerin den Hund ausbildet.

5. Beim Trainingskonzept liegt der Fokus auf der Kommunikation zwischen Mensch und Hund. Das heißt, Trainerin oder Trainer kann Hundesprache gut übersetzen, und sie Halter oder Halterin erklären. Auch die Körpersprache des Menschen sollte hier erklärt werden und, wie man sie zur Kommunikation mit dem Hund einsetzt.

6. Extreme Trainingskonzepte sollte man mit dem Tamaskan besser vermeiden. Am besten ist der Mittelweg, beziehungsweise das Training innerhalb der eigenen Komfortzone zwischen Belohnung und Korrektur.

7. Trainer oder Trainerin hat Erfahrung mit Nordischen Hunden beziehungsweise mit Hunden vom Urtyp. Im Idealfall hat er oder sie selbst einen solchen Hund. Menschen mit Labrador oder Pudel bringen oft wenig Verständnis mit für die Eigenheiten des Tamaskans.

8. Trainerin oder Trainer hat keine Vorbehalte gegenüber Wolfhunden und kennt im Idealfall bereits den Tamaskan. Auch Menschen mit Vorurteilen gegenüber Schäferhunden sind nicht für das Training mit dem Tamaskan geeignet.

9. Für Anti-Jagd- und Jagdersatztraining hilft es, wenn Trainerin oder Trainer selbst einen jagdlich motivierten Hund besitzt. Das Einüben der Impulskontrolle am Wild ist auch abhängig von der Veranlagung des Hundes.

10. Die Sturköpfigkeit des Tamaskans verleitet Trainerinnen und Trainer oft zu starken Korrekturen. Am besten wird in der Hundeschule eine sanfte Konsequenz unterrichtet, also wie man ohne Härte einen klaren Kurs fahren kann.

Grundsätzlich sollte man versuchen, zu der Führungspersönlichkeit zu werden, die man selbst gerne im Beruf hätte. Hier fände ich Chef oder Chefin ideal, der oder die sympathisch, kompetent und zuverlässig ist. Die Person sollte sich den nötigen Respekt verschaffen können ohne zu schreien, Sachen an die Wand zu donnern oder andere klein zu machen. Eine gute Führungsperson darf ruhig mal eine klare Ansage machen. Wenn ein Azubi gute Arbeit leistet, dann sollte auch entsprechend gelobt werden. Mit dieser Einstellung kann man viele Hunde, auch den Tamaskan, sehr gut erziehen und trainieren. Nichtsdestotrotz: Niemand ist perfekt. Auch wir haben jetzt, nach dreieinhalb Jahren, immer noch kleine Baustellen, an denen wir arbeiten.

GESUNDHEIT UND ERNÄHRUNG

„Du bist was du isst", heißt es so schön. Was für uns Menschen gilt, gilt auch für unsere Haustiere. Gesundheit und Ernährung gehen Hand in Hand. Durch eine ausgewogene Ernährung lässt sich ein Hund bis ins hohe Alter gesund erhalten, vorausgesetzt, man findet die richtige Strategie. Durch individuell angepasste Ernährung kann man chronische Erkrankungen wie Gelenkleiden oder Organprobleme vermeiden, verbessern und manchmal sogar heilen. Leider wissen nur wenige Menschen in der Tiermedizin über diese Zusammenhänge Bescheid, zumindest nicht ausreichend. Hundeernährung wird oft als „Glaubensfrage" abgetan, und es wird auf industriell hergestellte Spezialfuttermittel verwiesen - ohne ihre Zusammensetzung zu kennen. Anstatt sich über neue wissenschaftliche Erkenntnisse weiterzubilden, bleiben viele Mediziner und Medizinerinnen in veralteten Ansichten hängen. Das ist einer der Gründe, warum viele Menschen heutzutage lieber Lösungen in der Alternativmedizin suchen. Doch in jedem Fachgebiet gibt es ausgezeichnete Fachleute. Man muss sie nur finden. Ich bin weder Tierärztin noch Heilpraktikerin oder Ernährungsberaterin, doch habe ich schon so manche Erfahrung gemacht, die ich im folgenden Kapitel weitergeben möchte. Sowohl Ernährung als auch medizinische Behandlungen sind sehr individuell. Daher kann ich nur auf die Quellen verweisen, die mir geholfen haben, den richtigen Weg zu finden. Im Folgenden geht es darum, wie man eine passende Tierarztpraxis findet, was die Alternativmedizin bietet, warum Impfungen so stark diskutiert werden, und warum man sich eine Kastration gut überlegen sollte. Ein besonderer Fokus liegt auf der Ernährung. Denn: Wer beim Futter etwas mehr Geld in die Hand nimmt, wird es sich später in der Tierarztpraxis sparen.

Nährstoffe im Überblick

Der wichtigste Nährstoff von allen ist **Wasser**. Mehr als die Hälfte des menschlichen wie auch des Hundekörpers besteht aus Wasser. Da es für sämtliche Stoffwechselprozesse benötigt wird, müssen auch unsere Vierbeiner es täglich in ausreichenden Mengen zu sich nehmen. Die Wassermenge, die ein Hund pro Tag aufnehmen sollte, hängt von zahlreichen verschiedenen Faktoren ab: von seiner Größe, seinem Gesundheitszustand, von der Menge an Kalorien, die er zu sich nimmt, und natürlich auch von der Außentemperatur. Da Hunde meist selbst wissen, wie viel sie trinken müssen, sollte zu jeder Zeit frisches Wasser zur Verfügung stehen. Auch die Art des Futters ist ein bedeutender Faktor für den Wasserbedarf. Ein Hund, der Trockenfutter bekommt, wird mehr trinken wollen als ein Hund, der Nassfutter bekommt. Das sollte man bei Futterumstellungen immer im Hinterkopf behalten, und öfters den Wassernapf kontrollieren. Chaskas Futterrationen enthalten sehr viel Flüssigkeit, weshalb sie an normalen Tagen wenig trinkt. Sobald sie trockene Kauartikel bekommt, hat sie mehr Durst, genauso wie bei Aktivitäten. Dass man beim Wandern immer Wasser für den Hund dabei hat, versteht sich.

++Lesetipp++

Ein Gefühl für die Nährstoffe in Lebensmitteln bekommt man mit dem Nachschlagewerk „Die grosse GU Nährwert-Kalorien-Tabelle", 3. Auflage 2022, Gräfe und Unzer Verlag. Von diesem Wissen kann nicht nur der Hund, sondern die gesamte Familie profitieren.

Nach Wasser folgen die drei Hauptnährstoffgruppen: Proteine, Kohlenhydrate und Fette. Sie sind die wichtigsten Bau- und Brennstoffe für den menschlichen wie auch für den Hundekörper. Hier wird oft der Fehler gemacht, diese Nährstoffgruppen gleichzusetzen mit den Lebensmitteln, in denen sie enthalten sind. Beispielsweise wird Reis als Kohlenhydrat bezeichnet, obwohl er auch Protein enthält, wenn auch viel weniger als Fleisch. Obst und Gemüse enthalten ebenfalls Kohlenhydrate, wenn auch nicht so viele und nicht die gleichen wie Reis oder Kartoffeln. Die chemische Zusammensetzung von Lebensmitteln ist komplex. Es lohnt sich aber, sich hier ein wenig zu informieren.

Kohlenhydrate liefern Energie, denn bei ihnen handelt es sich grundsätzlich immer um Zucker. Davon gibt es allerdings sehr viele verschiedene Arten. Kohlenhydrate können einzelne Zuckermoleküle sein, wie Glukose und Fruktose in Obst. Die Laktose in Milch besteht aus zwei verbundenen Zuckermolekülen. Kohlenhydrate können auch sehr große, lange Ketten aus Zuckermolekülen sein, etwa Stärke oder Zellulose. Die Art der chemischen Bindung entscheidet über die Verdaulichkeit. Beispielsweise ist Stärke leichtverdaulich, während die meisten Lebewesen Zellulose nicht verdauen können. Aber auch unverdauliche Rohfasern, Ballaststoffe genannt, haben ihren Zweck. Sie fördern beim Hund genauso wie beim Menschen die Darmtätigkeit, und dienen nützlichen Darmbakterien als Nahrung.

++Lesetipp++

Im Buch „Darm mit Charme: Alles über ein unterschätztes Organ" von Giulia Enders (Ullstein-Verlag, 16. Auflage, 2017) geht es zwar um den menschlichen Darm, aber man wird das ein oder andere Aha-Erlebnis haben und das Verdauungsorgan mit anderen Augen sehen.

Während Zellulose ein unlöslicher, faseriger Ballaststoff ist, gibt es auch lösliche Ballaststoffe, wie das Pektin in Äpfeln oder in Rübenschnitzeln. Laut einer amerikanischen Studie aus dem Jahr 2022 führen faserige Ballaststoffe zu festerem Kot.[1] Lösliche Ballaststoffe können neben ihren positiven Wirkungen auch

1 F.R. Marx et al., Dietary fibre type influences protein and fat digestibility in dogs, Italian Journal of Animal Science, 21:1, 1411-1418, 2022

die Darmpassage beschleunigen, die Verdaulichkeit von Nährstoffen verringern und den Wassergehalt im Kot erhöhen. Setzt man dem Futter also zu viele lösliche Ballaststoffe zu, wird der Kot weich, was wiederum zu Problemen mit den Analdrüsen führen kann. Diese liegen im Bereich des Afters und produzieren ein Sekret, das beim Kotabsatz mit ausgeschieden wird. Ist der Kot zu weich, können sich die Analdrüsen nicht mehr richtig entleeren und sich entzünden. Häufige Analdrüsenentzündungen deuten auf falsche Fütterung hin, beziehungsweise auch auf Futtermittelunverträglichkeiten. Wer mit Analdrüsenproblemen in die Tierarztpraxis geht, sollte auf den Zusammenhang mit der Ernährung hingewiesen werden.

Energiebedarf des Hundes

Genauso wie beim Menschen wird der Energiebedarf des Hundes in Kilokalorien (kcal) oder Kilojoule (KJ) gemessen. Der Bedarf variiert je nach Größe, Alter und Aktivität. Kastrierte Hunde haben einen geringeren Bedarf, trächtige oder säugende Hündinnen einen erhöhten. In der Ernährungsberatung wird die benötigte Futtermenge entweder im Detail berechnet, oder anhand von Richtwerten geschätzt. Dann heißt es, die Futterration sollte zwischen zwei und drei Prozent des Körpergewichts ausmachen. Ein 30 Kilogramm schwerer Hund würde demnach zwischen 600 und 900 Gramm Futter benötigen. Auf Fertigfutter-Verpackungen ist die empfohlene Menge angegeben.

Je nach Länge der Kohlenhydratketten und der Art ihrer Verknüpfung sind unterschiedliche Enzyme zum Abbau nötig. Um die langen Ketten der Stärke aufzuspalten, benötigt man sogenannte Amylasen. Beim Menschen befinden sich diese Enzyme bereits im Speichel. Deshalb schmeckt Brot süß, wenn man es länger kaut. Beim Hund findet die Kohlehydratverdauung erst im Dünndarm statt. Der Speichel enthält keine Verdauungsenzyme. Man sieht: Obwohl die Biochemie von Hund und Mensch ähnlich ist, gibt es doch einige Unterschiede.

Stärke ist ein leicht verfügbarer Energielieferant, aber **Fette und Öle** sind mit mehr als doppelt so vielen Kalorien noch effizienter. Zusätzlich zu ihrer Funktion als Treibstoff werden sie auch zur Aufnahme fettlöslicher Vitamine benötigt und als Baustoff für die Zellmembranen. Hier spielen die sogenannten essenziellen Fettsäuren eine Rolle. Diese können sowohl beim Menschen als auch beim Hund vom Körper nicht selbst hergestellt werden. Die berühmten Omega-3- und Omega-6-Fettsäuren müssen also über die Nahrung aufgenommen werden. Gut zu wissen: Omega-3-Fettsäuren haben auch eine entzündungshemmende Wirkung.[2] Schön ist es, wenn Tierärztin oder Tierarzt zu solch einfachen Futterzusätzen beraten kann. Denn es ist nicht einfach, selbst die richtigen Mengen abzuschätzen. In welchem Verhältnis Omega-6- zu Omega-3-Fettsäuren der

2 Calder P. C., Omega-3 Fatty Acids and Inflammatory Processes, Nutrients. 2010 Mar; 2(3): 355–374.

Nahrung am besten zugesetzt werden, wird noch immer in Fachkreisen diskutiert. Der Tierarzt Dr. Martin Bucksch schreibt im unten genannten Buch: „ ... Empfehlungen sprechen von 10:1 bei gesunden und bis zu 0,5:1 bei kranken Tieren." Wichtig zu wissen ist, je hochwertiger die Fettsäuren sind, desto empfindlicher sind sie gegenüber Licht, Hitze und Sauerstoff. Fisch-, Distel- oder Leinöl sollte man daher kühl und dunkel lagern, sonst gehen die wertvollen Omega-3- und Omega-6-Fettsäuren verloren. Das ist auch beim Erhitzen der Fall. Pflanzenöle sollte man daher nur kaltgepresst kaufen. Ich wundere mich immer, wenn solche Öle in der Zutatenliste von Dosen- oder Trockenfutter auftauchen. Nach dem Sterilisationsprozess ist ihr Gesundheitsnutzen erloschen.

++Lesetipp++

Im Buch „Gesunde Ernährung für Hunde" von Tierarzt Dr. Martin Bucksch (1. Auflage, 2017, Kosmos-Verlag) erfährt man sehr viel zu einzelnen Nährstoffen und dem Verdauungssystem des Hundes.

In der menschlichen Ernährung wird Fett kontrovers diskutiert. Da geht es um „gute Fette" und „böse Fette", Cholesterinwerte und Herzkrankheiten. Im Gegensatz zum Menschen hat der Hund eine ausgezeichnete Fettverdauung. Bei einem gesunden Hund braucht man sich über den Cholesterinspiegel keine Gedanken machen. Im Buch von Dr. Martin Bucksch heißt es, dass Anteile von 20 bis 40 Prozent Fette beziehungsweise Öle im Futter - bezogen auf die Trockenmasse - problemlos toleriert würden. Wie viel Fett ein Hund zu sich nehmen sollte, hängt jedoch auch von seinem täglichen Energiebedarf ab. Denn zu viel Fett macht dick. Das gilt sowohl für Zwei- als auch für Vierbeiner. Bei Hunden, die Probleme mit der Bauchspeicheldrüse haben, sollte man weniger Fett füttern, beziehungsweise nur bestimmte Fette. Hier ist es ebenfalls hilfreich, wenn Tierärztin oder Tierarzt beraten kann.

Die dritte große Nährstoffgruppe bilden die **Proteine**. Sie sind ausgesprochen vielfältig. Grundsätzlich bestehen sie alle aus den gleichen Bausteinen, den Aminosäuren. Davon gibt es zahlreiche verschiedene. Daher sieht jedes Protein anders aus. Je nachdem, welche Aminosäuren aneinandergereiht sind, faltet sich die Kette zu einer dreidimensionalen Struktur, die dann ihre jeweilige Funktion erfüllt. Beispielsweise bilden die Proteine Aktin und Myosin die Muskelfasern, Hämoglobin transportiert den Sauerstoff, und Insulin ist als Hormon am Stoffwechsel beteiligt. Obwohl Proteine auch als Brennstoff dienen können - sie haben den gleichen Energiegehalt wie Kohlenhydrate - werden sie in erster Linie als Baustoff gebraucht. Im Verdauungssystem werden sie in ihre Einzelteile zerlegt und vom Körper aufgenommen. Später werden daraus neue Proteine gebaut. In der Verdaulichkeit der Proteine gibt es große Unterschiede. Während Muskelgewebe sehr leicht verdaut werden kann, sieht das mit Kollagen und Elastin in Sehnen, Knorpeln und Bindegewebe anders aus. Sie gelangen zum Teil unverdaut in den Dickdarm und fördern dort eiweißabbauende Bakterien, beispielweise Clostridien. In kleinen Mengen sind diese nicht schädlich, können aber bei falscher Fütterung schnell die nützlichen Bakterien überwuchern und den Körper mit ihren Abbauprodukten belasten. Ein Indiz für zu viel Bindegewebe im Futter sind häufige, sehr übel riechende Blähungen. Vor allem Pansen wird in der Hundeernährung hochgelobt. Grüner Pansen hat im Gegensatz zu weißem gesundheitlichen Zusatznutzen. Er ist ungereinigt und enthält an seinen

Innenwänden vorverdaute, pflanzliche Nährstoffe sowie nützliche Darmbakterien. Der Pansen selbst allerdings besteht zu großen Teilen aus schwerverdaulichem Bindegewebe. Deshalb sollte man es damit nicht übertreiben.

Tipp: Wer Pansen füttern möchte, sollte in kleinen Mengen beginnen. Gewolft oder gewürfelt ist das gummiartige Pansengewebe leichter zu portionieren. Schneiden lässt es sich schlecht. Leider kann grüner Pansen auch mit Plastik oder Metall verunreinigt sein. Menschen werfen ihren Müll auch auf Weiden, und die Tiere fressen ihn mit. Vorher sollte man den Pansenbrei gut durchschauen.

Proteinstruktur

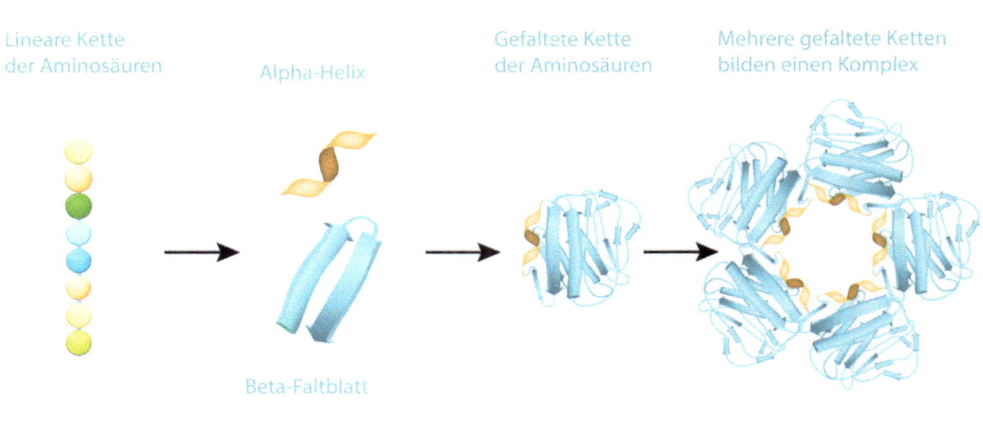

Lineare Kette der Aminosäuren

Alpha-Helix

Gefaltete Kette der Aminosäuren

Mehrere gefaltete Ketten bilden einen Komplex

Beta-Faltblatt

Primärstruktur   Sekundärstruktur   Tertiärstruktur   Quartärstruktur

Beispiel für die Entstehung einer Proteinstruktur. Solche Strukturen spielen oft eine Rolle bei Futtermittelunverträglichkeiten. Grafik modifiziert nach: iStock/ttsz

Wer es gut meint und sich den Schlacht-abfall vom Biohof um die Ecke holt, sollte nicht voraussetzen, dass Landwirt oder Landwirtin über Hundeernährung Bescheid weiß. Viele Leute glauben, dass man Hunde ausschließlich mit Schlachtabfällen ernähren kann. Obwohl ein gesunder Hund auch Sehnen, Häute, Pansen oder Lunge verträgt, braucht er eine ausreichende Menge an gut ver-daulichem Muskelfleisch. Bei Hunden mit gestörter Darmflora oder anderen Problemen im Verdauungstrakt kann man auf schwer verdauliches Bindegewebe auch verzichten. Wenn ich bei Magen-Darm-Problemen für Chaska Schonkost zubereite, mache ich das mit magerem, gekochtem Muskelfleisch. Fettige Stücke und Innereien lasse ich dann weg. Für ein paar Tage ist das gesundheitlich un-bedenklich, und wird häufig auch von Tierarzt oder Tierärztin so empfohlen.

Protein ist nicht gleich Protein

Das Futter sollte nicht zu viele schwer verdauliche Proteine (Bindegewebe) ent-halten. Gleichzeitig ist eine ausreichende Menge an leicht verdaulichen Proteinen (Muskelfleisch) wichtig.

Es gibt auch ein Zuviel an gut verdau-lichem Protein. Ist es im Überschuss vorhanden, wird es nicht mehr vom Körper aufgenommen, sondern aus-geschieden. Beim Abbau entsteht dann zellschädigender Ammoniak, der von der Leber in Harnstoff umgewandelt und über die Nieren ausgeschieden wird.

Hunde mit Leber- oder Nierenerkrankun-gen sollten daher nicht zu viel Protein erhalten. Eine Ernährungsberaterin für Hunde, die gleichzeitig Hundetrainerin ist, hat mir berichtet, dass aufgedreh-tes, hyperaktives Verhalten bei Hunden auch von zu proteinreicher Ernährung kommen kann. Doch wie viel ist zu viel? US-amerikanische Forschende haben in einer Studie die Stoffwechselprodukte von Hunden bei verschiedenen Protein-konzentrationen im Futter untersucht. Bei steigendem Proteinanteil bis 45,77 Prozent - bezogen auf die Trockenmasse - nahmen Stoffwechselprodukte zu, die mit Nierenerkrankungen und Entzündun-gen in Zusammenhang stehen. Zudem kippte auch die Darmflora in Richtung eiweißabbauender Darmbakterien. Al-lerdings wurden bei der Studie lediglich 30 Beagles untersucht. Zudem wurde die Forschung von einem Futtermittelkon-zern finanziert.[3] Wie aussagekräftig sie ist, kann man schwer sagen.

Wo das Zuviel an gut verdaulichem Protein liegt, ist derzeit wissenschaftlich nicht klar definiert, und wird wohl auch vom einzelnen Hund abhängen. Was man auf jeden Fall vermeiden sollte, ist den Hund ausschließlich mit Muskelfleisch zu ernähren. Die berühmte Hundeernäh-rungsexpertin Swanie Simon empfiehlt bei einem gesunden Hund 50 Prozent Muskelfleisch bezogen auf die Gesamt-

3 E. Ephraim et. al., Varying Protein Levels Influence Metabolomics and the Gut Microbiome in Healthy Adult Dogs, Toxins (Basel). 2020 Aug; 12(8): 517.

masse der Futterration. Hier handelt es sich um mit Fett durchwachsenes Fleisch. In dem Fall ist der Proteinanteil geringer. Beim Kauf von Muskelfleisch gilt es daher auch auf den Fettanteil zu achten. Dieser schwankt je nach Sorte und Anbieter. Mageres Hühnermuskelfleisch hat beispielsweise um die zwei Prozent Fett, während durchwachsenes Lammfleisch um die 25 Prozent hat. Wie viel Fett der einzelne Hund braucht, hängt von seinem Gesundheitszustand und seinem Energiebedarf ab. Hier sollte man sich von Fachleuten beraten lassen. Bei eigens für Hunde und Katzen angebotenem Frostfleisch sind die prozentualen Anteile von Fett, Protein und Feuchte in der Regel auf der Verpackung angegeben. In der Metzgerei nebenan wird man vermutlich keine konkreten Auskünfte über Fettanteile bekommen. Fragen kostet nichts.

Trocken- und Gesamtmasse

Manche Leute rechnen mit Trockenmasse, andere mit Gesamtmasse. Beispielsweise bestehen 100 Gramm Rinderfilet zu 75 Gramm aus Wasser. Die Trockenmasse beträgt nur 25 Gramm. Davon wiederum bestehen 21 Gramm aus Protein und vier Gramm aus Fett. Wenn man von Prozenten spricht, macht es einen großen Unterschied, ob sie sich auf die Trocken- oder auf die Gesamtmasse beziehen.

Muss ein Hund über längere Zeit Schonkost mit höherem Muskelfleischanteil

bekommen, sollte man das mit einer fachkundigen Person absprechen. Es gibt tatsächlich Hunde, deren Verdauungssystem von einer solchen Kost profitiert, während es bei anderen Hunden zu verändertem, aufgedrehtem Verhalten und möglicherweise auch zu Organschäden kommt. Ein Ernährungstagebuch sowie regelmäßige Blutuntersuchungen sind hier hilfreich.

Wichtig: Aufgrund seiner guten Verdaulichkeit wird Herz oft als mageres Muskelfleisch betrachtet. Allerdings hat es eine andere Ausstattung an Vitaminen, Phosphor und Purinen, was bei der Erstellung eines Futterplans berücksichtigt werden sollte. Purine, die auch in anderen Innereien und in Wildfleisch vermehrt vorhanden sind, sind zwar wichtige Bausteine für die DNA, doch können ihre Abbauprodukte langfristig den Organismus belasten. Das ist vor allem bei genetisch vorbelasteten Hunden der Fall, Dalmatinern zum Beispiel, oder bei Hunden, die bestimmte Medikamente bekommen.

Was für uns Menschen der Salat ist, sind für den Hund die Innereien. Zwar enthält auch Muskelfleisch **Vitamine**, aber bei Weitem nicht so viele wie einige Innereien. So bezeichnet man alle essbaren inneren Organe von Schlachttieren. In der Hundeernährung relevant sind Herz, Leber, Niere, Milz, Magen oder Lunge. Diese Innereien unterscheiden sich in ihrer Nährstoffzusammensetzung. Während man auf Lunge wegen des hohen Binde-

Typische Futterzusammensetzung beim Barfen. Foto: iStock/Angelika Heine

Die Rohfleischfütterung

In den 1980er und 1990er Jahren brachte die Schäferhundzüchterin Swanie Simon das Konzept der Rohfleischfütterung aus den USA nach Europa. Das Akronym BARF steht für „Biologisch Artgerechtes Rohes Futter". Auch wenn man nicht barfen möchte, lohnt es sich, die Broschüren von Swanie Simon zu lesen. Sie ist zwar keine Wissenschaftlerin, aber sie vermittelt mit viel Praxiserfahrung einfach und kompakt Wissen um eine Hundeernährung, die funktioniert. Das Bild oben habe ich in der Bilddatenbank iStock gefunden. Es ist eines der wenigen, die tatsächlich eine von Barfern empfohlene Futterzusammensetzung zeigt:

- Etwa die Hälfte der Ration besteht aus durchwachsenem Muskelfleisch. (v.a. Fett und Protein)

- Ein kleiner Anteil sind Innereien. Auffällig im Bild ist vor allem die Leber, zu erkennen an ihrer violetten Farbe. (v.a. Proteine und Vitamine)

- Die grüne Masse daneben ist gewolfter Pansen. (v.a. Vitamine, Ballaststoffe und gute Bakterien)

- In der Mitte liegt ein Stück roher, fleischiger Rippenknochen. (v.a. Mineralien und Proteine)

- Das Gemüse ist püriert und wurde vorher gedünstet oder gekocht. (v.a. Ballaststoffe und Kohlenhydrate) gewebsanteils auch verzichten kann, ist die Leber eine wahre Vitaminbombe. Sie sollte im Speiseplan eines gesunden Hundes nicht fehlen, aber nur in kleinen Mengen gefüttert werden. Denn für Vitamine gilt wie für die meisten anderen Nährstoffe: Zu wenig macht Probleme, zu viel aber auch. Während die meisten wasserlöslichen Vitamine bei Überschuss einfach über den Harn ausgeschieden werden, werden einige fettlösliche Vitamine im Körper eingelagert. Bei falscher Fütterung kann es zu Überdosierungen kommen. Die Gruppe der fettlöslichen Vitamine besteht aus E, D, K und A. Die Eselsbrücke zum Merken lautet „Edeka-Vitamine". Während beispielsweise ein Mangel an Vitamin A zu Hautläsionen oder Infektanfälligkeit führt, kann es bei Überdosierung unter anderem zu Störungen der Knochenentwicklung kommen. Ein gesunder erwachsener Hund braucht 75 bis 100 Internationale Einheiten (IE) Vitamin A pro Kilogramm Körpergewicht pro Tag.[4] Das entspricht etwa 22,5 bis 30 Mikrogramm. 100 Gramm Rinderleber enthalten etwa 17.900 Mikrogramm Vitamin A.[5] Ein 30 Kilogramm schwerer Hund könnte also seinen Tagesbedarf an Vitamin A theoretisch schon mit 5 Gramm Leber decken. Da aber nicht alle Nährstoffe aus der Nahrung aufgenommen werden, raten Experten in der Regel zu etwa 0,5 bis 1 Gramm Leber

pro Kilogramm Körpergewicht. Bei einem 30 Kilogramm schweren Hund wären das 15 bis 30 Gramm am Tag, also etwa eine Hand voll. Wird die Leber gekocht, sollte es etwas mehr sein, um den Vitaminverlust auszugleichen. Dies ist nur ein Beispiel, um zu zeigen, wie die Futterbestandteile berechnet werden. Grundsätzlich kann man sich ungefähr an der Mengenverteilung im Beutetier orientieren.

In Naturprodukten können die Nährstoffkonzentrationen variieren. Ein Hund kann Schwankungen durchaus tolerieren. Also hier und da ein bisschen zu viel oder zu wenig ist nicht schlimm, nur sollte man allzu große Mengen an Innereien im Futter unbedingt vermeiden. Auch von Fertigfutter, das nur aus Innereien besteht, sollte man die Finger lassen. Die Hundeernährungsexpertin Swanie Simon empfiehlt in ihren Broschüren, dass Innereien 15 Prozent der Futterration ausmachen sollten. Pansen wird hier ausgenommen und noch einmal extra mit 15 bis 20 Prozent bedacht.

++Lesetipp++

Die beiden Broschüren von Swanie Simon „Die artgerechte Ernährung des Hundes mit BARF" 6. Auflage, 2014 und „Die natürliche Aufzucht von Welpen mit BARF" 7. Auflage, 2012, Verlag Drei Hunde Nacht, Münchweiler, Deutschland

Bis auf Vitamin K sind die fettlöslichen Vitamine relativ hitzebeständig, wes-

4 „Gesunde Ernährung für Hunde" von Tierarzt Dr. Martin Bucksch, 1. Auflage, 2017, Kosmos-Verlag
5 Wert aus „Die grosse GU Nährwert-Kalorien-Tabelle", 3. Auflage 2022, Gräfe und Unzer Verlag

halb beispielsweise gekochte Leber immer noch einen Großteil an Vitamin A enthält. Das ist aber nicht bei allen Vitaminen der Fall. Neben den fettlöslichen gibt es auch die wasserlöslichen Vitamine, allen voran die sogenannten B-Vitamine. Wegen ihrer ähnlichen metabolischen Funktion wurden sie zum Vitamin B-Komplex zusammengruppiert. Im Folgenden nur ein paar Beispiele. Mangelt es etwa an Vitamin B1 (Thiamin), drohen Störungen der Nervenfunktion. Bei einem Mangel an B2 (Riboflavin) oder B9 (Folsäure) kommt es zu Schleimhautveränderungen. Vor allem bei Hunden mit geschädigter Darmschleimhaut spielen die B-Vitamine eine große Rolle, da sie zum einen schlechter aufgenommen werden, und zum anderen für den Aufbau gesunder Schleimhäute wichtig sind. Viele B-Vitamine sind ebenfalls in Innereien wie Leber oder Niere enthalten, doch gelangen sie nur bei der Rohfütterung in den Hund. Die B-Vitamine - mit Ausnahme von Vitamin B12 - sind weniger hitzeresistent als die fettlöslichen. Wird das Futter gekocht, macht es Sinn, B-Vitamine erst hinterher zuzusetzen, genauso wie die wertvollen Omega-3- und Omega-6-Fettsäuren. Ähnlich hitzeempfindlich ist Biotin. Es wird manchmal als Vitamin B7 oder Vitamin H bezeichnet und trägt unter anderem zum Erhalt gesunder Haut, Fell und Krallen bei. Vitamin C ist ein Sonderfall, da Hunde es im Gegensatz zum Menschen selbst herstellen können. Bei kranken Hunden oder Hunden, die große sportliche Leistungen bringen, kann es

aber durchaus Sinn machen, Vitamin C zuzufüttern, beispielsweise in Form von Hagebuttenpulver.

Neben Vitaminen braucht der Körper **Mineralstoffe**. Das sind anorganische Verbindungen, denen Hitze in der Regel nichts ausmacht. Man unterscheidet zwischen Makromineralstoffen, die der Körper in größeren Mengen benötigt, und Mikromineralstoffen, von denen nur kleine Mengen notwendig sind. Makromineralstoffe sind Kalzium, Phosphor, Magnesium, Natrium, Chlorid, Kalium und Schwefel. Letzterer wird aus Proteinen beziehungsweise aus Aminosäuren gewonnen und braucht der Nahrung nicht eigens zugesetzt werden. Mikronährstoffe sind Eisen, Zink, Jod, Kupfer, Chrom, Fluor, Kobalt, Molybdän, Mangan und Bor. Der Mineralstoffbedarf liegt beim Hund teilweise viel höher als beim Menschen. Der Tierarzt Dr. Martin Bucksch schreibt in seinem Buch „Gesunde Ernährung für Hunde":

Ein 60 Kilogramm schwerer Hund benötigt im Vergleich zu einem 60 Kilogramm schweren Menschen beispielsweise die ungefähr 3-fache Kalziummenge und die 6-fache Zinkmenge.

Die Hauptlieferanten von Kalzium sind Knochen. Daher füttern viele Menschen, die ganz oder teilweise barfen, gerne Knochen. Hier gibt es aber ein paar Dinge zu beachten. Generell sollten Knochen immer roh gefüttert werden. Gekochte Knochen können leichter splittern und im Maul oder Verdauungstrakt zu Verletzungen führen. Auch die Menge und Art der Knochen ist entscheidend. Ein Zuviel führt zu hartem Knochenkot bis hin zur Verstopfung. Oft heißt es auch, man soll keine tragenden Knochen füttern, die der Gliedmaßen oder Wirbelsäule. Sie sind härter und der Hund kann sich leichter die Zähne abbrechen. Halter oder Halterin kann hier selbst entscheiden, ob er oder sie das Risiko eingeht. Da einige Hunde keine Knochen vertragen, werden oft Knochenmehle als Ersatz gefüttert. Hier ist nicht nur die Menge entscheidend, sondern auch das Verhältnis zu anderen Stoffen. Beispielsweise sollte das Verhältnis von Kalzium zu Phosphor im Futter zwischen 1:1 und 2:1 liegen, am besten bei 1,3:1. Werden beispielsweise nur Fleisch und Innereien

gefüttert, ist der Phosphorgehalt zu hoch und es kommt zu Kalziummangel. Dann mobilisiert der Hundekörper den Mineralstoff aus dem eigenen Skelett. Beim Aufrechterhalten des Kalzium-Phosphor-Gleichgewichts spielt auch Vitamin D eine wichtige Rolle. Bei einem Mangel wird nicht genug Kalzium aus der Nahrung aufgenommen. Im Gegensatz dazu, steigt bei einer Vitamin-D-Überdosierung der Kalziumspiegel im Blut zu hoch an, was zu Mineralstoffablagerungen in Organen führen kann. Daher ist es wichtig, die Knochenration beziehungsweise die Menge an Knochenmehl nicht nur auf den Tagesbedarf des Hundes, sondern auch auf die restlichen Futterkomponenten abzustimmen. Achtung: Knochen und Knochenmehle bringen

Chaska kaut genüsslich an rohen fleischigen Knochen (RFK) - Wer Knochen füttert anstatt Knochenmehl, sollte beachten, dass handelsübliche Frostfutterprodukte wie Hühnerhälse, Kalbsbrustbein oder Lammrippen auch einen gewissen Fleischanteil besitzen. Wenn der Ernährungsplan eine Gewichtsangabe für Knochen enthält, sollte man das berücksichtigen. Manchmal wird das Kürzel RFK angegeben, dann ist der Fleischanteil mit eingerechnet. Foto: alo

bereits ein eigenes Kalzium-Phosphor-Verhältnis mit, während Reinprodukte wie etwa Kalziumzitrat ausschließlich aus Kalzium bestehen. Eine Überdosierung kann hier schneller passieren.

Viele Spurenelemente wie Eisen, Chrom oder Kobalt sind ohnehin in Fleisch enthalten und bedürfen keiner Zufütterung. Für zusätzliches Jod wird oft Seealgenmehl dem Futter zugesetzt. Das ist ein unscheinbares grünes Granulat, von dem man schnell zu viel erwischt. Doch der Tagesbedarf für einen 30 Kilogramm schweren Hund besteht aus lediglich anderthalb Gramm. Für Mineralstoffe gilt ähnlich wie für Vitamine: Die Menge macht das Gift. Beispielsweise spielt das auch in Leber enthaltene Spurenelement Selen eine wichtige Rolle in der Synthese der Schilddrüsenhormone. Ein Mangel kann zu einer Unterfunktion führen. Allerdings ist eine Überdosis schnell erreicht und wirkt toxisch. Daher sollte man beispielsweise sehr gut aufpassen bei Nahrungsergänzungen, die Selen enthalten.

Der Begriff Bioverfügbarkeit spielt eine große Rolle in der Ernährung von Mensch und Tier. Laut Website des Max-Rubner-Instituts versteht man unter Bioverfügbarkeit den komplexen Prozess im Magen-Darm-Trakt, „der von der Freisetzung von Nährstoffen aus der Lebensmittelmatrix, über die Umwandlung in eine absorbierbare Form, die Absorption, den Metabolismus, die Verteilung bis hin zur Ausscheidung verläuft." Durch die richtige Kombination von Lebensmit-

teln lässt sich grundsätzlich eine bessere Aufnahme mancher Nährstoffe erreichen. Beispielsweise werden die fettlöslichen Vitamine am besten aufgenommen, wenn die Nahrung Fette beziehungsweise Öle enthält. Zink wird am besten aufgenommen, wenn es in Fleisch enthalten ist. In Pflanzen sind Zink und andere Mineralstoffe oft an sogenannte Phytate gekoppelt, die die Aufnahme in den Körper behindern.

Zinkmangel bei Nordischen Hunden

Zink ist eines der wichtigsten Spurenelemente. Enthalten ist es vor allem in Fleisch. Nordische Rassen wie der Alaskan Malamute und der Siberian Husky haben oft genetisch eine Veranlagung zu einer schlechteren Zinkaufnahme. Auch wenn für andere Hunde der Zinkgehalt im Futter genau richtig ist, kann sich bei ihnen ein Mangel einstellen.[6]

Vor einiger Zeit habe ich einen Artikel über vegane Hundeernährung für die örtliche Tageszeitung recherchiert, und dazu bei der Ludwig-Maximilians-Universität (LMU) in München nachgefragt. Professorin Ellen Kienzle, Inhaberin des Lehrstuhls für Tierernährung und Diätetik, teilte mit, dass man Hunde durchaus vegetarisch ernähren könne, vegan allerdings nur Hunde im Erhaltungsstoffwechsel, also Hunde die bereits ausgewachsen sind, keine sportlichen Leistungen bringen müssen, und nicht tragend

6 „Gesunde Ernährung für Hunde" von Tierarzt Dr. Martin Bucksch, 1. Auflage, 2017, Kosmos-Verlag

oder säugend sind. Die Professorin wies darauf hin, dass man veganes Futter nicht selbst zusammenstellen und vor allem auf Rohkost unbedingt verzichten solle. Gleichzeitig habe auch industriell hergestelltes Futter nicht immer die richtige Zusammensetzung. Damals interviewte ich eine Halterin, die ihre beiden Hunde - beides kleine Rassen - vegan ernährte. Die Tiere waren kerngesund und putzmunter. Bei einem Hund wie dem Tamaskan, der aus ursprünglichen Rassen gezüchtet wurde, sollte man meiner Meinung nach von solchen Experimenten absehen. Um ein vegetarisches oder veganes Futter für einen typischen Fleischfresser herzustellen, müsste die Wissenschaft die Mechanismen der Bioverfügbarkeit von Nährstoffen durch und durch verstehen. Nur so könnte man ein Beutetier auf Pflanzenbasis nachstellen. An diesem Punkt ist die Forschung aber noch lange nicht. Die Halterin aus dem Interview gab mir eine Kostprobe ihres veganen Trockenfutters mit. Zu meiner Überraschung fraß Chaska es gerne, sodass ich selbst einen Sack kaufte und es als Nebenmahlzeit fütterte. Langfristig bekam Chaska leider Sodbrennen davon, weil sie anscheinend das enthaltene Reisprotein nicht vertrug. Manche Menschen glauben, veganes oder vegetarisches Futter sei besser verträglich. Leider können Hunde gegen alle Proteine Unverträglichkeiten entwickeln, auch gegen pflanzliche.

Viele Nährstoffe werden vom Verdauungssystem des Hundes besser aufgenommen, wenn sie vorher von einem Beutetier verdaut wurden, vorausgesetzt, das Beutetier hat ebenfalls gesund gelebt. Da man wenig Übersicht hat, von welchen Tieren die Erzeugnisse der Futtermittelindustrie stammen, kann es trotz gut kalkuliertem Futterplan zu Abweichungen kommen. Es ist schön, wenn die Firmen die Herkunft ihrer Zutaten offenlegen, inklusive der Haltungsform der Nutztiere. Erzeugnisse aus Massentierhaltung sind aus ethischen sowie gesundheitlichen Gründen ungeeignet.

Da sich ein Nährstoffmangel über einen langen Zeitraum einstellt, sind die Symptome oft schwer zu erkennen. Eines davon kann Kot- oder Erdefressen sein. Das kann auch andere Ursachen haben. Daher sollte man dieses Verhalten immer im Kontext sehen. Welpen haben ähnlich wie Kleinkinder eine orale Phase und erkunden die Welt mit dem Mund. Frisst der Hund auch danach noch Kot, kann das auf einen Nährstoffmangel hindeuten. Hier sollte man darauf achten, auf welchen Kot der Hund es abgesehen hat. Da Nahrung nie ganz verdaut wird, ist Hunde- und Katzenkot noch immer proteinreich, während der Kot von Pflanzenfressern Ballaststoffe, Vitamine und gute Bakterien enthält. Wenn sich der Hund also mit Heißhunger auf Pferdeäpfel stürzt, kann es sein, dass er seine Darmflora aufbessern möchte. Grundsätzlich wäre das eine gute Idee, aber man weiß nie, welche Medikamente andere Tiere bekommen haben, beziehungsweise ob sie unter Parasiten leiden. Daher sollte man das Kotfressen nicht erlauben, aber gleichzeitig den Rat einer fachkundigen

Person suchen. Möglicherweise lässt sich das Verhalten abstellen, wenn das Futter mit entsprechenden Zusätzen erweitert wird, beispielsweise mit Probiotika.

Frisst der Hund Erde, kann das auf einen Mineralstoffmangel hindeuten. Bei uns hat sich hier ein Teelöffel Moorerde im Futter bewährt. Die gibt es in jedem Futtermittelgeschäft. Sämliche Heilerden sollte man nur über einen abgegrenzten Zeitraum, also kurweise, füttern. Langfristig können sie die Aufnahme anderer Nährstoffe behindern. Auch Probiotika sind nicht zur Dauerfütterung gedacht. Falls sie nicht den gewünschten Erfolg bringen, kann man das Futter mit mehr Ballaststoffen, sogenannten Präbiotika, ergänzen.

Zusammenfassung

Die Nährstoffe, die ein Hund benötigt, lassen sich grob in sechs große Gruppen einteilen:

- Wasser
- Fette
- Proteine
- Kohlenhydrate
- Vitamine
- Mineralstoffe

Bei einigen dieser Nährstoffe hat sowohl ein Mangel als auch eine Überdosierung schwerwiegende Folgen. Daher sollte man sich beim Erstellen eines Futterplans immer von einer fachkundigen Person beraten lassen.

Ernährung ist individuell

Ich werde oft gefragt: „Warum fütterst du deinem Hund keine Kohlenhydrate?" Damit sind stärkehaltige Lebensmittel gemeint, wie Reis, Haferflocken oder Kartoffeln. Gemüse und Obst enthalten ja auch Kohlenhydrate. Stärkehaltige Erzeugnisse füttere ich Chaska vor allem deshalb nicht, weil sie sie nicht mag. Sie spuckt sie aus oder lässt sie im Napf liegen. Ich habe Chaska von Anfang an nach Ernährungsplan gefüttert, aber auch bei Ernährungsplänen gibt es sehr große Unterschiede. Schon als Welpe hat Chaska ihr Futter vehement verweigert. Der Brei aus Reis, Quark, Haferflocken, Gemüse, Obst, Fleisch und Innereien blieb so gut wie immer im Napf und wurde nur bei größtem Hunger gefressen. In den ersten Wochen versuchte ich noch, den Ernährungsplan durchzusetzen. Schließlich war er von einer Expertin erstellt, ich hatte hochwertige Zutaten besorgt und war stundenlang in der Küche gestanden, um die Portionen vorzubereiten. Irgendwann kam die Erkenntnis, die mein Leben - und auch das von Chaska - um einiges leichter machte: „Wer nicht will, der muss auch nicht." Anstatt meine Hündin wie empfohlen so lange hungern zu lassen bis sie fraß, begab ich mich auf die Suche nach alternativen Ernährungskonzepten, und wurde fündig. Der erste Ernährungsplan, bei dem Chaska sprichwörtlich einen Köpfer in den Napf machte, wurde von einer Ernährungsberaterin erstellt, die von der bekannten Alternativ-Tierärztin Jutta Ziegler ausgebildet wurde. Anstatt Dutzende von Zutaten beinhaltete er nur ein paar wenige. Er enthielt viel mehr Fleisch als der vorherige, keine Stärke, Vitamine in Form von Lebertran und Kalzium in Form von Kalziumzitrat. Man muss wissen, Chaska hatte auch einige Unverträglichkeiten, die ihre Ernährung erschwerten. Obwohl dieser Plan nicht bis ins Detail jedes Vitamin, jeden Mineralstoff und jedes Spurenelement enthielt, half er uns zurück auf die Beine. Da Chaska nun sehr gut fraß, konnten wir von hier aus aufbauen und manche Dinge einfach einzeln ausprobieren. Beispielsweise verträgt sie Knochen sehr gut und frisst sie mit großem Genuss. Das Gemüse frisst sie mit, wenn ich es vorher koche und das Fleisch damit überbrühe. Viele Fachleute warnen vor dem hohen Fleischanteil und betonen, wie wichtig stärkehaltige Produkte in der Hundeernährung seien. Hier erhielt ich erstmals Absolution, als ich die Ernährungsbroschüren von Swanie Simon in die Hand bekam. Bei ihr ist die Aufteilung von 80 Prozent tierischen zu 20 Prozent pflanzlichen Bestandteilen ganz normal. Ihr zufolge ist Stärke zwar ein leicht verfügbarer Energielieferant, aber Hunde können ihre Energie auch aus Fetten gewinnen, weshalb stärkehaltige Lebensmittel nicht unbedingt notwendig sind. In Swanies Konzept haben auch Getreide oder Kartoffeln Platz, aber lediglich mit zehn Prozent der Gesamtfuttermenge. Das Verhältnis wäre dann 70 Prozent tierische zu 30 Prozent pflanzliche Erzeugnisse. Chaska schien die Broschüren ebenfalls gelesen zu haben, denn Simons Konzept traf voll

und ganz auf sie zu. Sie dankte es mir, indem sie genüsslich den Futternapf leerschmatzte. Hierzu habe ich eine Theorie: Es gibt wissenschaftliche Studien, die belegen, dass das Verdauungssystem von Hunden sich mit der Zeit an stärkehaltige Lebensmittel angepasst hat. Schließlich bekamen sie über Jahrhunderte die Tischabfälle des Menschen zu fressen. Im Gegensatz zum Wolf sind im Genom moderner Hunde mehr Genkopien für Amylasen zu finden.[7] Doch eine weitere Studie zeigte, dass der Siberian Husky, ein Urtyp-Hund, nur drei bis vier Kopien des Amylasegens besitzt, während der Saluki, ein persischer Windhund, 29 Kopien hat.[8] Da zu den Ursprungsrassen des Tamaskans auch viele nordische Hunde gehören, könnte es sein, dass bei manchen Tamaskanen das Verdauungssystem noch etwas ursprünglicher ist.

Das ist nur eine Theorie, die man im Hinterkopf behalten kann für den Fall, dass der eigene Hund auch Reis oder Kartoffeln wieder ausspuckt. In dem Fall braucht der Hund vielleicht - ähnlich wie Chaska - die berühmte Paläodiät, also eine Art „Steinzeit-Ernährung" aus tierischen Bestandteilen, Gemüse, Obst und wahlweise auch aus Samen oder gemahlenen Nüssen. Die frisst Chaska nämlich auch sehr gern. Es hilft, wenn

7 E. Axelsson, A. Ratnakumar, M-J Arendt, K. Maqbool, M.T. Webster, et al. The genomic signature of dog domestication reveals adaptation to a starch-rich diet. Nature 495: 360–364. (2013)
8 A.H. Freedmann et. al., Genome Sequencing Highlights the Dynamic Early History of Dogs, Plos one (2014)

man an ein Beutetier denkt. Es besteht hauptsächlich aus Muskeln, Fett, Innereien, Knochen und auch aus dem pflanzlichen, anverdauten Inhalt von Magen und Darm. Wer sich also auf die Suche macht nach der passenden Ernährungsberatung, kann nachfragen, ob Erfahrung mit Nordischen Hunden beziehungsweise Urtyp-Hunden besteht. Tamaskane haben in der Regel nicht die Futteraffinität eines Labradors und begutachten genau, was vor ihnen im Futternapf liegt - Ausnahmen bestätigen die Regel. Ähnlich wie im Hundetraining ist es wichtig, dass Ernährungsberater oder -beraterin bereit ist, sich auf den einzelnen Hund einzustellen und verschiedene Futterkonzepte auszuprobieren. Den Hund durch Hungern zum Fressen zu zwingen, halte ich nicht für den richtigen Weg. Ähnlich wie Hundetrainerin oder -trainer kann man Berater oder Beraterin auch wechseln, wenn man das Gefühl hat, dass das Konzept unflexibel ist und nicht zum Hund passt. Ernährung ist eben individuell. In ihrer Broschüre schreibt Swanie Simon, dass es nicht möglich sei, einen Ernährungsplan zu schreiben, der die Bedürfnisse jedes Einzelnen deckt:

„Es gibt Hunde, die kein Getreide vertragen oder rohes Fleisch und Knochen anfangs nicht ohne weiteres verdauen können. Manche Hunde mögen Innereien und Gemüse einfach nicht. Es gibt auch Hunde, die ihre Nahrung zumindest teilweise gekocht brauchen.“

Da Hunde verschieden sind, rät Simon, den eigenen Hund gut zu beobachten und gegebenenfalls den Ernährungsplan anzupassen. Es gibt leider kein Patentrezept. Egal, ob man Fertigfutter kauft, oder das Futter selbst zubereitet, man wird ausprobieren müssen und herausfinden, was der einzelne Hund am liebsten mag und gut verträgt. Ein Ernährungstagebuch hilft bei diesem Prozess.

Fertigfutter oder Selbstgemachtes?

Im ersten Kapitel habe ich Togo den Schlittenhund erwähnt, der im Winter 1925 beim „Serum Run to Nome" die wohl größte sportliche Leistung seines Lebens erbrachte. Dabei war er zwölf Jahre alt. In diesem Alter sind die meisten großen Hunderassen heutzutage graue Senioren. Natürlich bestimmen vor allem die Gene die Lebenserwartung, doch spielen auch Umweltfaktoren wie Lebensweise und Ernährung eine große Rolle. Einige fragwürdige Praktiken der Fertigfutterindustrie tragen sicherlich Mitschuld daran, dass Haustiere in der modernen Welt nicht mehr das Alter erreichen, das sie erreichen könnten.

++Lesetipp++

Das Buch „Katzen würden Mäuse kaufen - Wie die Futtermittelindustrie unsere Tiere krank macht" von Journalist und Autor Hans-Ulrich Grimm, Knaur-Verlag, erweiterte Ausgabe aus dem Jahr 2016, erstmals erschienen 2007.

In seinem Buch weist der Journalist Hans-Ulrich Grimm sehr deutlich darauf hin, dass die Nährstoffe in vielen kommerziellen Produkten von der wirtschaftlichen Verfügbarkeit der Zutaten abhängen, nicht vom tatsächlichen Bedarf der Tiere. Damit hat er recht. Auf der Zutatenliste eines teuren, in vielen Tierarztpraxen empfohlenen Nassfutters findet sich folgende Zusammensetzung:

„Fleisch und tierische Nebenerzeugnisse, Getreide, pflanzliche Nebenerzeugnisse, Mineralstoffe, Öle und Fette"

Mit einer solch intransparenten Deklaration lässt sich der Hersteller, ein namhafter Großkonzern, die Option offen, die jeweiligen Rohstoffe je nach Verfügbarkeit zu variieren. Zum Vergleich gibt ein anderer, kleinerer Hersteller die Zusammensetzung seines Nassfutters transparenter und damit zuverlässiger an:

„Rindfleisch, -lunge, -pansen, -leber 63%, Fleischbrühe 27,5%, Kartoffeln 4%, Erbsen 4%, Mineralstoffe 1 %, Distelöl 0,5%"

Beim Kauf von Fertigfutter, auch in der Tierarztpraxis, sollte man folgende Punkte beachten:

1. Verpackung lesen und Zutaten prüfen!

Mit Futter kennen sich sehr wenige Menschen wirklich aus, viele Tierärzte und -ärztinnen eingeschlossen. Die Verantwortung liegt hier bei Halter oder Halterin. Denn in der Tierfutterbranche gibt es wirklich „The Good, the Bad and the Ugly". Auch ein hoher Preis ist

kein Qualitätskriterium. Zum Glück gibt es das Internet, und Halterinnen und Halter haben heute die Möglichkeit, den scheinbaren Geheimcode auf den Futterverpackungen zu entschlüsseln. Denn die Deklarationen unterliegen gesetzlichen Regelungen. Auf der Website des Hundemagazins SitzPlatzFuss gibt es beispielsweise den Beitrag des Ernährungsberaters Dr. Dominik Panosch, der hier etwas Licht ins Dunkel bringt.

Link zu Panoschs Beitrag „Futterdeklarationen entschlüsseln - Vertrauen ist gut, Kontrolle ist besser"

2. Auf die Reihenfolge der Zutaten achten!

Futtermittelhersteller haben eine Kennzeichnungspflicht. Die einzelnen Zutaten müssen entsprechend ihres Gewichts in absteigender Form angegeben werden. Dabei ist eine geschlossene Deklaration möglich, wie im ersten Beispiel, oder eine offene wie im zweiten. Ist die Bezeichnung nicht durch ein Komma getrennt wie „Fleisch und tierische Nebenerzeugnisse", muss das nicht heißen, dass Fleisch die Hauptzutat ist. Sehr hilfreich finde ich beim zweiten Hersteller die Prozentangaben in der Zutatenliste, obwohl es hier noch genauer ginge und man auch bei Fleisch, Lunge, Pansen und Leber einzelne Prozente angeben könnte.

3. Auf Futter mit intransparenter Deklaration besser verzichten!

In der Futtermittelindustrie gibt es einige Begriffe, mit denen man als Laie wenig anfangen kann. „Tierische Nebenerzeugnisse" beispielsweise umschließen ein sehr breites Spektrum von Innereien bis hin zu Schnäbeln, Federn und Borsten. Genau weiß das wahrscheinlich nicht einmal der Hersteller. Da wird in der Regel der Schlachtabfall verwendet, der gerade verfügbar ist. „Pflanzliche Nebenerzeugnisse" haben zwar oft weniger „Pfui-Effekt", sind aber ähnlich divers. Damit sind unter anderem Pressrückstände aus der Pflanzenölgewinnung gemeint, Rübenschnitzel oder auch Getreidespelzen. Je transparenter und genauer die Angaben sind, desto mehr bindet sich der Hersteller daran, dass das Futter immer die gleiche Qualität besitzt. Stellt sich heraus, dass der Hund ein intransparent gekennzeichnetes Futter nicht mehr verträgt, hat man keine Ahnung, welche Zutaten die Auslöser sein könnten. Hier tappt man dann im Dunkeln und kann Futtermittellotto spielen, also blind ein Futter nach dem nächsten ausprobieren. Auch eine Ausschlussdiät wäre um einiges schwieriger zu konzipieren, da man nicht weiß, welche Zutaten der Hund noch nie gefressen hat. Mehr dazu später.

Die Angabe „Mineralstoffe" ist mir bei beiden zuvor genannten Beispielen zu vage. Beim zweiten Hersteller erfährt man immerhin auf der Website, dass sich dahinter Magnesium, Eisen und Kupfer verbergen.

4. Auf die Herkunft der Zutaten achten!

„Made in Germany" heißt wirklich nur „Gemacht in Deutschland". Da es aber die Zutaten sind, die aus vertrauenswürdigen Quellen stammen sollten, ist ihre Herkunft die interessantere. Da in Deutschland vergleichsweise strenge Vorschriften zur Nutztierhaltung gelten, könnte man beispielsweise einen Hersteller wählen, der regionale Zutaten verwendet. Wer ausschließlich Fleisch und Innereien von Weidetieren füttern möchte, ohne dabei arm zu werden, könnte ein Futter wählen, bei dem die Zutaten beispielsweise auch aus Irland oder Schweden kommen, weil es dort einfach mehr Weidehaltung gibt. Mittlerweile haben einige Futtermittelhersteller, auch die Frostfleischanbieter, verstanden, dass vielen Menschen die Haltungsbedingungen der Nutztiere wichtig sind. Einige geben dazu Auskunft auf ihren Websites. Man braucht sich nicht davor scheuen, eine Herstellerfirma anzuschreiben und um Informationen zu bitten. Wenn genügend Leute nachfragen, wird die Deklaration vielleicht künftig transparenter.

Mit ein wenig Nachforschung zu einzelnen Futtermitteln und ihren Zutaten lässt sich eine gute Basis legen für eine gesunde Hundeernährung. Als nächstes sollte man sich mit den Methoden der Haltbarmachung befassen. Damit Futtermittel die Handelskette durchwandern können und am besten zu Hause noch eine Weile lagerfähig bleiben, gibt es verschiedene

Methoden, sie haltbar zu machen: Erhitzen, Trocknen, Einfrieren, chemisch Konservieren oder eine Kombination aus verschiedenen Methoden.

Extrudiertes Trockenfutter

Extrudieren ist die klassische Herstellungsmethode von Trockenfutter. In einer Trommel, dem Extruder, werden die zermahlenen Rohstoffe mechanisch geknetet und durch Wasserdampf erhitzt. Bei 120 Grad Celsius - je nach Hersteller manchmal höher - werden sie dann unter Druck in Form gepresst. Der Vorteil ist, dass große Moleküle wie Stärke und Proteine dabei aufgeschlossen werden und leichter verdaulich sind. Außerdem: Das Futter hält sich sehr, sehr lange. Der Nachteil: Hitzeempfindliche Stoffe, vor allem einige B-Vitamine, aber auch Vitamin A, D, E und K werden bei der Extrusion sehr gründlich zerstört.[9][10] Manche Hersteller lösen das Problem, indem sie die Vitaminmischung erst im Nachhinein aufsprühen. Wer es genau wissen möchte, kann einfach beim jeweiligen Hersteller nachfragen. Über die vergangenen Jahre ist extrudiertes Trockenfutter in Verruf geraten, vor allem wegen der minderwertigen Rohstoffe, die von großen Firmen genutzt wurden. Schließlich ließen sich theoretisch auch Schuhsohlen und Klärschlamm im Extruder zur Unkenntlichkeit verarbeiten. Letzteres ist wohl schon vorgekommen. Aber auch unter Verwendung hochwertiger Rohstoffe kann man über die Sinnhaftigkeit diskutieren. Extrudiertes Trockenfutter quillt im Magen auf und kann vor allem bei schnellen Fressern zu Überfressen und Bauchschmerzen führen. Es wird gelegentlich in Zusammenhang gebracht mit einem tiermedizinischen Notfall namens Magendrehung. Dabei dreht sich der Magen des Hundes um die eigene Längsachse. Das ist lebensbedrohlich und muss sofort operiert werden. Die Alternativ-Tierärztin Jutta Ziegler bezeichnet extrudiertes Trockenfutter als wertlos. Sie macht im Allgemeinen leicht verdauliches Fertigfutter verantwortlich für die Anfälligkeit mancher Hunde für eine Magendrehung. Ziegler schreibt im unten genannten Buch:

„Der gesamte Magen-Darm-Trakt muss trainiert werden, das heißt, nur leicht verdauliche Kost zu füttern macht den Hund auf Dauer krank."

++Lesetipp++

Im Buch „Tierärzte können die Gesundheit Ihres Tieres gefährden - Neue Wege in der Therapie" beschreibt Dr. Jutta Ziegler (6. Auflage, 2013, mvg Verlag) einfache und schonende Methoden, wie man bestimmten Krankheiten vorbeugen oder auf sie reagieren kann. Es wäre schön, wenn auch Tierärztinnen und -ärzte dieses Buch lesen würden - trotz des provokanten Titels.

9 Q. D. Tran et. al, Effects of extrusion processing on nutrients in dry pet foods, Journal of the Science of Food and Agriculture, 2008, Vol. 88, Issue 9
10 P. Morin et. al, A literature review on vitamin retention during the extrusion of dry pet food, Animal Feed Science and Technology, 2021, Vol. 277

Zur gesundheitlichen Auswirkung von Trockenfutter, extrudiert oder nicht, kann man aus wissenschaftlicher Sicht kaum etwas sagen. Wie so oft fehlen ausreichende Studien. Es kommt wahrscheinlich auf den jeweiligen Hund und das jeweilige Futter an. Meine Meinung ist folgende: Ähnlich wie das „Convenience Food" der Menschenwelt ist extrudiertes Futter industriell hoch verarbeitet und sehr weit entfernt vom Naturprodukt. Wenn ich selbst gesund leben will, greife ich zu naturbelassenen, möglichst wenig verarbeiteten Lebensmitteln. So halte ich das auch für meinen Hund.

Gebackenes Trockenfutter

Beim Backen wird das Futter gemahlen und erhitzt - in der Regel 30 Minuten bei 120 Grad Celsius. Im Gegensatz zum Extrudieren wird es allerdings nicht mechanisch bearbeitet, also geschert oder gepresst. Gebackenes Futter quillt daher im Magen nicht so sehr auf wie extrudiertes Futter. Hitzeempfindliche Vitamine oder Öle allerdings werden ebenfalls zerstört.

Halbfeuchtes Trockenfutter

Halbfeuchtes Trockenfutter, auch Soft-Futter genannt, wird ähnlich hergestellt wie extrudiertes Trockenfutter, allerdings enthält es mehr Feuchtigkeit, je nach Hersteller zwischen 10 und 30 Prozent. Damit quillt es zwar im Magen nicht auf, doch ohne zusätzliche Konservierungsmittel wäre es nicht lange haltbar. Keime lieben Feuchtigkeit. Wenn man Softfutter kauft, macht es Sinn, die verwendeten Konservierungsstoffe zu recherchieren.

Futter aus Fleischsaftgarung

Ich kenne nur einen Hersteller, der dieses Verfahren nutzt. Das Gute ist, dass die Futtermischung in der Regel einen hohen Fleischanteil enthält. Es wird relativ schonend im eigenen Saft bei 95 Grad Celsius gegart, so ähnlich wie in einem Dampfkochtopf. Vitamine, Öle und Kräuter werden laut Website erst nach dem Abkühlen beigefügt. Obwohl dieses Trockenfutter als qualitativ sehr hochwertig gilt, hat Chaska es auch nur ein paar Mal gefressen, und dann nicht mehr angerührt. Meine Katzen lieben es.

Kaltgepresstes Trockenfutter

Beim Kaltpressverfahren entstehen zwar immer noch Temperaturen von 45 bis 50 Grad Celsius, doch ist es eine der schonendsten Methoden, um Trockenfutter herzustellen. Das Futter quillt im Magen kaum auf, und die Zutaten bleiben in ihrer biochemischen Grundstruktur erhalten. Sofern es der Hund verträgt, wäre das die Art von Trockenfutter, die ich auch füttern würde, je nach Zutatenliste natürlich. Meiner Erfahrung nach sind diese bei den Kaltpress-Herstellern so umfangreich, dass sie sich für einen Hund mit Unverträglichkeiten nicht unbedingt eignen.

Mein Tipp: Die Haltbarkeit von kaltgepresstem Futter ist viel geringer als von anderen Trockenfutterarten. Das halte ich für ein gutes Zeichen, da es noch relativ naturbelassen ist. Doch sollte man es nur in kleinen Mengen kaufen und schnell verfüttern. Um eine bereits geöffnete Packung länger zu lagern, würde ich sie einfrieren. Futtermilben vermehren sich sonst schnell. Sie verursachen vor allem bei Junghunden oft Allergien.

Nassfutter

Im Gegensatz zum Trockenfutter enthält Nassfutter noch alle seine Feuchtigkeit. Beim Hund kann sich ein natürliches Sättigungsgefühl einstellen. In der Regel wird das Futter in Dosen abgefüllt und luftdicht verschlossen. Das ist wichtig, damit keine Keime mehr hinein gelangen. Die bereits vorhandenen Keime werden abgetötet, in der Regel durch Dampfsterilisation. Dabei werden die Dosen für 20 Minuten auf 120 Grad Celsius erhitzt. Auch wenn sich dieses Verfahren bei Herstellern unterscheiden kann, ist es wichtig, dass die Dosen durch und durch erhitzt werden. Grund ist vor allem ein Bakterium namens *Clostridium botulinum*, der Produzent des berühmten Botulinumtoxins, auch als „Botox" bekannt. Das ist ein sehr starkes Nervengift, das sich manche Menschen gegen Falten spritzen lassen. Wenn man es mit der Nahrung aufnimmt, ist es tödlich. *Clostridium botulinum* mag Fleisch, aber keinen Sauerstoff. Daher wäre die Hunde- oder Katzenfutterdose der perfekte Lebensraum. Ohne ausreichendes Erhitzen auf über 100 Grad Celsius gibt es kein gesundheitlich zuverlässiges Dosenfutter. Dass es selektive Verfahren gibt, bei denen nur die Bakterien getötet werden, aber die Vitamine und Omega-3-Öle erhalten bleiben, kann ich mir nicht vorstellen. Wenn Herstellerfirmen mit besonders schonenden Verfahren

werben, würde ich hier lieber noch einmal nachfragen. Ansonsten würde es Sinn machen, hitzeempfindliche Zutaten erst kurz vor dem Füttern, also nach dem Öffnen der Dose, dazuzugeben.

Hinweis: Bei bakterieller Gärung entstehen Gase. Geblähte Dosen, die beim Aufmachen zischen, sollte man vorsichtshalber entsorgen.

Im April 2024 veröffentlichte die Stiftung Warentest, dass zahlreiche Lebensmittel in Konservendosen Bisphenol A (BPA) enthalten. Dabei handelt es sich um eine Industriechemikalie, die zur Herstellung von Epoxidharzen verwendet wird. Damit werden Dosen beschichtet, um zu verhindern, dass sich Metalle lösen. Zwar wurde Tierfutter nicht getestet, aber die Vermutung liegt nahe, dass es sich hier genauso verhält.

Gefrorenes Nassfutter

Gekochtes Nassfutter mit hochwertigen Zutaten gibt es mittlerweile auch als Frostfutter zu bestellen. Hier werden hitzeempfindliche Bestandteile erst nach dem Kochen zugesetzt. Das Konzept halte ich für sehr sinnvoll, habe es aber selbst noch nicht ausprobiert. Für alle Menschen, die nicht selbst kochen wollen, ist das eine schöne Alternative.

Frostfutter - Barf-Fertigmenüs

Viele Menschen setzen Barfen mit Selbstmachen gleich, aber es gibt mittlerweile auch zahlreiche Barf-Fertigmenüs, die man entweder im Tierbedarfsgeschäft kauft oder bequem online bestellt. Voraussetzung ist ausreichend Lagerfläche in der heimischen Gefriertruhe. Da dieses Futter nie erhitzt wurde, liegen alle Nährstoffe in ihrer natürlichen Form vor. Bei Frostfutter gibt es allerdings zwei Herausforderungen: Während der gesamten Transportkette muss es gefroren bleiben. Ist rohes Fleisch einmal angetaut, vermehren sich Bakterien. Während ein gesunder Hundemagen auch Aas verträgt, können empfindliche Hunde Probleme bekommen. Hinzu kommt, dass Hersteller ohne bestimmte Zusätze ihr Futter nicht als „Alleinfutter" deklarieren dürfen. Hier braucht man etwas Hintergrundwissen, um unterscheiden zu können, ob man wirklich noch etwas zufüttern muss, oder ob es sich nur um eine bürokratische Formalität handelt. Auch bei naturbelassenem Frostfutter kommt man um das Lesen und Recherchieren der Verpackungsangaben nicht herum. Und auch hier sollten die tierischen Zutaten aus artgerechter Haltung stammen.

Trockenbarf
Das Akronym „BARF" steht eigentlich für „Biologisch, Artgerechtes Rohes Futter". Seit einiger Zeit hat es sich eingebürgert, das rohe Futter zu trocknen, sodass es auch ohne Einfrieren haltbar ist. Ganz ohne Erhitzen geht auch das nicht. Ähnlich wie beim Kaltpressen sind beim Trocknen Temperaturen um die 45 Grad nötig, lediglich das Mahlen und Pressen fällt hier weg. Da die Bestandteile einzeln vorliegen, besteht die Gefahr, dass der Hund nach Geschmack

aussortiert. Was mir hier oft nicht gefällt, ist, dass das Gemüse in großen Stücken enthalten ist. Die werden genauso wieder ausgeschieden, wie sie gefressen werden. Für Trockenbarf gilt das Gleiche wie für Frostfutter-Fertigmenüs. Wenn bestimmte Zusätze fehlen, darf das Futter nicht als Alleinfutter deklariert werden. Auch hier macht es Sinn, sich eingehend mit den Zutaten zu befassen.

Selbstgemachtes Futter nach Ernährungsplan
Der wohl größte Vorteil von selbstgemachtem Futter, gekocht oder roh, ist die Kontrolle über die Zutaten. Hier bestimmt Halterin oder Halter über die Qualität der Einzelkomponenten, seien es frisches Obst und Gemüse, oder Fleisch, Innereien und Knochen vom Weidebetrieb beziehungsweise aus der Biometzgerei. Konservierungsstoffe erübrigen sich. Zudem ist man auch flexibler als beim Fertigfutter. Falls der Hund eine Zutat nicht mehr verträgt, kann man sie einfach austauschen, ohne das komplette Futter zu wechseln. Da man viele Zutaten wie Fleisch, Innereien oder Gemüse auch im Ausland bekommt, kann man bei längeren Urlaubsreisen die Einzelkomponenten vor Ort kaufen, und ist nicht auf große Mengen Futterproviant angewiesen. Zu guter Letzt fällt auch weniger Müll an als beim Fertigfutter. Der Nachteil ist, dass man etwas mehr Arbeit hat, und sich vor allem am Anfang intensiv mit dem Thema Hundeernährung auseinandersetzen darf. Ernährungspläne sind wie Kochrezepte.

Man geht die Liste Schritt für Schritt durch, wiegt Einzelkomponenten ab und vermischt sie im richtigen Verhältnis. Es stellen sich Fragen wie: Wo bekomme ich die Zutaten her? Wie lagere ich sie richtig? Wie kann ich sie passend portionieren? Kartoffeln oder Reis müssen genauso wie für den menschlichen Verzehr gekocht werden. Daher macht es vielleicht Sinn, an einem Tag gleich eine größere Menge an Futter vorzubereiten und die einzelnen Portionen einzufrieren. Am Anfang investiert man viel Zeit ins Ausprobieren. Wie frisst der Hund das Futter am besten? Sollte ich das Gemüse nur pürieren oder vielleicht auch dünsten oder kochen? Sobald man Routine hat und die Schritte auswendig kann, ist der Zeitaufwand überschaubar, und das zusätzliche Wissen ist Gold wert. Will man später auf Fertigfutter umsteigen, hat man ein Gespür für die Zutaten und kann die Deklarationen viel besser verstehen. Auch wenn ich anfangs oft genervt war von der umfangreichen Futterzubereitung, freue ich mich jetzt über ein viel besseres Grundverständnis für Hundeernährung.

Ernährungspläne unterscheiden sich stark, je nachdem, wer sie erstellt. Es gibt solche mit gefühlt Hundert verschiedenen Zutaten. Das ist zwar gut gemeint, aber für Halter oder Halterin oft sehr schwer umzusetzen. Die Einzelkomponenten bekommt man selten von nur einem Hersteller, und muss sie sich umständlich in Online-Shops zusammensuchen. Oft macht nur die Bestellung

von größeren Mengen Sinn, die man dann zu Hause lagern muss. Sollte der Hund das Futter nicht mehr vertragen, kann man die teuren Zusätze wegwerfen oder verschenken. Etwas Pragmatismus bei der Planung schadet nicht.

5 bis 15 Minuten am Tag

Für die Zubereitung von Chaskas Futter brauche ich täglich etwa 5 bis 15 Minuten, je nachdem, ob ich das Fleisch koche oder nicht. Insgesamt hat mein Futterplan um die zehn Komponenten inklusive Zusätze.

Wenn man sich also auf die Suche nach Ernährungsberater oder -beraterin macht, kann man darum bitten, nur mit ein oder zwei Bezugsquellen zu arbeiten. Vielleicht gibt es ein Tierbedarfsgeschäft in der Nähe, oder eine Metzgerei, deren Produkte man gern verwenden möchte. Ernährungspläne lassen sich sehr gut individualisieren. Viele Wege führen nach Rom. Es gibt beispielsweise zahlreiche verschiedene Möglichkeiten, Mineralstoffe in den Hund zu bekommen: mit Knochen, Knochenmehlen, Eierschalen, Muschelpulver oder eigens dafür hergestellten Mineralstoffmischungen. Nicht nur sollte das Futter gut gefressen und vertragen werden, sondern die Zubereitung sollte unbedingt auch in den Alltag von Halter oder Halterin passen. Gute Fragen, die Ernährungsberater oder -beraterin stellen könnten sind: Wie viel Zeit wollen Sie für die Futterzubereitung investieren? Wie viel Geld möchten Sie ausgeben?

Eine Ernährungsberatung endet nicht mit der Übersendung des Futterplans. Es sollte auch eine detaillierte Besprechung zur richtigen Lagerung und Zubereitung geben. Am effektivsten wäre es, wenn Berater oder Beraterin nach Hause käme und die Zubereitung einmal zeigen würde. Der Teufel steckt manchmal im Detail, und vieles ist nicht so selbstverständlich wie einige Leute glauben. Da solche Hausbesuche selten möglich sind, kann man vielleicht die Zubereitung am Telefon einmal im Detail miteinander durchgehen. Ob ein Hund eine Futtermischung gut verträgt, stellt sich erst nach sechs bis acht Wochen heraus. Danach ist es gut, wenn man den Ernährungsplan gemeinsam anpassen kann.

In Tierarztpraxen hört man oft, dass selbstgemachtes Futter gewisse Risiken der Über- oder Unterversorgung mit Nährstoffen birgt, und dem Hund langfristig schaden kann. Das kann Fertigfutter auch. Es gibt Blutbilder, die die Versorgung mit Nährstoffen aufzeigen sollen, die sogenannten „Barf-Profile". Sie sind teuer und umstritten, da man nicht jeden Nährstoffmangel erkennt. Wird beispielsweise zu wenig Kalzium mit der Nahrung aufgenommen, wird es aus den eigenen Knochen mobilisiert. Im Blut bleibt der Kalziumspiegel gleich. Sinn machen routinemäßige Blutuntersuchungen, die die Allgemeingesundheit des Hundes betrachten, unabhängig vom Futter. Bitte beachten: Meiner Erfahrung nach kann man nicht einfach in eine Tierarztpraxis gehen und um eine

Blutuntersuchung bitten. Tierarzt oder Tierärztin möchte oft genau wissen, welche Werte man erfahren möchte. Auch hier kommt man als Halter oder Halterin um das Mitdenken nicht herum. Es macht Sinn, sich im Voraus die Angebote großer Labore wie Idexx oder Laboklin im Internet anzuschauen, damit es in der Tierarztpraxis keine Missverständnisse gibt. Es wäre schade, wenn man dem Hund noch ein weiteres Mal Blut abnehmen müsste, weil irgendetwas vergessen wurde. Viele Hunde empfinden die Prozedur als sehr unangenehm. Grob eingeteilt sind folgende Blutuntersuchungen möglich:

Kleines Blutbild
Es gibt Hinweise auf Blutarmut, Sauerstoffversorgung, Herzkrankheiten oder Entzündungen im Körper. Untersucht werden Leukozyten (Weiße Blutkörperchen), Erythrozyten (Rote Blutkörperchen), Hämoglobin, Hämatokrit, MCV (Größe der Blutkörperchen), MCH (Hämoglobingehalt im Blutkörperchen), MCHC (Hämoglobinkonzentration im Blutkörperchen), Thrombozyten (Blutplättchen für Blutgerinnung).

Großes Blutbild
Zusätzlich zu den Messwerten des kleinen Blutbilds werden beim großen Blutbild sämliche Leukozyten genauer unter die Lupe genommen, etwa Lymphozyten oder Granulozyten. Das große Blutbild gibt also noch detaillierter Hinweise auf akute oder chronische Infektionen. Es kann aber lediglich Organprobleme

andeuten. Für eine genaue Eingrenzung sind weitere Werte erforderlich.

Routine Check-up

Enthält großes oder kleines Blutbild plus Organwerte von Niere, Leber, Bauchspeicheldrüse, Nebenniere und Schilddrüse. Hier werden beispielsweise Harnstoff mitgemessen, Bilirubin und verschiedene Enzyme, deren Aktivität aussagekräftig ist für die Funktionsweise bestimmter Organe. Auch das Schilddrüsenhormon T4 sollte enthalten sein. Bitte im Detail nachfragen, was das Blutbild aussagen kann und was nicht. Es wäre schade, wenn man regelmäßig Blutbilder machen lässt und trotzdem etwas übersieht.

Barf-Profil

Kleines Blutbild plus Albumin, Calcium, Phosphat, Kupfer, Zink, Jod, Vitamin A, Vitamin D und das Schilddrüsenhormon T4. Da viele Nährstoffe bei einem Mangel aus den körpereigenen Speichern freigesetzt werden, sind die Werte im Blut wenig aussagekräftig. Aufschluss geben oft nur Vitamin D, Jod oder das Schilddrüsenhormon T4. Da Barf-Profile meist sehr teuer sind, sollte man überlegen, ob sich nicht eines der zuvor genannten Blutbilder besser eignet, um den Gesundheitszustand des Hundes zu überwachen. Wurde der Futterplan von einem ausgebildeten Ernärhungsberater oder einer -beraterin erstellt, ist Nährstoffmangel unwahrscheinlich.

Durchfall- oder Darmprofil

Hat der Hund bereits Symptome, die auf eine Darmerkrankung hinweisen, kann es Sinn machen, zusätzlich zu einem kleinen Blutbild ein Darmprofil erstellen zu lassen. Das betrachtet das Bauchspeicheldrüsenenzym Canine Pankreasspezifische Lipase (cPLi) oft in Verbindung mit einem Test namens Trypsin-like-Immunoreactivity (TLI), der von der Bauchspeicheldrüse gebildete Proteine misst. Da bei Darmerkrankungen oft auch die Aufnahme von B-Vitaminen gestört ist, werden auch Folsäure und Vitamin B12 im Blut gemessen. Auch ein veränderter Wert des Stresshormons Cortisol kann auf bestimmte Stoffwechselerkrankungen hindeuten. Es ist wichtig, dass sich Tierarzt oder -ärztin mit der Interpretation von Blutwerten auskennt. Leider ist das nicht selbstverständlich.

Fazit zum Hundefutter

Blindes Vertrauen in eine gewinnorientierte Industrie ist fehl am Platz. Sogenannte Alleinfutter müssen lediglich allgemeine Richtwerte erfüllen. Sie sind nicht maßgeschneidert auf die Bedürfnisse des einzelnen Hundes. Wer das Hundefutter selbst zubereitet, ist flexibler und kann einzelne Komponenten leichter anpassen. Egal, für welchen Weg man sich entscheidet, er beginnt immer mit Recherchearbeit. So erkennt man, dass man das richtige Futter hat:

- Der Hund frisst das Futter gern.

- Der Hund macht einen gesunden, lebhaften, aber nicht überdrehten Eindruck.

- Das Fell glänzt, die Krallen sind fest.

- Der Hund riecht nicht aus dem Maul. Die Zähne haben wenig oder keinen Belag.

- Der Kot des Hundes ist normal geformt, nicht zu hart und nicht zu weich. Gelegentliche Abweichungen sind normal, vor allem beim Welpen.

- Der Hund hat keine dauerhaften, übelriechenden Blähungen. Gelegentliche Pupse sind normal.

- Der Hund riecht kaum nach Hund, zumindest wenn er trocken ist.

- Regelmäßige Blutbilder zeigen eine gute Allgemeingesundheit.

- Es gibt keine Symptome von Futtermittelunverträglichkeiten.

Futtermittelunverträglichkeiten erkennen und reagieren

Es scheint eine Tragödie der heutigen Zeit zu sein, dass Menschen und Tiere immer häufiger unter Allergien und Unverträglichkeiten leiden. Oft werden übertriebene Hygiene dafür verantwortlich gemacht, Stress, Medikamente oder auch Umweltgifte. Leider ist die Thematik wissenschaftlich noch immer nicht ausreichend erforscht. Scheinbar spielen viele verschiedene Faktoren eine Rolle. Es handelt sich um ein komplexes Zusammenwirken von Genen und Umwelt.

„Junghunde reagieren", sagte die Tierärztin gelassen, als ich Chaska im Alter von etwa einem Jahr mit Schwellungen an Pfoten und Schnauze in der Praxis vorstellte. Der Winter hatte eingesetzt und der erste Schnee war gefallen. Jedesmal wenn wir vom Spaziergang wieder heimkamen, bekam Chaska diese seltsamen Beulen. Die Tierärztin sah sie sich an, zuckte nur mit den Schultern und sagte: „Junghunde reagieren." - „Worauf denn?", fragte ich. - „Auf alles Mögliche", lautete die Antwort. Die Tierärztin fuhr fort: „Wenn Sie möchten, kann ich etwas spritzen, aber wahrscheinlich geht das von alleine wieder weg." Und das tat es auch. Genauso plötzlich wie die Beulen gekommen waren, verschwanden sie wieder. Ich freute mich über die Tierärztin, die aufgrund ihrer Erfahrung die Situation sehr schnell einordnen und auf die Allergiespritze verzichten konnte. Damals habe ich gelernt, dass Junghunde tatsächlich häufig dazu neigen, auf harmlose Stoffe aus der Umwelt zu reagieren. Wahrscheinlich muss sich ihr Körper erst noch an das Leben in dieser Welt gewöhnen. Laut Blutuntersuchung hatte Chaska mit etwa anderthalb Jahren sowohl eine Pollen- als auch eine Hausstauballergie. Während dieser Zeit sind wir nicht mehr in Wiesen gegangen, und das Hundebett wurde öfters gereinigt. Ich entschied mich gegen eine aufwändige Hypersensibilisierung in der Tierarztpraxis. Und das war auch gut so. Die diagnostizierten Allergien verschwanden von alleine wieder. Da sich bei Junghunden vieles wieder „verwachsen" kann, braucht man sich bei milden Symptomen noch keine Sorgen zu machen. Der Besuch einer Tierarztpraxis macht aber trotzdem Sinn, denn es gibt auch solche Allergien, die eine lebensbedrohliche Maximalreaktion des Immunsystems auslösen, den berühmten anaphylaktischen Schock. Wenn die Atemorgane zuschwellen und der Hund droht, keine Luft mehr zu bekommen, ist der Einsatz der Antihistamin- oder Kortisonspritze durchaus gerechtfertigt. Ich schreibe das, weil ich die Erfahrung gemacht habe, dass solche Medikamente oft vorschnell eingesetzt werden. Bei einer meiner Katzen wurde eine harmlose Hautreaktion mit der Kortisonspritze behandelt, woraufhin unverzüglich eine weniger harmlose Infekterkrankung folgte. Kortison ist ein sehr mächtiges Medikament, das das Immunsystem unterdrückt. Das kann Leben retten, aber auch großen Schaden anrichten. Der verantwortungsvolle Umgang mit solch potenten Medikamenten sollte in jeder Praxis selbstverständlich sein. Wenn es um Allergien und Unverträglichkeiten geht, macht es absolut keinen Sinn, lediglich die Symptome wegzuspritzen, ohne die Ursache zu beseitigen. Sonst schafft man sich Dauerpatienten.

Bei Reaktionen auf Futtermittel lässt sich zwischen Allergie und Unverträglichkeit unterscheiden. Bei einer Allergie greift das Immunsystem harmlose Stoffe an. „Unverträglichkeit" hingegen bedeutet, dass der Körper bestimmte Stoffe nicht gut verarbeiten kann, das Immunsystem aber nicht an der Reaktion beteiligt ist. Allein durch die Betrachtung der Symptome ist die Grenze zwischen Allergie

und Unverträglichkeit oft nicht genau definierbar. Während bei einer Typ-1-Allergie in der Regel innerhalb von Stunden oder Minuten eine Reaktion auftritt, kann es bei anderen Arten von Allergien Tage oder Wochen dauern. Ein Beispiel für solch eine schwer definierbare Erkrankung ist die mittlerweile weit verbreitete Glutenunverträglichkeit beim Menschen, Zöliakie genannt. Hier reagiert der Körper auf ein Protein namens Gluten, das in zahlreichen Getreidesorten vorkommt. Durch das Protein wird das Dünndarmgewebe geschädigt, und es kommt zu Entzündungsreaktionen sowie einer eingeschränkten Nährstoffaufnahme. Das Resultat sind Bauchschmerzen, Blähungen und Durchfall, bis hin zu Hautreaktionen. Das Krankheitsbild, das ich über die vergangenen Jahre bei Chaska wie auch bei einigen anderen Hunden in meinem Umfeld beobachtet habe, verhält sich ähnlich wie eine Glutenunverträglichkeit, nur eben, dass das Immunsystem auf andere Proteine reagiert. Wenn man nur wüsste, auf welche. Meist dauert es lange, bis ein Hund Symptome entwickelt. Welche Futterkomponente verantwortlich ist, lässt sich daher schwer feststellen. Zudem sind die Symptome sehr vielfältig. Sie treten einzeln oder in Kombination auf und sind unterschiedlich stark ausgeprägt:

• **Durchfall,** dauerhaft, länger als drei Tage. Oft auch mit Schleim ummantelter oder durchsetzter Kot, als Zeichen für eine Darmentzündung. Hier kann es sich auch um Giardienbefall handeln. Daher ist eine Untersuchung auf Parasiten notwendig, bevor man eine Unverträglichkeit in Betracht zieht. In Kombination mit Erbrechen und Bauchschmerzen können anhaltende Durchfälle auch auf eine Bauchspeicheldrüsenunterfunktion hinweisen. Diese lässt sich nur durch eine Blutuntersuchung ausschließen, siehe zuvor genanntes Darmprofil.

- **Sodbrennen,** das sich durch ständiges, nervöses Schmatzen äußert, vor allem nachts, wenn der Hund lange nichts gefressen hat. Nicht zu verwechseln ist es mit dem Genussschmatzen, das manche Hunde in der Tiefschlafphase zeigen. Sodbrennen ist für den Hund sehr schmerzhaft, und wird von vielen Tierärzten und -ärztinnen als Symptom oft nicht ernstgenommen. Oft heißt es dann, man solle den Hund einfach spät nachts füttern. In schweren Fällen werden Säureblocker verschrieben - ebenfalls nur eine Symptombekämpfung, und meist nicht einmal eine wirksame. Nachhaltig lässt sich das Problem erst durch eine Futterumstellung lösen.

- **Häufiges Erbrechen.** Oft in Verbindung mit Sodbrennen und Grasfressen. Meist während oder nach einer langen Nacht mit Sodbrennen.

- **Entzündung des äußeren Gehörgangs,** oft in Kombination mit Malassezienbefall. Das sind Hefepilze,

die starken Juckreiz auslösen. Wenn sich der Hund das Ohr blutig kratzt, kann es zu weiteren Infektionen kommen. Allein durch Ohrentropfen lässt sich das Problem nicht lösen. Nachhaltig behoben ist es erst mit einer Futterumstellung.

- **Pfotenlecken** ausgelöst durch Juckreiz. Tritt häufiges Pfotenlecken ohne andere Unverträglichkeitssymtome auf, kann es sich auch um eine Stressreaktion handeln. Auch Verletzungen oder Zecken zwischen den Zehen können dazu führen, dass der Hund sich intensiv die Pfoten leckt.

- **Flankenbeissen.** Wenn sich der Hund häufig mit den Zähnen in die Flanken kneift, kann das bedeuten, dass er Bauchschmerzen hat. Es kann aber auch bedeuten, dass dort einfach nur die Haut juckt, durch äußerliche Entzündungen, Flohbefall oder andere Insektenstiche. Gelegentliches Kniffen und Kratzen ist normal. Uns Menschen juckt es ja auch ab und zu ohne besonderen Grund.

- **Hautreaktionen** allgemein. Grundsätzlich können sämliche Hautrötungen oder -entzündungen mit Allergien oder Unverträglichkeiten in Verbindung stehen. Für sich alleine können sie aber auch zahlreiche andere Ursachen haben. Neben Futtermittelallergien erkennt man hier auch Allergien auf Graspollen oder auf Flohspeichel.

Gibt es Hinweise auf eine Futtermittelunverträglichkeit, ist aktuell der einzige zuverlässige Weg der Diagnostik und Therapie die Eliminationsdiät, auch Ausschlussdiät genannt. Hier wird zunächst das Futter auf wenige Komponenten reduziert, um nach einigen Wochen wieder verschiedene Zutaten einzeln hinzuzufügen. So werden die Allergieauslöser identifiziert. Eine Eliminationsdiät wird gemeinsam mit einer fachkundigen Person durchgeführt, im Idealfall Tierärztin oder Tierarzt, wahrscheinlich aber eher Ernährungsberater oder -beraterin. Man konzipiert einen Ernährungsplan, der nur noch zwei bis drei Zutaten enthält, am besten solche, die der Hund noch nie gefressen hat. Da eine Futtermittelunverträglichkeit jeden Hund treffen kann, unabhängig davon, ob die Elterntiere sie hatten oder nicht, macht es Sinn, dem Welpen, beziehungsweise dem Junghund, noch nicht alle am Markt verfügbaren Fleischsorten zu füttern. So hebt man sich noch ein paar Optionen auf für eine potenzielle Eliminationsdiät. Beim Fleisch der verschiedenen Tierarten gibt es scheinbar große Unterschiede. Ein Hund, der kein Huhn verträgt, könnte Pute oder Ente gut vertragen. Ein Hund, der kein Rind verträgt, kann vielleicht Lamm, Ziege oder Pferd problemlos fressen. Wenn vermutet wird, dass verschiedene Fleischsorten die Reaktion auslösen, macht es manchmal Sinn, nur noch Fisch zu füttern. Dieser wird von vielen Hunden gut vertragen, aber leider auch nicht von allen.

Es muss nicht immer das Fleisch sein, das nicht vertragen wird. Chaska reagiert beispielsweise auch auf Reisprotein, Hagebuttenpulver oder Kräustermischungen. Wichtig ist, dass man bei einer Eliminationsdiät auch sämtliche Zusätze erst einmal weglässt. Oberste Priorität hat es jetzt, den Entzündungsprozess im Darm zu beenden, sodass sich die geschädigte Schleimhaut wieder erholen kann. Solange die Entzündung im Gange ist, ist die Nährstoffaufnahme ohnehin eingeschränkt. Oft hat sich aufgrund des Entzündungsprozesses bereits die Darmflora verändert, weshalb viele Ernährungsberater und -beraterinnen zunächst entgiften, meist mit Heilerden beziehungsweise den darin enthaltenen Huminsäuren. Bei Chaska hat sich ein Huminsäure-Pulver namens Dysticum bewährt, das von meiner Tierärztin empfohlen wurde. Langsam gesteigert zur vollen Dosis, und über einige Tage hinweg ins Futter gemischt, geben sich Durchfälle meist schnell. Heilerden gehören zu den schonendsten Mitteln, um unerwünschte Darmbakterien loszuwerden, aber dauerhaft füttern sollte man sie nicht. Sie können die Nährstoffaufnahme im Darm behindern und manchmal auch die Magenschleimhaut reizen.

Vorsicht: Im Rahmen der Entgiftung wird in der Alternativmedizin oft zu einem Mittel namens MMS geraten. Das Akronym steht geheimnisvoll für „Miracle Mineral Supplement", aber eigentlich handelt es sich um Chlordioxid, im Volksmund auch bekannt als Bleiche.

Diese wirkt ätzend. Zwar sind die empfohlenen Lösungen stark verdünnt, doch mir war MMS immer zu riskant. Bleiche ist ein starkes Desinfektionsmittel, das nicht nur Bakterien wahllos abtötet, sondern auch alles lebende Gewebe, mit dem es in Berührung kommt. Ich sehe nicht, wie ein Tier mit entzündeter Darmschleimhaut davon profitieren könnte, ganz im Gegenteil.

Die Chance, dass eine Eliminationsdiät Besserung bringt, ist groß. Wirklich bestätigen kann man das allerdings erst nach vier bis acht Wochen. Solange dauert es, bis eine Futterumstellung Wirkung zeigt. Dabei sollte man Acht geben, dass der Hund wirklich nur die ausgewählte Proteinquelle bekommt. Mache ich beispielsweise eine Eliminationsdiät mit Hühnchen, dann zwacke ich auch etwas gekochtes Fleisch als Trainingsleckerli ab. Mittlerweile gibt es sehr viele Futter und Leckerli mit der Deklaration „Monoprotein". Das heißt, dass sie nur Fleisch von einer Tierart enthalten. Damit sind Eliminationsdiäten heute viel einfacher umzusetzen als noch vor einigen Jahren. Es ist schön, wenn Tierärztinnen und -ärzte entsprechend beraten können. Derzeit wird vielerorts in Tierarztpraxen noch das hypoallergene Spezialfutter eines Großkonzerns aus dem Regal gezogen und zum Kauf angeboten. Hier handelt es sich um ein Proteinhydrolysat. Während sich beim Kochen nur die dreidimensionale Struktur von Proteinen auflöst, werden beim Hydrolysieren - in der Regel durch Säure - auch die Amino-

säureketten aufgespalten. Hydrolysiertes Futter erfüllt seinen Zweck, weil potenzielle Allergene so stark zerkleinert sind, dass das Immunsystem sie nicht mehr erkennen kann. Aber: Zum einen handelt es sich um hochverarbeitetes Soja-Protein, was meiner Meinung nach auf Dauer zu anderen Problemen führen kann. Zum anderen schmecken Hydrolysate bitter, weshalb Lockstoffe zugesetzt werden müssen. Trotz oder wegen des starken „Maggi-Geruchs" wollte Chaska auch bei größtem Hunger dieses Futter nicht anrühren. Im Tierfachgeschäft gibt es oft Futter, das ebenfalls als „hypoallergen" angepriesen wird. Hier handelt es sich um solches Futter, das Fleisch von Tierarten enthält, die häufig gut vertragen werden, etwa Pferd, Strauß oder Känguru. Eine Garantie für Verträglichkeit ist das aber nicht.

++Lesetipp++

Im Buch „Allergien beim Hund - Natürlich behandeln und vorbeugen, Auslöser vermeiden" von der Tierärztin Dr. Vera Biber (2. Auflage, Franckh-Kosmos-Verlag, 2010) geht es vor allem um den Zusammenhang von Allergien mit verschiedenen Umweltfaktoren.

Abschließend noch ein paar Worte zu den Ursachen von Futtermittelunverträglichkeiten: Anfangs hatte ich erwähnt, dass es sich dabei um Zivilisationskrankheiten handelt, von denen nicht nur Menschen, sondern auch Haustiere betroffen sind. Im Buch der Tierärztin

Dr. Vera Biber, „Allergien beim Hund", findet sich die Zeichnung eines Fasses, das sich aus verschiedenen Quellen füllt: Umweltgifte, Industriefutter, Impfungen, Infektionen oder Stress. Durch die Summe der Faktoren sind die Entgiftungsorgane überfordert und das Fass läuft über. Der Hund entwickelt eine Allergie. Was meiner Meinung nach in dem Modell etwas zu kurz kommt, ist die Vererbung. Leider sind die genetischen Faktoren, die Allergien begünstigen, derzeit nicht ausreichend erforscht, weder beim Menschen noch beim Hund. Es gibt ein paar wenige Studien, etwa eine aus dem Jahr 2010, bei der sich eine Forschungsgruppe mit der „Inflammatory Bowel Disease" (IBD) befasst, einem Reizdarmsyndrom, das unter anderem beim Schäferhund häufig auftritt. Die Studie betrachtet die Toll-like-Rezeptoren (TLR) 4 und 5, die auch bei der Reizdarmerkrankung des Menschen eine Rolle spielen. Die TLRs sitzen in der Darmschleimhaut und vermitteln im gesunden Organismus eine Immunantwort gegen pathogene Mikroben.[11] Die Rezeptoren erkennen „feindliche" Lipoproteine, Lipopolysaccharide und vor allem ein Protein namens Flagellin, das Bakterien zur Fortbewegung auf ihrer Oberfläche tragen. Mittels Genanalyse verglichen die Forschenden die TLRs gesunder und kranker Schäferhunde, und fanden Mutationen, die die Funktion die-

ser Rezeptoren beeinträchtigen. Solche Genmutationen könnten Entzündungs- oder sogar Allergiebeschleuniger sein. In ihrer Publikation schreiben die Autoren:

Es ist möglich, dass die selektive Zucht in der Deutschen-Schäferhund-Population dazu geführt hat, dass die Schutzwirkung dieses Hauptallels im Vergleich zur allgemeinen Hundepopulation verloren gegangen ist, wodurch sie anfälliger für IBD geworden sind.

Damit würde es sich bei Futtermittelunverträglichkeiten tatsächlich um eine Art Erbkrankheit handeln, allerdings eine, die so wenig erforscht ist, dass auch die DNA-Labore von Embark oder Laboklin noch nicht auf sie testen können. Würde es sich bei der Vererbung zudem um einen rezessiven Erbgang handeln, ähnlich wie beim MDR1-Gendefekt in Kapitel 4, wären die Elterntiere symptomfrei, auch wenn sie Träger sind. Da Unverträglichkeiten und Allergien den Ruf besitzen, lediglich von Umweltfaktoren abzuhängen, fließen sie bei der Hundezucht selten als Kriterien ein. Vielleicht ist das der Grund, warum sie heute nicht nur beim Deutschen Schäferhund, sondern auch beispielsweise bei Labrador Retriever oder Französischer Bulldogge so weit verbreitet sind. Was den Tamaskan betrifft, kann es durchaus sein, dass sich durch die Schäferhundvorfahren genetische Faktoren eingeschlichen haben, die Unverträglichkeiten begünstigen. Mit Sicherheit sagen kann man das nicht. Vorsichtshalber würde ich Züchterin-

11 Kathrani et al., Polymorphisms in the TLR4 and TLR5 gene are significantly associated with inflammatory bowel disease in German shepherd dogs, PLoS One, 2010 Dec 23;5(12):e15740

Der Gemeine Holzbock (*Ixodes ricinus*) ist eine der häufigsten Zeckenarten in Deutschland. Foto: iStock/ErikKarits

nen und Züchtern empfehlen, solche Hunde, die über die Junghundezeit hinaus Symptome von Unverträglichkeiten beziehungsweise wiederkehrende Magen- oder Darmentzündungen haben, nicht zur Zucht einzusetzen. Die meisten Tierärztinnen und -ärzte sind aktuell mit der Thematik noch überfordert, weshalb sich Halterinnen und Halter auf lange und kostspielige Odysseen einstellen müssen. Zudem kann es sein, dass eine geschädigte oder empfindliche Darmschleimhaut anders auf Medikamente reagiert als eine gesunde. Ihre erste, starke Durchfallepisode hatte Chaska drei Tage nach Gabe eines oral verabreichten Zecken-Medikaments mit dem Wirkstoff Afoxolaner. Ihre erste Gastritis, eine Ma-

genschleimhautentzündung, bekam sie nur wenige Stunden nach Gabe einer sogenannten „blinden", also vorsorglichen, Wurmkur mit den Wirkstoffen Febantel und Pyrantel.

Zecken, Flöhe, Würmer

Parasiten sind für die meisten Menschen in erster Linie ekelig. Während so mancher Bauernhofhund trotz regelmäßigem Floh-, Wurm- oder Zeckenbefall alt geworden ist, muss man mittlerweile auch die gesundheitlichen Risiken für den Menschen abwägen. Hunde sind heutzutage Familienmitglieder, die sehr eng mit ihren Menschen zusammenleben. Daher geht es auch um solche Krankheiten, die auf den Menschen übertragen werden können. Parasitenprävention ist zu einer Sicherheitsfrage geworden. Pharmahersteller haben in den vergangenen Jahren eine Vielzahl von Mitteln auf den Markt gebracht. Gleichzeitig warnen viele Alternativmediziner und -medizinerinnen vor dem Einsatz dieser „Chemie", denn sie schade der Gesundheit des Hundes. Sie argumentiern, dass die Medizin hier größeren Schaden anrichte als die Krankheit. Teilweise ist das auch begründet, denn zahlreiche Ärztinnen und Ärzte verteilen Medikamente, als wären sie Süßigkeiten. Halterinnen und Halter befinden sich in einer Zwickmühle. Oft geht es nicht nur um die eigene Sicherheit, sondern auch um die der Kinder, die im Haushalt leben. Viele Menschen wissen nicht, was sie tun sollen. Sie möchten Familienmitglieder schützen, sowohl vor den Parasiten, als auch vor der Chemie. Daher erfreuen sich derzeit pflanzenbasierte Zeckenmittel und Wurmkuren großer Beliebtheit. Pauschal sagen, dass alle pharmazeutischen Medikamente schlecht sind und alle pflanzlichen gut, kann man aber nicht. Es hilft, wenn man sich das Problem sowie die Lösungsansätze einmal im Detail ansieht.

Zecken und Flöhe

In Deutschland gibt es verschiedene Zeckenarten. Die prominentesten Vertreter sind der Gemeine Holzbock (*Ixodes ricinus*) und die Auwaldzecke (*Dermacentor reticulatus*). Ersterer kann vor allem die Krankheitserreger von Borreliose oder Frühsommer-Meningo-

enzephalitis (FSME) übertragen. FSME ist eine durch Viren ausgelöste Krankheit. Gegen sie kann sich der Mensch impfen lassen, gegen die Bakterien, die Borreliose auslösen, nicht. Beim Hund ist es genau andersherum, da gibt es lediglich die Borreliose-Impfung. Ich hatte mich vor einigen Jahren bei meiner damaligen Tierärztin erkundigt, ob diese Impfung Sinn macht. Sie riet davon ab. Dafür nannte sie zwei Gründe: Zum einen wirke der Impfstoff nur auf eine Unterart von Borrelien, die hierzulande gar nicht so weit verbreitet sei. Zum anderen habe sie während ihrer gesamten beruflichen Laufbahn - sie stand kurz vor der Rente - in unserer Region lediglich eine Handvoll Fälle von Hunde-Borreliosen gehabt, die sich allesamt sehr gut behandeln ließen. Mein Rat wäre, sich ebenfalls vor Ort Tierarzt oder -ärztin mit Berufserfahrung zu suchen und nachzufragen, wie groß das Risiko ist, dass der Hund sich infiziert, und wie die Behandlungsaussichten sind. Ich bin zwar kein Gegner von Impfungen, doch wenn sie nicht unbedingt notwendig sind oder nur wenig Nutzen bringen, kann man sie sich sparen. Schließlich ist jede Impfung eine Herausforderung für das Immunsystem des Hundes. Das Thema „Borreliose-Impfung" ist komplex, und dementsprechend umfangreich sollte die Beratung ausfallen.

Derzeit noch relativ selten in Deutschland sind durch Zecken übertragene Mittelmeerkrankheiten. Angesichts des Klimawandels gewinnen sie jedoch mehr und mehr an Bedeutung. Aus Platzgründen kann ich nicht auf alle Erreger eingehen, daher im Folgenden nur zwei Beispiele: Die Auwaldzecke kann mit ihrem Speichel die Erreger der Babesiose übertragen. Babesien sind weder Viren noch Bakterien, sondern eine andere Art von Einzellern, sogenannte Protozoen. Die Krankheit, die sie verursachen, wird im Volksmund „Hundemalaria" genannt, weil sie ähnlich der „Menschenmalaria" die roten Blutkörperchen zerstört. Wie bei den Borrelien gibt es auch verschiedene Arten von Babesien, die mehr oder weniger starke Krankheitssymptome auslösen, und auch mehr oder weniger gut behandelt werden können. Die Erreger der Hundemalaria sind in der Regel nur für Hunde gefährlich, nicht für andere Tiere oder den Menschen. Die Ehrlichiose, auch Zeckenfieber genannt, wird ausgelöst von Bakterien, den Rickettsien. Diese werden vor allem von der Braunen Hundezecke (*Rhipicephalus sanguineus*) übertragen, die nördlich der Alpen derzeit noch nicht überwintern kann. Vor allem bei Urlaubsreisen in wärmere Gefilde sollte man über zusätzlichen Zeckenschutz nachdenken.

Egal, ob zu Hause oder im Urlaub, es macht Sinn, sich im Vorfeld über den Zeckenstatus der jeweiligen Region zu informieren. Welche Arten von Zecken gibt es und welche Krankheiten treten dort auf? Zusätzliches Wissen zu den Lebensgewohnheiten einzelner Zeckenarten hilft, um ihnen besser aus dem Weg zu gehen. Im Folgenden eine kurze Übersicht zu möglichen Methoden der Zeckenprävention.

Zeckenprävention durch Vermeidung

- Zecken halten sich dort auf, wo ihre Wirtstiere sind, etwa Rehe, Hasen, Mäuse oder Igel. Wer mit seinem Hund auf den Wegen bleibt und nicht in den Wald oder auf Wiesen geht, verringert das Risiko, dass er Zecken begegnet.

- Zecken mögen es feucht. Während der Zeckenzeit Auwälder und Feuchtgebiete meiden. Sommerhitze und -trockenheit mögen Zecken genauso wenig wie Frost im Winter. Daher braucht es in heißen, trockenen Sommermonaten vielleicht keine zusätzlichen Mittel. Das hängt vom Klima der jeweiligen Region ab.

- Wohnort betrachten. In Süddeutschland gibt es mehr Zecken als in anderen Regionen. Am Anfang sollte die Frage stehen: Wie groß wäre das Zeckenrisiko, wenn man gar nichts macht? Hat ein Hund ohnehin nur wenige Zecken im Jahr, dann reicht es vielleicht aus, vor jedem Spaziergang Beine und Pfoten mit natürlichem Zeckenschutz einzureiben. In Süddeutschland wird das wahrscheinlich nicht genügen.

- Zecken im eigenen Garten lassen sich durch Artenvielfalt reduzieren. Zwar haben Zecken keine spezifischen, natürlichen Fressfeinde, aber ein proteinreicher, vollgesaugter Blutbeutel hat großen Nährwert. Vor allem Vögel und Ameisen freuen sich über die Zusatzmahlzeit, und nehmen ein Zeckenweibchen oft mit, bevor es seine Eier legen kann.

Mechanische Zeckenprävention

- Ganz ohne zusätzliche Kosten, aber mit etwas Zeit verbunden ist es, den Hund nach dem Spaziergang nach Zecken abzusuchen. Bei kurzhaarigen Hunden ist das einfacher als beim Tamaskan. Die Zecken verschwinden hier schnell in der Unterwolle.

- Halsbänder mit EM-Keramik. EM steht hier für effektive Mikroorganismen. Diese sollen für ein bestimmtes Milieu oder Schwingungen am Hund sorgen, die Zecken abhalten. Mir entzieht sich die Logik hinter dieser Funktionsweise, unter anderem auch deshalb, weil die Mikroorganismen in die Keramik eingebrannt werden und, falls noch vorhanden, tot sind. Trotzdem schwören einige Menschen auf EM-Keramik. Bei Chaska hat dieses Halsband leider nichts gebracht.

- Halsbänder mit Bernstein. Eines meiner größten Probleme mit Halsbändern aller Art ist, dass ich sie zum Hundespiel abmache, weil ich nicht möchte, dass der andere Hund mit den Zähnen darin hängen bleibt. Wenn man den Herstellern glauben darf, müssen Bernsteinhalsbänder über einen langen Zeitraum durchgehend getragen werden. Es heißt, dass sich das Fell des Hundes durch die Reibung am Bernstein elektro-statisch auflade, was Zecken fernhalten soll. Neuesten Erkenntnissen zufolge nutzen Zecken tatsächlich den elektrischen Ladungsunterschied, der zwischen dem Grashalm und dem Wirtstier entsteht, um sich den letzten Zentimeter auf ihren Wirt katapultieren zu lassen.[12] Um diesen Vorgang zu verhindern, müsste ein Zeckenschutz allerdings antistatisch wirken. Vielleicht wird es hier künftig neue, zuverlässigere Methoden geben. Denn die Erfahrungsberichte sind gemischt, manche Menschen schwören auf die Bernsteinketten, bei vielen anderen - mich eingeschlossen - bringen sie leider nichts.

Pflanzliche Zeckenprävention

- Ätherische Öle sind eine vielfältige Gruppe stark riechender, pflanzlicher Stoffgemische, die trotz des Namens nicht aus Ölen bestehen, sondern unter anderem aus Alkoholen, Ketonen oder Terpenen. Zahlreiche Pflanzen nutzen ätherische Öle beispielsweise um Schädlinge fernzuhalten oder sich vor Krankheiten zu schützen. Eine wissenschaftliche Studie zeigte, dass ätherische Öle aus Nelken, Thymian, teils gemischt mit Citronella-Öl, die Auwaldzecke ganz gut abhalten können.[13] Eine

12 S. England et al., Static electricity passively attracts ticks onto hosts, Current Biology, 2023, Vol. 33 (14), 3041-3047
13 K. Štefanidesová et al, The repellent efficacy of eleven essential oils against adult Dermacentor reticulatus ticks, Ticks and Tick-borne Diseases, 2017, Vol. 8 (5), 780-786

andere Studie zeigte, dass der Gemeine Holzbock ätherische Öle aus Rosmarin, Pfefferminz und Majoran nicht mochte.[14] Wer weitersucht, wird sicher noch mehr wissenschaftliche Belege finden, dass ätherische Öle tatsächlich Wirkung gegen Zecken zeigen. Aber übertreiben sollte man es damit nicht. In seiner Pressemeldung „Die Dosis macht das Gift - auch pflanzliche Duftstoffe sind nicht immer harmlos" aus dem Jahr 2002 schreibt das Bundesinstitut für Risikobewertung (BfR):

„Ätherische Öle zeichnen sich besonders durch ihre toxischen Wirkungen auf das zentrale Nervensystem, die Nieren und die Atemwege aus. Hinsichtlich ihrer Wirkungsstärke auf den Menschen bestehen erhebliche Unterschiede. Sehr giftig sind z.B. Kampher, Eukalyptus- (Cineol) und Pfefferminzöl (Menthol). Etwas weniger giftig sind Terpentinöl, Orangen-/Zitronenschalen-, Teebaum- und Nelkenöl."

Das Statement des BfR bezieht sich zwar auf den Menschen, doch wäre ich auch beim Hund mit der Anwendung ätherischer Öle sparsam. Was hinzukommt ist, dass Hunde eine viel stärkere Geruchswahrnehmung haben als wir. Ich benutze für Chaska gelegentlich ein Zeckenspray,

das ätherische Öle aus Kiefernöl, Kümmel, Basilikum, Eukalyptus, Lavendel, Bohnenkraut, Salbei und Thymian enthält. Chaska findet den Geruch furchtbar und flüchtet jedes Mal, wenn ich die Sprühflasche nur in die Hand nehme. Manchmal denke ich, der intensive Geruch fügt ihrer empfindlichen Nase sogar Schmerzen zu. Daher benutze ich das Spray nur selten und sprühe es nie direkt auf den Hund, sondern erst in meine Hand, um dann Chaskas Beine gezielt damit einzureiben. So muss sie nicht in der Duftwolke stehen.

• Im Gegensatz zu ätherischen Ölen ist Kokosöl wirklich ein Öl beziehungsweise ein Fett. In der Hand verrieben, lässt es sich fast wie eine Creme auftragen. Ein weiterer Unterschied ist, dass Chaska es sehr gerne mag, auch im Futter. Da bringt es meiner Erfahrung nach gegen Zecken nichts. Vor dem Spaziergang die Beine damit einzureiben, kann aber durchaus helfen, die Plagegeister fernzuhalten. In kaltgepresstem Kokosöl befindet sich viel Laurinsäure, auch Dodecansäure genannt, deren Wirkung gegen Zecken wissenschaftlich erwiesen ist.[15] Man muss den Hund allerdings sehr oft damit einreiben. Da er dann ein wenig fettet, kann das auf Kosten der Möbel gehen.

14 H.R. El-Seedi et al., Chemical composition and repellency of essential oils from four medicinal plants against Ixodes ricinus nymphs (Acari: Ixodidae). J Med Entomol. 2012 Sep;49(5):1067-75.

15 U. Schwantes et. al., Prevention of infectious tick-borne diseases in humans: Comparative studies of the repellency of different dodecanoic acid-formulations against Ixodes ricinus ticks (Acari: Ixodidae), Parasite Vectors, 2008, 8;1(1):8.

- Schwarzkümmelöl, kaltgepresst, enthält zahlreiche ätherische Öle, die vielfältige Wirkung haben können. Ich benutze es in kleinen Mengen, kurweise über wenige Tage, für mich selbst oder für Chaska als natürliches Antibiotikum bei leichten Infekten. Auch gegen Zecken ist die Wirkung belegt, aber meine Tierärztin hat mich davor gewarnt, es über einen längeren Zeitraum zu füttern. Anscheinend gibt es Hinweise auf Leber- oder Nierenschäden bei langfristiger Anwendung. Die äußerliche Anwendung habe ich noch nicht ausprobiert, da ich auch Katzen halte. Für sie kann Schwarzkümmelöl giftig sein.

- Zistrose (Cistus). Dabei handelt es sich um eine traditionelle Heilpflanze aus dem Mittelmeerraum. Ihre antibakterielle und pilzfeindliche Wirkung findet in der Alternativmedizin bei vielen menschlichen Beschwerden Anwendung. Zistrosenkrautpulver, das ebenfalls ätherische Öle enthält, wird derzeit auch als Mittel zur Zeckenabwehr gehypt, zu Recht. Jeden Tag eine kleine Menge ins Futter gemischt, hat es die Zecken von Chaska ferngehalten. Und würde sie es besser vertragen, wäre das unser Mittel der Wahl gegen die kleinen Blutsauger. Wie bei vielen pflanzlichen Wirkstoffen fehlen hier leider die Langzeitstudien. Alles was eine Wirkung hat, kann in der Regel auch Nebenwirkungen haben.

Pharmazeutische Zeckenprävention

Was alle tiermedizinischen Wirkstoffe gemeinsam haben - und das unterscheidet sie von vielen pflanzlichen Wirkstoffen - ist, dass sie gründlich studiert werden müssen, um eine Marktzulassung zu bekommen, wenn auch die Vorgaben nicht so streng sind wie in der Humanmedizin. Pharmazeutische Studien in der Tiermedizin werden oft an Beagles durchgeführt. Die typischen Meutenhunde lassen sich gut auf kleinem Raum halten und zeigen kaum Aggression gegenüber dem Menschen. Die ethischen Aspekte des Tierversuchs außen vor gelassen, sind dadurch zahlreiche Medikamente sozusagen maßgeschneidert auf den Beagle. Die Ergebnisse aus solchen Studien lassen sich nicht auf alle Hunde übertragen. Denn genetisch gibt hier und da ein paar Unterschiede. Wie das Beispiel des MDR1-Gendefekts aus Kapitel 4 zeigt, können schwere Nebenwirkungen auch dann auftauchen, wenn ein Medikament bereits auf dem Markt ist, und von Tierärzten und -ärztinnen empfohlen und angewendet wird.

Packungsbeilage lesen!

Wie in der Humanmedizin haben alle tiermedizinischen Medikamente Packungsbeilagen. Darin stehen nicht nur mögliche Nebenwirkungen, sondern auch Anwendungshinweise und Wechselwirkungen mit anderen Mitteln. Hier liegt es in der Verantwortung von Halterin oder Halter, sich zu informieren.

Eigentlich wäre es selbstverständlich, wird in Tierarztpraxen aber oft übersehen: Jede Medikation sollte sich auch nach der Grundverfassung des einzelnen Tieres richten. Die Chance ist groß, dass ein Hund mit empfindlichem Magen-Darm-Trakt Medikamente schlecht verträgt, die Nebenwirkungen in diesem Bereich haben können. Das gilt sowohl für Zecken- als auch für Wurmmittel. Bei einem Hund, der immer wieder Hautprobleme hat, sollte man lieber auf Spot-ons und Wirkstoffhalsbänder verzichten. Es ist schön, wenn Tierärzt oder -ärztin hierzu beraten kann. Im Folgenden ein paar Beispiele, was die pharmazeutische Industrie zur Zeckenabwehr bietet:

Permethrin ist ein synthetisches Insektizid, das dem natürlichen Wirkstoff Pyrethrum aus Chrysanthemen nachempfunden wurde. Den Pflanzenextrakt nutzten bereits die alten Römer gegen Läuse. Der natürliche Stoff zerfällt schnell im Licht, der synthetische ist stabiler. Er wird auch heute beim Menschen gegen Läuse und Hautmilben angewendet. Die Krabbeltiere nehmen es über die Körperoberfläche auf. Im Inneren blockiert es die Natriumkanäle der Nervenbahnen, wodurch das Insekt sterben kann, aber nicht muss. Es gibt Enzyme, die entgiften. Daher können Insekten oder Zecken manchmal noch fliehen und auch Resistenzen entwickeln. Katzen fehlen solche Entgiftungsenzyme, weshalb Permethrin und auch das natürliche Pyrethrum giftig für sie sind. Für Fische ebenfalls, weshalb Permethrin nie ins Wasser gelangen sollte. Der Hersteller eines Spot-on-Prä-

parats für Hunde weist in der Packungsbeilage darauf hin:

„Da das Tierarzneimittel gefährlich für Wasserorganismen ist, müssen behandelte Hunde für mindesten 48 Stunden von allen Arten von Gewässern ferngehalten werden."

Spot-on-Präparate, die man dem Hund in kleinen Mengen auf die Haut im Nacken und Rücken träufelt, durchdringen in der Regel nicht die Haut, sondern verteilen sich im natürlichen Talgfilm auf der Haut. Da dieser leicht fettig ist, sind die Substanzen nicht mehr so gut wasserlöslich. Der Hersteller schreibt weiter:

„Auch wenn der Hund nass wird, behält das Tierarzneimittel seine Wirksamkeit. Allerdings sollte längeres und intensives Durchnässen vermieden werden."

Ein bisschen ausgewaschen wird Permethrin also schon. Daher sollten sich Menschen, die ihren Hund im Sommer gern ins Wasser lassen, nach Alternativen umschauen. Derselbe Hersteller beispielsweise bietet ein Zeckenhalsband an mit dem Wirkstoff Flumethrin. Das ähnelt zwar Permethrin, ist aber nicht wasserlöslich. Ein weiterer Vorteil: Es ist nicht giftig für Katzen und kann daher auch im Katzenhaushalt angewandt werden. Ein Zeckenhalsband wirkt ähnlich wie ein Spot-on-Präparat, dadurch, dass es die Wirkstoffe auf der Haut verteilt. Im Gegensatz zu Spot-ons erfolgt das permanent in kleiner Dosis, weshalb Halsbänder eine ganze Saison hindurch wirksam sein können, während man

Spot-ons in der Regel monatlich auffrischen muss. Von solchen Spot-ons, die längere Wirksamkeit versprechen, würde ich absehen, da das Mittel in dem Fall sehr hoch dosiert sein müsste. Für Menschen, die einen schonenden Zeckenschutz suchen, wäre wohl ein Halsband die beste Wahl. Allerdings ist die Wirkstoffkonzentration am Halsband selbst am höchsten. Wenn man es anfasst, sollte man sich unbedingt die Hände waschen. Das gilt auch für Kinder, die den Hund streicheln. Meiner Erfahrung nach wirkt die Spot-on-Lösung an Chaska zuverlässiger gegen Zecken als das Halsband. Bei Letzterem bestand das Problem darin, dass die Zecken zwar während des Spaziergangs auf Chaska aufstiegen, aber zu Hause feststellten, dass der Hund nicht schmeckt. Dann machten sie Jagd auf mich. Bekannte mit kurzhaarigen Hunden sind aber vollauf begeistert von dem Flumethrin-Halsband. Vielleicht hängt es ein wenig von der Fellbeschaffenheit des Hundes ab, wie gut es wirkt.

Zecken übertragen Krankheiten mit ihrem Speichel. Borrelien und Babesien werden innerhalb von ein bis zwei Tagen übertragen, bei Rickettsien dauert es ein paar Stunden, und das FSME-Virus ist in der Regel schon kurz nach dem Einstich im Blut. Deshalb ist es wichtig, dass Zeckenmittel repellierend wirken, also zeckenabweisend. Vor diesem Hintergrund scheinen Wirkstoffe wie Fluralaner oder Afoxolaner wenig sinnvoll. In Form von Kautabletten werden sie dem Hund oral verabreicht und gelangen über den Darm ins Blut. Eine Zecke wird erst dann vergiftet, wenn sie Blut saugt. Sie stirbt innerhalb von zwei Tagen nach der Anheftung. Der Schutz vor Krankheiten ist also nicht garantiert. Zudem haben Fluralaner oder Afoxolaner über die vergangenen Jahre keinen guten Ruf bekommen. Hier scheinen manchmal heftige Nebenwirkungen aufzutreten, wie epileptische Anfälle oder Darmprobleme. Da auch ich schlechte Erfahrungen gemacht habe, und keinen Nutzen in diesen Mitteln sehe, lasse ich lieber die Finger davon - auch wenn viele Tierärztinnen und -ärzte versichern, dass sie bedenkenlos verfüttert werden können.

Zecken gehören wie Milben zu den Spinnentieren, nicht zu den Insekten. Mittel, die Spinnentiere töten, nennt man Akarizide. Flöhe und Haarlinge, kleine Hundeläuse, sind Insekten. Für sie tödliche Mittel nennt man Insektizide. Während Wirkstoffe wie Permethrin sowohl akarizid als auch insektizid wirken, gibt es auch solche, die selektiver sind. Da Halsbänder und Spot-ons in der Regel sowohl gegen Flöhe als auch gegen Zecken helfen sollen, werden hier oft Wirkstoffe kombiniert, beispielsweise mit Imidacloprid, einem synthetischen Insektizid, das zur Gruppe der Neonicotinoide gehört. Diese Wirkstoffe stören die Weiterleitung von Nervenreizen, indem sie an einen bestimmten Rezeptortyp von Insekten binden. Im Gegensatz zu Permethrin sind sie auch für Katzen nicht giftig. Doch sind Neonicotinoide vor allem in der Landwirtschaft stark in Verruf geraten, in Zusammenhang mit dem Wildbienensterben. Auf dem Hund werden zwar vergleichsweise geringe Mengen eingesetzt, aber moralische Bedenken sind nachvollziehbar. Als Halter oder Halterin gilt es in diesem Fall abzuwägen zwischen Parasitenabwehr und Umweltschutz. Ein verantwortungsvoller Umgang ist Voraussetzung, und es ist schön, wenn sich Tierärztinnen und -ärzte die Zeit nehmen, zur richtigen Anwendung zu informieren. Außerdem: Spot-on ist nicht gleich Spot-on. Ein namhafter Hersteller hat zwei sehr ähnlich klingende Produkte im Angebot, eines enthält Permethrin sowie Imidacloprid und wirkt gegen Zecken und Flöhe. Das andere enthält nur Imidacloprid und wirkt nur gegen Flöhe. Wegen des ähnlichen Namens werden sie oft verwechselt, auch von Fachleuten. Als ich in einer Tierarztpraxis nach dem Zeckenmittel fragte, drückte mir die Tierärztin das andere Mittel in die Hand, mit der Aussage, das sei dasselbe. Auch Fachleute machen Fehler, daher schadet es nicht, mitzudenken.

Würmer und andere Endoparasiten

Flöhe, Zecken und Milben nennt man Ektoparasiten, weil sie auf der Oberfläche des Hundes leben. Daneben gibt es auch Parasiten der inneren Organe,

Darmparasiten bei Hund und Katze

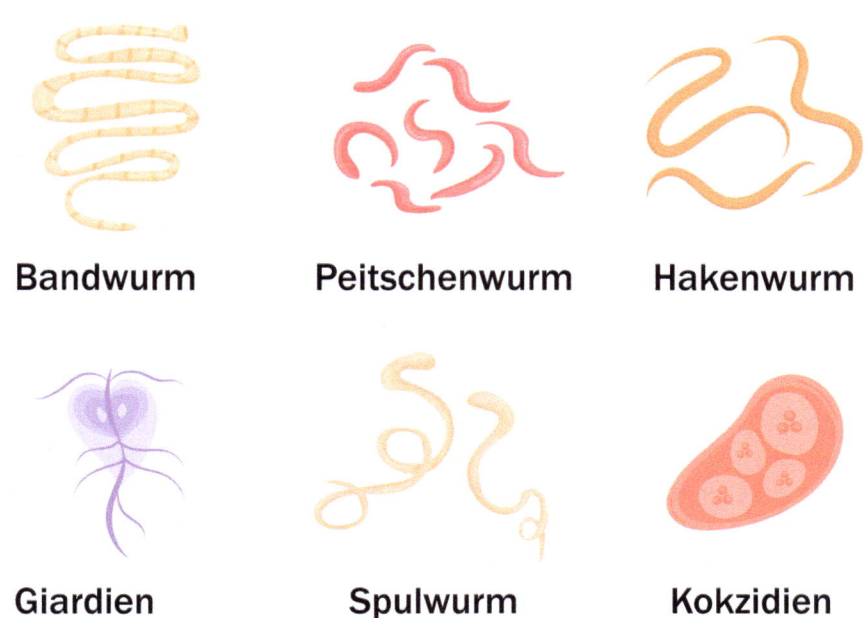

Bandwurm Peitschenwurm Hakenwurm

Giardien Spulwurm Kokzidien

Mehrzellige (Würmer) und einzellige (Giardien und Kokzidien) Darmparasiten.
Grafik: iStock/Anna Bergbauer

sogenannte Endoparasiten. Auch sie machen Hundehalterinnen und -haltern das Leben schwer, beziehungsweise die Angst davor. Auch hier lassen sich nicht alle über einen Kamm scheren. Es hilft, sich über einzelne Plagegeister zu informieren. Unter den kleinsten Darmparasiten sind Giardien (*Giardia intestinalis*). Das sind Einzeller, die man nur unter dem Mikroskop erkennen kann. Sie leben im Dünndarm und ernähren sich dort vor allem von Zuckern beziehungsweise von Stärke. Dabei heften sie sich an die Darmschleimhaut und lösen Entzündungen aus. Die Symptome reichen von Blähungen über schleimigen Durchfall bis hin zu Erbrechen. Damit ähnelt das Symptombild dem von Futtermittelunverträglichkeiten. Eine Kotuntersuchung zur eindeutigen Diagnose ist unbedingt notwendig. Giardien sind in der Regel gut behandelbar und für Hunde mit einem intakten Immunsystem relativ ungefährlich. Anders sieht das aus bei Welpen oder bereits kranken Hunden. Bei ihnen können Giardien großen Schaden anrichten. Die Infektion erfolgt fäkal-oral durch das Fressen von infiziertem Kot.

Die Eier des Peitschenwurms (*Trichuris vulpis*) werden ebenfalls mit dem Kot ausgeschieden. Sie bleiben in der Umwelt mehrere Jahre lebensfähig. Der Hund kann sich auch durch Erdefressen infizieren. Der erwachsene Peitschenwurm lebt im Übergangsbereich zwischen Dünn- und Dickdarm, ist etwa fünf Zentimeter lang und sieht aus wie eine Peitsche mit kurzem, dicken Ende

auf der einen, und langem, dünnen Ende auf der anderen Seite. In Deutschland sind Peitschenwürmer relativ selten. Eine Studie aus dem Jahr 2003 zeigte, dass von 8438 Hunden lediglich vier Prozent befallen waren.[16] Zudem verursachen Peitschenwürmer selten schwere Symptome, es sei denn der Hund hat eine Vorerkrankung.

Der Hunde-Peitschenwurm ist relativ wirtsspezifisch. Menschen haben einen eigenen Peitschenwurm (*Trichuris trichiura*). Der Schweine-Peitschenwurm (*Trichuris suis*) wird seit einigen Jahren beim Menschen sogar therapeutisch eingesetzt, bei Autoimmunerkrankungen des Darms wie Colitis ulcerosa oder Morbus Crohn. Scheinbar können Wurmparasiten nicht nur schaden, sondern auch nutzen. Vom Selbstversuch würde ich dennoch absehen.

Link zum Artikel „Behandlung mit Parasiten" von Annette Immel-Sehr aus dem pta Forum, Ausgabe 12/2012

Kürzlich veröffentlichte ein Forschungsteam aus Australien eine Studie, die zeigte, dass eine Infektion mit Hakenwürmern (*Necator americanus*) die Stoffwechselgesundheit erhöht, das Diabetes-Typ-2-Risiko senkt, und sogar

---

16 D. Barutzki und R. Schaper, Endoparasites in dogs and cats in Germany 1999-2002, Parasitol Res., 2003 Jul:90 Suppl 3:S148-50.

die Laune verbessern kann.[17] Beim Hund gibt es zwei Hakenwurmarten, den Hunde-Hakenwurm (*Ancylostoma caninum*), der eher in Südeuropa vorkommt, und den Fuchs-Hakenwurm (*Uncinaria stenocephala*). Hakenwürmer sind lediglich fünf bis 15 Millimeter lang und leben im Dünndarm. Dort heften sie sich mit ihrer Mundöffnung an die Darmschleimhaut an und nehmen Nährstoffe auf. Teilweise saugen sie Blut. Hakenwurmeier werden mit dem Kot ausgeschieden. Aus den Eiern schlüpfen Larven, die sich in der Umwelt bereits zum nächsten Stadium weiterentwickeln und entweder oral aufgenommen werden oder sich durch die Haut bohren. Viel häufiger ist die Übertragung über die Muttermilch auf die Welpen, genauso wie bei Spulwürmern (*Toxocara canis*). Während in Deutschland Hunde relativ selten mit Hakenwürmern infiziert sind, laut zuvor genannter Studie lediglich 8,6 Prozent, ist etwa ein Viertel von ihnen mit Spulwürmern befallen. Diese Darmparasiten erreichen eine Länge von bis zu 18 Zentimetern. Trotz ihrer Größe können die erwachsenen Würmer beim gesunden Hund sehr lange keine Symptome verursachen. Ihre Eier werden mit dem Kot ausgeschieden und beispielsweise von Mäusen gefressen. Diese sind sogenannte Zwischenwirte. Die Larven bohren sich durch die Darmwand und wandern durch den Körper. Dort bleiben sie so lange, bis ein Hund, Wolf oder Fuchs die Maus frisst.

---

17 D.R. Pierce et. al, Effect of experimental hookworm infection on insulin resistance in people at risk of type 2 diabetes, 2023, nature communications

Der Mensch kann zum Fehlwirt werden, beispielsweise wenn Kinder die Eier oral aufnehmen. Grundsätzlich ist Händewaschen nach dem Spielen in Sand oder Erde eine wichtige Vorsichtsmaßnahme. Da infizierte Hunde die Wurmeier auch im Fell tragen können, macht das Händewaschen auch nach dem Hundestreicheln Sinn. Im menschlichen Gewebe können die Wanderlarven der Spulwürmer mehr oder weniger schwere Krankheiten auslösen, je nachdem welches Organ sie durchwandern. So ähnlich verhält es sich auch mit dem Hundebandwurm (*Echinococcus granulosus*) und dem Fuchsbandwurm (*Echinococcus multilocularis*).

 Link zur Veröffentlichung „Bekämpfung von Würmern (Helminthen) bei Hunden und Katzen" (2014) des European Scientific Counsel Companion Animal Parasites (ESCCAP)

Während andere Bandwurmgattungen mehrere Meter lang werden können, messen die *Echinococcus-Arten* nur wenige Millimeter. Vor allem der Fuchsbandwurm ist in Deutschland weit verbreitet und für den Menschen sehr gefährlich. Bandwurmlarven wandern häufig zur Leber und Lunge ihres Zwischenwirts und verkapseln sich dort zu Zysten. Während die des Hundebandwurms nur das Gewebe um die Organe verdrängen, wachsen die Fuchsbandwurm-Zysten im Inneren der Organe und schädigen sie schwer, ähnlich einem Krebsgeschwür.

Operationen zur Entfernung der etwa haselnussgroßen Zysten gestalten sich schwierig, weshalb eine Infektion des Menschen mit Fuchsbandwurm unbedingt vermieden werden sollte. Ähnlich wie beim Spulwurm kann sich der Hund durch das Fressen infizierter Mäuse anstecken. Hunde, die Mäuse fressen, haben also ein erhöhtes Risiko, Band- oder Spulwürmer zu bekommen.

Wegen der teils großen Gefahr, die durch die Ansteckung für den Menschen ausgeht, raten die meisten Tiermediziner und -medizinerinnen, Hunde in einem vierteljährlichen Intervall zu entwurmen. Grund ist die Präpatenzzeit. Das ist die Zeit von der Aufnahme der Eier oder Larven, bis die Würmer im Darm nachgewiesen und bekämpft werden können. Bei Band- und Spulwurm dauert das etwa vier bis acht Wochen. Würde man auf Nummer sicher gehen wollen, müsste man sogar monatlich entwurmen. Aber: Eine solch große Menge an Wurmkuren kann die Gesundheit des Hundes sehr strapazieren. Daher sind viele Menschen dazu übergegangen, nur bei Bedarf zu entwurmen, aber dafür regelmäßig den Kot ihres Hundes in einem Labor auf Wurmeier untersuchen zu lassen. Das ist ein guter Kompromiss, um die Gesundheit des Hundes zu schonen und gleichzeitig die Familie zu schützen. Der einzige Wermutstropfen sind die Kosten, die mit den Kotuntersuchungen verbunden sind. Je nach Anbieter liegen sie zwischen 30 und 40 Euro pro Test. Tierärztinnen und -ärzte weisen oft darauf hin, dass vor allem die gefährlichen Band-

wurmeier nicht jeden Tag ausgeschieden werden und somit nicht immer im Kot nachweisbar sind. Daher macht es Sinn, über mehrere Tage, in der Regel drei, den Kot des Hundes zu sammeln und dann erst untersuchen zu lassen.

Sammelkotprobe

Um die Chance zu erhöhen, auch die gefährlichen Bandwurmeier im Kot nachzuweisen, macht es Sinn, den Kot des Hundes über drei Tage zu sammeln und dann an ein Labor zu schicken. Nicht alle Methoden können Bandwürmer detektieren, daher vorher bitte nachfragen.

Von häufigen Wurmkuren ist vor allem bei darmsensiblen Hunden abzuraten. Auch seltene Nebenwirkungen können hier mit Nachdruck eintreten. Sollte ein solcher Hund tatsächlich Würmer haben, macht es Sinn, mit Tierarzt oder -ärztin die Möglichkeiten der schonenden Entwurmung durchzusprechen. Hier sollte es ein ausführliches Beratungsgespräch geben, das die Grundverfassung und die medizinische Vorgeschichte des Hundes einbezieht. Ein kurzes Schulterzucken mit der Anmerkung, dass alle zugelassenen Wurmmittel unbedenklich sind, reicht nicht aus. Der Vorteil pharmazeutischer Mittel liegt darin, dass sie speziell gegen einzelne Wurmarten eingesetzt werden können. Gegen Bandwürmer braucht man einen anderen Wirkstoff als beispielsweise gegen Spulwürmer. Die meisten Wurmkuren auf dem Markt sind Mischpräparate, die gegen ein breites

Spektrum an Endoparasiten wirken. Konnte mittels Kotuntersuchung eine spezielle Wurmart festgestellt werden, macht es Sinn, mit dem spezifischen Wirkstoff für diese Wurmart zu behandeln und dem Hund unnötige Medikamentengabe zu ersparen.

Neben pharmazeutischen Mitteln gibt es beispielsweise auch Kräutermischungen zur Entwurmung. Diese sind oft sehr bunt gemischt und enthalten allen voran Wermut, im Englischen „Wormwood", ein traditionelles pflanzliches Mittel gegen Endoparasiten. Man könnte meinen, dass Wermut zur Entwurmung ausreichen würde, aber anscheinend nicht. Zusätzlich enthalten Kräuter-Wurmkuren oft auch Thymian, Labkraut, Kokosflocken, Kümmel, Ingwer, Hagebutten, Beifuß, Salbei, Walnuss, Hanf oder sogar Absinth. Ich habe keine Erfahrung damit, weil Chaska bisher noch keine Würmer hatte. Sicherlich kann es auch Kräuter geben, die ein einzelner Hund nicht verträgt, und die Nebenwirkungen auslösen können. Die Anwendung solcher Kuren sollte grundsätzlich nur über wenige Tage erfolgen, am besten unter Anleitung einer fachkundigen Person. Übrigens, Kokosöl und Karotten täglich ins Futter gemischt, haben den Ruf, Wurminfektionen vorzubeugen. Wissenschaftlich ist das nicht bestätigt, aber wenn der Hund beides gut verträgt, schadet es sicher nichts. Regelmäßige Kotuntersuchungen sind trotzdem notwendig.

Es gibt auch Wurmarten, die nicht den Darm, sondern andere Gewebe befallen, etwa Lungen- oder Herzwürmer. Letztere sind im Mittelmeerraum weit verbreitet und in Deutschland noch relativ selten. Übertragen werden sie durch Mücken. Diese nehmen die Wurmlarven über das Blut eines infizierten Tieres auf und übertragen sie beim nächsten Stich an ein anderes. Herzwürmer (*Dirofilaria immitis*) sind nicht durch eine Kot-, sondern nur durch eine Blutuntersuchung nachweisbar. Herzwürmer befallen trotz ihres Namens zunächst nicht das Herz, sondern vor allem die Lunge. Dort leben auch die sogenannten Lungenwürmer (*Angiostrongylus vasorum*). Sie werden nicht durch Mücken, sondern durch Schnecken übertragen. Der Hund kann sich infizieren, wenn er versehentlich eine Schnecke oder deren Schleimspur verschluckt, etwa beim Grasfressen. Die Larven sind im Kot nachweisbar. Wichtig: Nicht alle Wurmkuren, die gegen Darmparasiten helfen, helfen auch gegen Lungenparasiten. In einer guten Tierarztpraxis sollte man hierzu umfassend Auskunft bekommen.

Zum Thema Parasiten kann ich abschließend sagen, dass es wichtig ist, die nötige Vorsicht walten zu lassen. Wurmparasiten richten oft nur wenig Schaden an, wenn sie einen erwachsenen, gesunden Hund als Endwirt befallen. Infizieren sich Menschen als Fehlwirte mit Band- oder Spulwürmern, kann es zu schweren gesundheitlichen Folgen kommen. Daher sollte man das Thema durchaus mit Respekt behandeln. Verrückt machen braucht man sich aber nicht. Ich bin in den 1980er Jahren auf einem Bauernhof aufgewachsen. Hunde und Katzen wurden damals erst dann entwurmt, wenn ihnen die Würmer buchstäblich aus dem After krochen. Trotzdem hatte ich nie selbst eine Wurminfektion. Eine von Zecken übertragene Borreliose hatte ich allerdings schon. Die ließ sich zwar mit Antibiotika sehr gut behandeln, aber ich kenne einige Menschen, die nicht so glimpflich davonkamen. Sie leiden bis heute an chronischer Borreliose. In unserer Region sind Zecken vor allem schädlich für Menschen, weniger für Hunde. Wenn die Zecken vom Hund auf den Menschen übergehen, ist das eigentlich das schlimmste, was passieren kann. Ich kenne eine Halterin, die gegen Zecken gar nichts unternimmt, und sie dem Hund einfach nur entfernt, wenn sie welche findet. Das muss jeder Halter und jede Halterin selbst entscheiden.

Die richtige Tierarztpraxis finden

Mit meinen Katzen lebte ich in einer tiermedizinischen Käseglocke. Wir hatten eine sehr erfahrene Tierärztin, die zwar - rückwirkend betrachtet - nicht immer auf dem neuesten Stand der Wissenschaft war, dafür aber sehr sympathisch und vor allem günstig. Ihre Behandlungen hinterfragte ich nicht, und war mit den Beratungsgesprächen immer vollends zufrieden. Diese Frau formte mein Bild vom Tierarztberuf - zumindest so lange, bis sie in Rente ging. Ungefähr zur gleichen Zeit recherchierte ich einen Artikel für eine Jagdzeitschrift. Dabei ging es

unter anderem um die Vor- und Nachteile der Kastration beim Jagdhund. Die Recherche wurde zu einer Odyssee. In jeder Praxis, in der ich anfragte, bekam ich eine andere Antwort. Ein Tierarzt sagte, dass er Kastrationen grundsätzlich ablehne, der andere war der Ansicht, dass der beste Kastrationszeitpunkt bereits vor der ersten Läufigkeit sei, andere warnten davor und sagten, dass man die erste Läufigkeit unbedingt abwarten müsse. Wieder andere wollten erst kastrieren, wenn der Hund ausgewachsen ist. Frustriert von den vielen teils gegensätzlichen Auskünften, fragte ich bei der Ludwig-Maximilians-Universität (LMU) an, genauer beim Lehrstuhl für Reproduktionsmedizin. Ich bekam eine Fachpublikation zugesandt, in der geschrieben stand, dass es zu den Folgeerscheinungen einer Kastration unter Experten viele Meinungen gibt, aber nur wenige solide Daten. In der tiermedizinischen Fachpublikation aus dem Jahr 2017[18] heißt es:

„Eine Umfrage in deutschen Tierarztpraxen und -kliniken zeigt deutlich, dass die Qualität der Kastrationsberatungsgespräche erheblich differiert..."

Seit ich Chaska habe, meinen ersten eigenen Hund, habe ich zwangsläufig verschiedene Tierarztpraxen besucht, und gelernt, dass nicht nur beim Thema Kastration die Meinungen weit auseinander gehen, sondern beispielsweise auch

---

18 S. Arlt et al. „Kastration der Hündin – neue und alte Erkenntnisse zu Vor- und Nachteilen" Tierärztliche Praxis Kleintiere 4/2017, S. 253 - 263

bei der Ernährung, Blutuntersuchungen, dem Umgang mit Kortison und auch bei der Verwendung von Zecken- und Wurmkuren. Diese verschiedenen Meinungen sind größtenteils einem Mangel an Information geschuldet. Entweder hat Tierarzt oder -ärztin Berufserfahrung, sich aber jahrelang nicht weitergebildet, oder die Menschen kommen frisch von der Uni, und wissen nicht, dass viele Tiere die Lehrbücher nicht gelesen haben. Manche Standardbehandlungen funktionieren einfach nicht, oder machen die Sache nur noch schlimmer. Vor allem bei schlecht erforschten Krankheiten wie Allergien und Unverträglichkeiten sind viele Tiermedizinerinnen und -mediziner ratlos, geben es aber nicht zu. Ein weiterer Punkt ist die zwischenmenschliche Komponente. Als ich mit Chaska in der Welpenzeit einmal wegen dauerhaftem Durchfall bei einer Tierärztin vorstellig wurde, wollte sie ihr eine Spritze geben. Ich fragte, was das denn für ein Medikament sei, das sie da spritze. Eine Antwort bekam ich nicht, nur einen verdutzten Blick mit der Rückfrage, „geimpft ist die aber schon?" Allein durch mein Nachfragen steckte mich diese Tierärztin schon in die Schublade der Impf- und Medikamentengegner. Das ist kein guter Umgang mit Kunden, die teure Tierarztrechnungen bezahlen. Man darf - und sollte auch - umfangreiche Beratungsgespräche erwarten sowie eine detaillierte Aufklärung über die Wirkung und mögliche Nebenwirkung von Medikamenten. Oft werden nur Symptome weggespritzt, die Ursachen aber nicht erforscht. Daher

ist es wichtig, nachzufragen, dem Tier zuliebe, auch wenn das zu unangenehmen Situationen führt. Gleichzeitig sollte man Verständnis haben für Tierarzt oder -ärztin. Denn die Erwartungen an sie sind beinahe utopisch. Tiere sind ähnlich komplexe Organismen wie Menschen. Dennoch haben sich in der Tiermedizin Strukturen eingebürgert, die lediglich die Unterscheidung in Klein- und Großtier rechtfertigen, unabhängig von der Art der Krankheit. Anders ausgedrückt: Niemand würde in eine Hausarztpraxis gehen und dort eine Operation unter Vollnarkose verlangen. Dazu geht man in eine Klinik, oft sogar in eine Spezialklinik, in der Menschen arbeiten, die sich auf genau die Art von Operation spezialisiert haben, die man braucht. Warum erwarten wir also von Tierärzten und -ärztinnen, dass sie alles können, von der Behandlung des alltäglichen Wehwehchens über Kastration und Knochenreparatur bis hin zur Tumorentfernung? Nach und nach ändert sich diese Erwartungshaltung, und Menschen suchen auch für ihre Tiere Facharztpraxen auf. Meine Empfehlung ist es, sich bereits vor der Anschaffung des Hundes Gedanken über das persönliche System der medizinischen Versorgung zu machen.

Hausarztpraxis

Ähnlich wie beim Menschen ist eine Haustierärztin oder ein Haustierarzt am besten irgendwo in der Nähe. Dort geht man hin für Vorsorgeuntersuchungen wie Blut- oder Kottests sowie bei kleinen Wehwehchen, etwa Durchfällen oder Ohrenentzündungen. Hier wird nicht immer gleich der große Hammer ausgepackt, wie Antibiotikum oder Kortison, sondern es werden auch pflanzliche Mittel angeboten. Die Menschen dort machen im Idealfall auch Ernährungsberatung, oder kennen zumindest den Zusammenhang zwischen Ernährung und Gesundheit. Diesbezüglich können sie Empfehlungen aussprechen. Das medizinische Fertigfutter der Großkonzerne steht aber nicht im Regal. Alle medizinischen Daten des Hundes laufen hier zusammen. Arzt oder Ärztin wissen genau, wo ihre Fähigkeiten enden, und können ihren Patienten je nach Bedarf verschiedene Facharztpraxen oder Kliniken empfehlen.

Facharztpraxis

Ähnlich wie in der Humanmedizin gibt es in der Tiermedizin Spezialisierungsmöglichkeiten. Fachtierärzte und -ärztinnen findet man oft, aber nicht nur, an Tierkliniken. Im Folgenden eine kurze Übersicht über mögliche Fachrichtungen, ohne Anspruch auf Vollständigkeit:

- Innere Medizin: Tierärztinnen und -ärzte behandeln und diagnostizieren Erkrankungen innerer Organe wie Lunge, Herz, Nieren, Leber sowie die Organe des Verdauungssystems.

- Chirurgie: Tierärztinnen und -ärzte können auch komplexe Operationen durchführen, beispielsweise Tumore entfernen und Gelenke oder Knochen reparieren.

- Dermatologie: Tierärztinnen und -ärzte befassen sich mit Erkrankungen der Haut, des Fells und der Krallen. In diesem Zusammenhang kennen sie sich auch mit Allergien, Infektionen oder bestimmten Tumorarten aus.

- Augenheilkunde: Tierärztinnen und -ärzte diagnostizieren und behandeln Augenerkrankungen wie Glaukome, Katarakte und Hornhautschädigungen. Sie machen auch Voruntersuchungen auf Erbkrankheiten im Rahmen der Zuchtzulassung.

- Kardiologie: Tierärztinnen und -ärzte diagnostizieren und behandeln Herzkrankheiten. Sie führen Untersuchungen durch wie Echokardiografie, EKGs und Herzkatheteruntersuchungen.

- Neurologie: Tierärztinnen und -ärzte diagnostizieren und behandeln Erkrankungen des Nervensystems. Dazu gehören Rückenmarksverletzungen, Gehirntumore oder Epilepsie.

- Onkologie: Tierärztinnen und -ärzte diagnostizieren und behandeln Krebserkrankungen bei Tieren. Sie können Chemotherapie und Bestrahlung durchführen, oder Tumore chirurgisch entfernen.

- Verhaltensmedizin: Tierärztinnen und -ärzte untersuchen Verhaltensprobleme und entwickeln Behandlungspläne, um störendes oder krankhaftes Verhalten zu modifizieren, so ähnlich wie Psychologinnen und Psychologen beim Menschen. Soll ein Hund aufgrund seines Verhaltens kastriert werden, wären sie die richtigen Ansprechpartner.

- Reproduktionsmedizin: Tierärztinnen und -ärzte behandeln und diagnostizieren Erkrankungen der Geschlechtsorgane und der Milchdrüse sowie Erkrankungen neugeborener Welpen. Sie sind die richtigen Fachleute, um eine Zuchthündin während der Schwangerschaft zu begleiten. Bei Komplikationen wissen sie schnell, was zu tun ist.

- Tierernährung und Diätetik: Tierärztinnen und -ärzte kennen sich mit Nährstoffen aus, mit Mangelerscheinungen oder Überdosierungen. Sie können Ernährungspläne erstellen, und wissen, welche Untersuchungen zur optimalen Diagnostik notwendig sind. Meiner Meinung nach sollten auch Allgemeinärztinnen und -ärzte dieses Wissen haben. Vielleicht wird das in Zukunft noch.

Tierklinik

Sämtliche Operationen - Kastrationen eingeschlossen - empfehle ich in Tierkliniken durchführen zu lassen, beziehungsweise in tiermedizinischen Einrichtungen, die wirklich gut für Operationen ausgestattet sind. Das hat verschiedene Gründe. Zum einen ist das Personal chirurgisch besser ausgebildet, und hat mehr Erfahrung als der durchschnittliche Allgemeinarzt oder die -ärztin. Ähnlich wie in der Humanmedizin ist die Anästhesie eine Wissenschaft für sich. Eine Narkose muss passend dosiert und entsprechend überwacht werden. Gibt es Komplikationen, können erfahrene Fachleute schneller reagieren. Grundsätzlich sollten in einem Operationssaal für Tiere ähnlich hygienische Bedingungen herrschen wie in einem für Menschen. Auf diese Weise sinkt das Infektionsrisiko, und damit die Notwendigkeit für die Verabreichung großer Mengen Antibiotika. Außerdem gibt es in Tierkliniken in der Regel besseres Equipment. Vor allem die Überwachung der Vitalwerte während einer Operation ist außerordentlich wichtig. Ich durfte beruflich einmal bei der Kastration eines Dackelrüden dabei sein. Der Hund schlief nach der Narkosespritze scheinbar tief und fest. Sobald der Arzt mit dem Skalpell zum ersten Schnitt ansetzte, stieg die Herzfrequenz abrupt an. Der Dackel schien den Schmerz trotz Bewegungslosigkeit noch zu spüren. Zum Glück gab es in dieser Praxis ein Elektrokardiogramm (EKG)-Gerät, und das Problem wurde rasch erkannt. Das Personal spritzte Narkosemittel nach, sodass der Hund definitv unter Vollnarkose lag. Bei Bewusstsein operiert zu werden, ist für jeden Menschen ein absolutes Schreckensszenario. Da Tiere uns nicht von ihren Erlebnissen erzählen können, mag es hier eine gewisse Dunkelziffer geben. Die Herstellervorgaben für Narkosemittel sind nur allgemeine Richtwerte. Jedes Tier ist - ähnlich wie jeder Mensch - in seiner Biochemie ein wenig anders. Daher sind bei Operationen Gerätschaften zur Überwachung der Vitalwerte unerlässlich. Da ihre Anschaffung teuer ist, sind sie nicht in allen Tierarztpraxen vorhanden. Kliniken sind hier in der Regel besser ausgestattet. Operationen kosten aber auch mehr Geld als in normalen Tierarztpraxen. Die Expertise und Ausstattung sind den Aufpreis wert.

Leider gibt es immer weniger Einrichtungen, die sich „Tierklinik" nennen dürfen. Das Problem ist meist, dass eine Klinik rund um die Uhr geöffnet sein müsste. Aus Personal- und Kostengründen ist das nur selten möglich.

Mittlerweile haben sich andere Begriffe eingebürgert, etwa „Tierärztliches Fachzentrum", Tiergesundheitszentrum" oder „Fachtierarztzentrum". Das heißt aber nicht, dass Ausstattung und Expertise der einer Klinik entsprechen. Es macht Sinn, vor der Anschaffung eines Hundes einen Rundruf bei den tierärztlichen Einrichtungen in der Umgebung zu starten, und zu recherchieren, ob sie auch für Operationen beziehungsweise Notfälle ausgestattet sind. Können bei einer Vollnarkose Puls und Atmung überwacht werden, Blutdruck, Körpertemperatur, die Sauerstoffsättigung des Blutes und auch die Kohlenstoffdioxid-Konzentra-

Gummistock als sichere Wahl. Das Spielen mit dem allseits beliebten Holzstock kann schnell zum tiermedizinischen Notfall werden, etwa wenn der Hund mit dem Stock im Maul stolpert und ihn sich in den Rachen stößt. Daher verwenden viele Menschen flexible Gummispielzeuge. Foto: alo

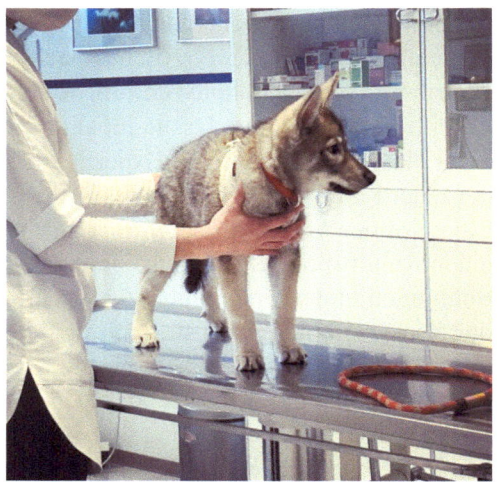

Chaska im Alter von elf Wochen bei ihrem ersten Besuch in der Tierarztpraxis. Foto: alo

tion in der ausgeatmeten Luft? Falls das nicht der Fall ist, kann man bei akuten Notfällen, etwa bei einem Verkehrsunfall, gleich eine andere Praxis ansteuern. Werden Knochenbrüche vermutet, sollte die Praxis auch ein Röntgengerät besitzen.

Notdienst

Was mache ich, wenn der Welpe am Sonntagnachmittag von einer Biene ins Maul gestochen wird und die Atemwege zuschwellen? Da Welpen gerne nach allen möglichen Fluginsekten schnappen, ist das Szenario sehr wahrscheinlich. Ähnlich schnell muss man reagieren, wenn der Hund beispielsweise einen Giftköder aufnimmt oder von einem Auto angefahren wird. Gemäß Murphys Gesetz treten Notfälle immer dann ein, wenn keine Praxis offen hat. Wohin also? Schnelles Handeln ist dringend notwen-

dig. Daher ist es günstig, sich vorher zu informieren und Notfallnummern einzuspeichern. Hat man das Glück, dass sich eine 24 Stunden lang geöffnete Tierklinik in der Nähe befindet, dann prima. Meist ist das aber nicht der Fall. Dann gibt es in einigen Regionen sogenannte Ringnotdienste, bei denen sich einzelne Praxen abwechseln. Mancherorts gibt es auch Tierrettungen, die beispielsweise verunfallte Haus- und Wildtiere mit einem Rettungswagen abholen und in die nächste, geöffnete Praxis oder Tierklinik bringen. Es hilft, sich in der jeweiligen Region zu informieren, sich die Nummern und Öffnungszeiten herauszuschreiben, und sie für alle Familienmitglieder oder Hundesitter sichtbar aufzuhängen.

Erste-Hilfe-Kurs

Manche Tierarztpraxen und viele Hundeschulen bieten Erste-Hilfe-Kurse für Hunde an. Halterinnen und Halter lernen, wie man im medizinischen Notfall reagiert, etwa wenn der Hund einen Giftköder gefressen hat oder von einer Biene gestochen wurde. Mund-zu-Schnauze-Beatmung und Herzmassage werden an einer Puppe geübt. Zudem geht es um giftige Lebensmittel und Gefahrenprävention im Alltag - alles wichtige Themen, bei denen es Sinn macht, sich bereits vor der Anschaffung damit auseinanderzusetzen.

Fell- und Krallenpflege

Beim Tamaskan ist die Fellpflege auf das Bürsten im Fellwechsel beschränkt.

Es muss nichts getrimmt oder geschoren werden. Manche Hunde laufen sich die Krallen von alleine kurz, andere nicht. Das liegt ein bisschen am Gangbild des einzelnen Hundes. Oft macht es Sinn, zum Krallenschneiden zu einer Fellpflegerin oder einem -pfleger zu gehen. Erfahrene Hände machen viel aus. Als Halter- oder Halterin ist man oft zu zögerlich, aus Angst den Hund zu verletzen. Der Hund merkt das und wird ebenfalls nervös. Zumindest zur Gewöhnung des Welpen ans Krallenschneiden, Kämmen und Baden darf man sich ruhig im Hundesalon Tipps holen. Das wird in der Sozialisierungsphase häufig unterschätzt. Ein Hund, der noch nie einen Elektrorasierer gehört hat, wird sicherlich erschrecken, wenn ihm in der Tierarztpraxis der Bauch für einen Ultraschall rasiert werden soll.

Gewöhnung an die Tierarztpraxis

Es ist wichtig, einen Welpen frühzeitig an den Besuch einer Tierarztpraxis zu gewöhnen. Dieser sollte nicht jedes Mal schmerzhaft sein. Oft erlaubt es das Personal, dass der Hund einfach nur auf dem Behandlungstisch sitzt und Leckerli bekommt. Als Vorbereitung für einen tiermedizinischen Gesundheitscheck bedienen sich viele Menschen der sogenannten „pflegenden Dominanz". Schon die Hundemutter leckt ihre Welpen auf dem Rücken liegend von Kopf bis Fuß sauber. Daran können bereits die Menschen in der Zuchtstätte anknüpfen, indem sie die Welpen sanft am ganzen Körper, auch an

Pfoten, Maul und Ohren berühren. Bei Chaska habe ich das immer gemacht, wenn sie ohnehin müde war und geschlafen hat. Auch beim erwachsenen Hund ist es gut, wenn immer wieder schmerzlose Tierarztbesuche stattfinden. Chaska beispielsweise war anfangs recht entspannt in der Praxis. Die erste Blutabnahme funktionierte einwandfrei. Bei der zweiten, einige Monate später, verkrampfte sie sich bereits bevor die Tierärztin die Nadel ansetzte. Das wäre vielleicht besser gelaufen, hätten wir zwischendurch mehr angenehme Besuche in der Praxis gemacht.

Pflegende Dominanz: Während Chaska auf meinen Beinen schlief, habe ich sie sanft an Ohren, Pfoten und Maul gestreichelt. So war sie daran gewöhnt, wenn entsprechende Körperteile untersucht werden mussten. Foto: alo

Was wir wissen, ist ein Tropfen, was wir nicht wissen, ein Ozean.

Leider ist das berühmte Zitat des britischen Physikers Isaac Newton heute immer noch genauso gültig wie vor 300 Jahren. Der Tropfen mag etwas größer geworden sein, aber es gibt in der Wissenschaft, auch im Bereich der Medizin, noch so vieles, das wir nicht verstehen, unter anderem wie Krankheiten mit Genetik und Ernährung zusammenhängen. Vor allem die Frage, wie unser Mikrobiom, also die Gesamtheit der in und auf uns lebenden Mikroorganismen, unsere Gesundheit beeinflusst, ist bei Weitem nicht beantwortet. Was in diesem Fall für die Humanmedizin gilt, gilt auch für die Tiermedizin. In vielen Bereichen tappt die Forschung bis heute im Dunkeln. Obwohl sie es eigentlich besser wissen müssten, weigern sich viele Mediziner und Medizinerinnen zuzugeben, wenn sie mit ihrem Latein am Ende sind. Oft wird dann mit Kanonen auf Spatzen geschossen. Wie bereits zuvor erwähnt, sind beispielsweise Antibiotika und Kortison sehr mächtige Wirkstoffe, die auch starke Nebenwirkungen haben können. Bei kleinen Zipperlein oder wenig erforschten Krankheiten kann es sein, dass sie mehr Schaden anrichten als Gutes tun. Man sieht es auch häufig in der Humanmedizin: Dauermedikation wird zur Endlosschleife, die immer mehr Medikamente nach sich zieht. Jede Nebenwirkung macht ein neues Fass auf. Halterinnen und Halter erleben oft, dass es ihrem Tier nach dem Tierarztbesuch nicht besser geht - und manchmal sogar schlechter. Will man sich über alternative Behandlungsmöglichkeiten informieren, sind mancherorts die Reaktionen von Schulmedizinern und -medizinerinnen alles andere als verständnisvoll. Da wird oft mit den Augen gerollt und mit den Schultern gezuckt. Durch mein häufiges Nachfragen wurde ich in manchen Praxen zur „schwierigen Kundschaft", und dementsprechend behandelt. Bücher wie die von Tierärztin Jutta Ziegler zeigen, dass zahlreiche Halterinnen und Halter von tiermedizinischen Beratungen enttäuscht sind. Kein Wunder also, dass viele Menschen - mich eingeschlossen - auch gerne einmal zu Heilpraktikerin oder Heilpraktiker gehen. Da wird man in der Regel auch freundlicher behandelt.

++Lesetipp++

Im Buch „Hunde würden länger leben, wenn..." (11. Auflage, 2020, mvg-Verlag) berichtet die Salzburger Tierärztin Jutta Ziegler anhand zahlreicher Fallbeispiele von kontraproduktiven Behandlungsmethoden und ihren Alternativen. Lesenswert auch für Tierärztinnen und Tierärzte.

Was den Erfolg der Behandlungsmethoden betrifft, muss man jedoch im Detail unterscheiden. In der Alternativmedizin gibt es durchaus wissenschaftlich nachvollziehbare Methoden. Dazu gehört zum Beispiel die Pflanzen- und Kräutermedizin. Angefangen bei der passenden Ernährung, lassen sich viele

Wehwehchen durch pflanzliche Hausmittel kurieren. Hierzu zähle ich auch die Vitalpilze, die zwar botanisch nicht zu den Pflanzen gehören, aber ebenfalls greifbare Naturstoffe enthalten. Wirkstoffe in Pflanzen oder Pilzen bestehen aus chemischen Verbindungen, die vom Körper aufgenommen und verstoffwechselt werden. Auf der Haut, im Magen-Darm-Trakt oder über die Blutbahn finden sie ihre Wirkungsorte. Pflanzliche Wirkstoffe sind in der Regel keine Reinstoffe wie die der Pharmaindustrie, sondern Stoffgemische, teils mit hunderten verschiedener Substanzen, von denen die wenigsten erforscht sind. In der Regel wirken Kräuter schonender als so mancher Reinstoff, aber trotzdem können sie Nebenwirkungen haben. Auch Überdosierungen sind mehr oder weniger schnell möglich, je nach Pflanze. Für zahlreiche Naturstoffe gibt es weder medizinische Studien noch Packungsbeilagen. Eine Wirkung ist nicht immer nachgewiesen. Die Qualität kann sich je nach Anbaugebiet und Herstellungsverfahren unterscheiden. Daher ist es wichtig, sich von einer fachkundigen Person beraten zu lassen. Mittlerweile kann man in vielen Tierarztpraxen fragen: „Gibt es da auch etwas Pflanzliches?" Alternativ macht natürlich auch der Besuch einer kräuterkundigen Heilpraktikerin oder eines Heilpraktikers Sinn. Hier zählt vor allem die Erfahrung der jeweiligen Person und der Grundsatz: „Wer heilt, hat Recht." Umstrittener als die Kräuter- und Vitalpilzkunde ist die Homöopathie. Ihr liegt das wissenschaftlich nicht belegte

Ähnlichkeitsprinzip zugrunde. Krankheitsauslösende Stoffe sollen in starker Verdünnung heilende Wirkung haben. Das sind beispielsweise Quecksilber, Arsen oder Tollkirsche. Das Verdünnen nennt man auch Potenzieren. Das geschieht in Wasser, Alkohol, Glycerin oder Zucker. Es gibt verschiedene Potenzen, die man unterschiedlich betrachten sollte. D4 bedeutet beispielsweise, dass der Stoff 1 zu 10.000 verdünnt wurde. Das entspricht etwa einem Tropfen auf einen halben Liter Lösungsmittel. In allzu großen Mengen verabreicht, können hier tatsächlich noch Vergiftungserscheinungen auftreten. D6 bedeutet, dass der Stoff eins zu einer Million verdünnt wurde. Das entspricht einem Tropfen auf 50 Liter Lösungsmittel. Hier wäre das Risiko einer Vergiftung um einiges geringer, auch bei starker Überdosierung. Neben den stark verdünnten Giftstoffen gibt es derzeit auch eine Reihe homöopathischer Mittel, die Heilpflanzen enthalten. Beispielsweise enthält ein gängiges homöopathisches Entzündungsmittel pro Tablette immerhin noch jeweils 15 Milligramm einer D3-Verdünnung, also 15 Mikrogramm Ringelblume, Hamamelis und Schafgarbe. Das ist keine Homöopathie nach dem Ähnlichkeitsprinzip, sondern stark verdünnte Pflanzenmedizin. Homöopathische Mittel werden oft von Fachleuten in Alternativ- und Schulmedizin empfohlen. Hält man sich an die Dosierungsvorgaben, können sie nicht schaden. Teuer sind sie auch nicht, weshalb man sie durchaus begleitend zur Therapie einsetzen kann. Klinische Studien mit homöopathischen Mitteln sind oft nicht eindeutig.[19] Meiner Meinung nach ist der Placebo-Effekt noch viel zu wenig erforscht. Vielleicht wirken manche Mittel auch dann, wenn zumindest einer daran glaubt, und sei es nur Therapeut oder Therapeutin. Aber Vorsicht: Wird Homöopathie als Alleintherapie eingesetzt, kann das auch gefährlich sein. Genauso wie alle anderen Heilmethoden, die wissenschaftlich nicht nachvollziehbar sind, etwa auch die Bachblütentherapie oder das Bioresonanz-Verfahren, kann sie helfen oder auch nicht. Die Wissenslücken in der Schulmedizin versucht die Alternativmedizin mit eigenen Erklärungen zu füllen. Da wird oft von quantenphysikalischen Wirkweisen gesprochen. Die Quantenphysik beschäftigt sich mit Naturgesetzen im atomaren und subatomaren Bereich. Tatsächlich liegen in diesem Forschungsfeld einige der letzten Grenzen der Menschheit. Oft wird versucht alternativmedizinische Ansätze mit Quantenphysik zu erklären. Das ist oft Pseudowissenschaft, reine Theorie, die nicht bewiesen und teils sogar schon widerlegt ist. Leider verlassen sich viele Menschen darauf. Dann kann es sein, dass ein Tier unnötig leiden muss, obwohl man mit pharmazeutischen Wirkstoffen schneller hätte helfen können. Als Halter oder Halterin sollte man das im Hinterkopf behalten, und im Einzelfall gut abwägen. Wichtig: Es gibt auch Krankheiten, bei denen we-

der schul- noch alternativmedizinische Mittel helfen. Das bekannteste Beispiel sind Futtermittelunverträglichkeiten. Die einzige Heilung liegt darin, die Ursache zu beseitigen.

Ich bin froh, dass ich eine Tierärztin gefunden habe, die sich sowohl in der Schul- als auch in der Alternativmedizin auskennt. Sie legt den Fokus auf die Ernährung, stellt hierzu viele Fragen, und führt zu jedem Tier eine Liste, in der beispielsweise Futterumstellungen vermerkt werden. Ein Beratungsgespräch gehört zu jedem Besuch dazu. Bei kleinen Wehwehchen bekommt Chaska pflanzliche und teils homöopathische Mittel. Bei Beschwerden, die aufwendige Diagnostik oder Operationen erfordern könnten, werden wir zur nächsten Klinik weitergeschickt. Auf diese Weise vermeide ich übermäßige Medikamentengabe, habe aber die Sicherheit, dass bei ernsthaften Problemen alle Vorzüge der Schulmedizin bereitstehen, ganz nach dem Motto: „So wenig wie möglich, aber so viel wie nötig."

Tier als Spiegel

Es gibt einige Menschen in der Alternativmedizin, die überzeugt sind, dass Haustiere Krankheiten spiegeln. Es heißt, die Tiere wollen ihren Menschen die Last abnehmen. Solche Therapeutinnen und Therapeuten möchten am liebsten Halter oder Halterin kurieren, damit es auch dem Tier wieder besser geht. Bei manchen Erkrankungen ist das aber gar nicht so einfach. Daher sollte

19 R.T. Mathie RT, J. Clausen Veterinary homeopathy: meta-analysis of randomised placebo-controlled trials. Homeopathy. 2015;104:3–8.

man mit diesem Ansatz vorsichtig sein. Denn ein dunkler Gedanke liegt gleich um die Ecke, nämlich: „Ich mache mein geliebtes Haustier krank. Wäre es woanders nicht besser aufgehoben?" Mit solch unnötigen Schuldgefühlen wird die Krankheit bestimmt nicht besser. Dieses Missverständnis kann auch im therapeutischen Sinn nicht gewollt sein. Etwas Wahrheit verbirgt sich in der Spiegel-Theorie aber schon. Denn im Gegensatz zum Menschen leben Tiere immer im Hier und Jetzt. Weder grübeln sie über die Vergangenheit nach, noch machen sie sich Sorgen über die Zukunft. Wenn also Halterin oder Halter deswegen in Dauerstress, Burn-out oder Depression gerät, muss sich der Hund zwangsläufig fragen: „Merkt Herrchen oder Frauchen gerade etwas, das mir entgeht? Kommt da gleich ein Bär um die Ecke und frisst uns?" Stress ist ansteckend, auch für unsere Haustiere. Langfristig können sie mit chronischen Erkrankungen reagieren oder mit Verhaltensauffälligkeiten. Nicht umsonst heißt es: „Ausgeglichene Menschen haben ausgeglichene Hunde." Wer spürt, dass sich Depressionen oder Zukunftsängste breitmachen, sollte dringend etwas unternehmen, auch der eigenen Gesundheit zuliebe. Meditation, Atemübungen oder Achtsamkeitstraining machen auch dann Sinn, wenn es nur um einen kleinen emotionalen Schluckauf geht, etwa wenn bei Halter oder Halterin kurz vor der Hundebegegnung schon der Puls steigt. Der Hund spürt das und reagiert, beispielsweise mit Leinenaggression. Das Problem ist weit verbreitet.

Hundetrainerinnen und -trainer können davon ein Lied singen.

Zusammenfassend lässt sich sagen: Es gibt wirksame und weniger wirksame Methoden in der Alternativmedizin. Oft ist der Erfolg Glaubensfrage. Heilpraktikerinnen und Heilpraktiker haben derzeit vor allem deshalb so großen Zulauf, weil viele Menschen von der schulmedizinischen Beratung und Behandlung enttäuscht oder frustriert sind. Oft hilft es schon, sich andere Tierarztpraxen anzuschauen. Denn die Qualitätsunterschiede sind enorm.

Vielleicht wird künftig ein Umdenken stattfinden. Wenn mehr Tierärztinnen und -ärzte wieder das komplette Tier sehen, sich weiterbilden und unabhängig von den Provisionen der Pharma- und Fertigfutterindustrie agieren, dann wird die Schulmedizin sicher wieder mehr Kundschaft gewinnen.

Tierkrankenversicherungen

Die Idee einer Tierkrankenversicherung ist es, dass Tierarztkosten von der Versicherung übernommen werden, ähnlich einer Menschenkrankenversicherung. So soll Halterin oder Halter vor großen finanziellen Ausgaben bewahrt werden. Verpflichtend sind sie nicht. Man darf sie auch nicht verwechseln mit den Haftpflichtversicherungen, die Schäden bezahlen, die das Tier bei anderen Menschen, Tieren oder Gegenständen verursacht. Hundehaftpflichtversicherungen sind überaus sinnvoll und in manchen Bundesländern sogar Pflicht. In der Regel liegen sie unter 100 Euro pro Jahr und sind somit relativ günstig. Im Gegensatz dazu können Tierkrankenversicherungen bei um die 100 Euro im Monat liegen, und stellen damit für die meisten Menschen eine große finanzielle Belastung dar. Als günstigere Alternative gibt es OP-Versicherungen, die zwar nicht jeden Besuch in der Tierarztpraxis abdecken, aber immerhin teure Operationen. Die Kosten dafür können zwischen einigen hundert und mehreren tausend Euro liegen. Daher sind OP-Versicherungen ein guter Kompromiss, um sich vor dem finanziellen Ruin zu schützen, etwa wenn der Hund am Sonntagnachmittag einen Unfall hat und notoperiert werden muss.

Notdienstgebühr

Für alle Behandlungen, die nachts, am Wochenende und an Feiertagen durchgeführt werden, dürfen Tierarztpraxen den zwei- bis vierfachen Satz in Rechnung stellen, plus Notdienstgebühr.

Nicht nur der Notdienst ist teurer geworden. Mit der Änderung der Gebührenordnung für Tierärztinnen und Tierärzte (GOT) im Jahr 2022 sind bundesweit die Kosten für tiermedizinische Behandlungen allgemein gestiegen. Aus Erfahrung kann ich sagen, dass ein Tierarztbesuch unter 50 Euro kaum mehr möglich ist. In diesem Zusammenhang sind Tierkrankenversicherungen sehr attraktiv geworden - aber Vorsicht! Wie bei allen Versicherungen verbergen sich viele po-

tenzielle Ärgernisse im Kleingedruckten. Ein Beispiel: Bei einer meiner Katzen war eine Zahnbehandlung für 350 Euro notwendig. Ich hatte bereits lange zuvor eine OP-Versicherung abgeschlossen und war erleichtert. Mit der Kostenerstattung wurde es leider trotzdem nichts, weil ich den Zahnzusatzschutz nicht aktiviert hatte. Den hätte es nur gegen Aufpreis gegeben. Leider hatte ich das beim Abschluss der Versicherung übersehen. Die wenigsten Menschen haben Lust, sich mit den Details von Versicherungsleistungen zu befassen. Leider führt kein Weg daran vorbei. Es ist überaus ärgerlich, wenn man trotz teurer Vorsorge am Ende trotzdem auf den Kosten sitzen bleibt. Auch hier ist also Recherchearbeit notwendig. Eine erste Übersicht liefert die sogenannte Eisbaum-Tabelle. Das ist ein von Experten erstellter Versicherungsvergleich, um Halterinnen und Haltern die Auswahl einer Tierkrankenversicherung zu erleichtern. Auf der Website findet man eine Übersicht, und kann auch gleich die Daten des eigenen Hundes eingeben. Dann bekommt man sofort das beste Ergebnis angezeigt.

 Link zur Website der Eisbaumtabelle mit aktuellem Testvergleich von Hundekrankenversicherungen.

In der Regel sind die Versicherungsbeiträge für junge Hunde am günstigsten. Für ältere Hunde steigen sie, weil auch das Risiko für Erkrankungen steigt. Es gibt viele Versicherungen, die Hundesenioren nicht mehr aufnehmen. Daher macht es durchaus Sinn, gleich den Junghund zu versichern. Wichtig: In Hinblick auf die Kostenerstattung geht es nicht nur um die Behandlung des kranken Hundes, sondern vor allem auch um die Vorsorge. Schließlich sollte es das Ziel sein, dass der Hund gar nicht erst krank wird, beziehungsweise, dass man Krankheiten frühzeitig erkennt. Vor diesem Hintergrund kann man durchaus recherchieren, ob Versicherungen beispielsweise auch Folgendes bezahlen:

- Regelmäßige Blutuntersuchungen, z.B. einmal im Jahr Blutbild mit Organwerten

- Routine-Check-up in der Tierarztpraxis mit Anschauen und Herzabhören. Das ist schmerzlos und daher gut für die Gewöhnung.

- Regelmäßige Kotuntersuchungen auf Darm- und Lungenparasiten, z.B. viermal im Jahr Laboranalyse einer Sammelkotprobe (anstatt Wurmkur)

- Tierärztliche Ernährungsberatung mit Erstellung eines Futterplans

- Im Fall von Darmproblemen: Kotuntersuchung auf Darmgesundheit, z.B. Bakterienzusammensetzung, Schleimhautwerte, Gallensäuren, usw.

- Zahnreinigung. Manche Hunde leiden unter Zahnbelag, der in der Regel unter Narkose entfernt wird.

- Alternativmedizinische Methoden. Manche Versicherungen übernehmen diese Leistungen, jedoch nur wenn sie von Tierarzt oder -ärztin durchgeführt werden, nicht von Heilpraktikerin oder Heilpraktiker.

Es wäre schön, wenn der monatliche Versicherungsbeitrag die gesamten Tierarztkosten abdeckt. Tut er das nicht, kann man sich auf deftige Zusatzausgaben einstellen. Meine Lösung war es, eine günstige OP-Versicherung abzuschließen. Den Rest zahle ich selbst. Viele Leute legen sich jeden Monat einen bestimmten Betrag für tiermedizinische Ausgaben zurück. So sparen sie sich lange Diskussionen mit der Versicherung, ob die jeweilige Leistung abgedeckt ist oder nicht.

Wie viel Impfen muss sein?

Spätestens seit der Corona-Pandemie sind Impfungen zum Reizthema geworden. Manche Menschen behaupten, dass sie mehr Schaden als Nutzen bringen. Andere sind absolute Verfechter. Ihnen zufolge ist Impfverweigerung verantwortungslos. Wie immer findet man die Wahrheit irgendwo in der Mitte. Grundsätzlich gehört das Impfen zu einer der größten medizinischen Errungenschaften der letzten 300 Jahre. Im 18. Jahrhundert starben zahlreiche Menschen an den Pocken, einer durch Pockenviren übertragenen Infektionskrankheit. Der britische Arzt Edward Jenner entdeckte, dass Menschen, die sich einmal mit dem harmlosen Kuhpockenvirus infiziert hatten, immun gegen die gefährlichen Pocken waren. Im Jahr 1796 konnte er das beweisen, indem er einen Jungen erst mit Kuhpocken und einige Wochen später mit Pocken infizierte. Der Junge überlebte. Das war der erste Schritt zu einer weltweiten Impfkampagne, durch die das Pockenvirus im Jahr 1980 ausgerottet wurde. Das Prinzip des Impfens ist ziemlich einfach: Das körpereigene Immunsystem entwickelt Antikörper gegen tote oder geschwächte Krankheitserreger, beziehungsweise gegen Teile davon. Wenn diese Antikörper dann einen Krankheitserreger mit ähnlicher Oberfläche finden, können sie ihn unschädlich machen, noch bevor die Krankheit ausbricht. Was bis heute alle Impfungen gemeinsam haben, ist, dass der Körper aktiv werden muss. Eine Impfung ist also nicht so harmlos wie beispielsweise eine Vitaminspritze. Das Immunsystem muss arbeiten. Daher können im Nachgang einer Impfung Krankheitssymptome wie Fieber oder Müdigkeit auftreten. Ein guter gesundheitlicher Ausgangszustand ist also sehr wichtig. Tierarzt oder Tierärztin sollte sich den Hund gut anschauen, bevor geimpft wird.

Einen kranken Hund impft man nicht!

Ist das Immunsystem des Hundes gerade anderweitig beschäftigt, dann macht es Sinn, mit der Impfung so lange zu warten, bis der Hund wieder gesund ist.

Da Impfungen den Körper strapazieren, darf man sich im Rahmen der Impfentscheidung folgende Fragen stellen:

1. Welche Impfungen sind wirklich notwendig?

Sämtliche Impfungen sind in Deutschland keine Pflicht, sondern nur Empfehlungen. Diese werden von der ständigen Impfkommission Veterinärmedizin (StIKo Vet) am Friedrich-Löffler-Institut gegeben. An diese Empfehlungen muss man sich nicht halten. Man sollte sich aber umfassend informieren, welche Risiken mit dem Nicht-Impfen verbunden sind. Außerdem kann es sein, dass man bei Hundeführerschein- oder Begleithundeprüfung den Impfpass vorzeigen muss. Manchmal werden die drei Core-Impfungen verlangt, manchmal nur die Tollwut-Impfung. Das hängt von der jeweiligen Prüfungseinrichtung ab.

Core- und Non-Core-Impfungen

Die StIKo Vet empfiehlt sogenannte Core-Impfungen. Das heißt, jedes Tier sollte zu jeder Zeit gegen diese Krankheiten geschützt sein. Daneben gibt es zahlreiche Non-Core-Impfungen, die nur unter bestimmten Bedingungen erforderlich sind.

Im Idealfall kann Tierarzt oder -ärztin Auskunft geben, wie wahrscheinlich es ist, dass ein Hund in einer bestimmten Region erkrankt. Dabei spielen auch die Lebensgewohnheiten eine Rolle. Wer mit dem Hund oft abseits der Wege in der Natur unterwegs ist, hat ein größeres Risiko. Dann würde es vielleicht Sinn machen, den Hund so zu impfen wie einen Jagdhund. Denn viele Krankheiten werden von Wildtieren übertragen. Aber auch der häufige Kontakt mit Artgenossen, etwa in einer Hundepension oder Tagesbetreuung, kann das Risiko für bestimmte Krankheiten erhöhen. Und auch im Fall von Urlaubsreisen können sich die Impf-Anforderungen ändern.

 Link zur Website des Friedrich-Löffler-Instituts (FLI) mit zahlreichen Informationen zu Hundekrankheiten und den verfügbaren Impfstoffen.

2. Wie viele Impfungen will ich meinem Hund auf einmal zumuten?

In der Tiermedizin werden zunehmend Kombi-Impfstoffe verwendet, mit sieben oder mehr verschiedenen Krankheitserregern. Das stellt das Immunsystem des Hundes vor große Herausforderungen. Man fragt sich, ob das wirklich sein muss. Natürlich macht es Sinn, zwei oder drei Komponenten der Grundimmunisierung in eine einzige Spritze zu packen. So muss man jeden Welpen nur einmal pieksen. Darüber hinaus scheinen so große „Impfbomben" aber eine unnötige Belastung für das Immunsystem zu sein. Eingehend erforscht sind sie meist nur am Beagle. Vor allem nach einer Tollwut-Impfung kann es zu sichtbaren Immunreaktionen kommen. Ich würde diesen Impfstoff immer einzeln und nur bei sehr guter Gesundheit spritzen lassen.

3. Wie lange schützt die Impfung?

„Das einzelne Tier ist nur so häufig wie nötig zu impfen."

Das schreibt die StIKo Vet in ihrer Leitlinie zur Impfung von Kleintieren (Stand März 2023). Diese Leitlinie haben anscheinend nicht alle Tierärztinnen und -ärzte gelesen. Häufig wird geimpft, was das Zeug hält, in der Regel jährlich. Bei den meisten Impfstoffen reicht gemäß Herstellerangaben die Wiederholung alle drei Jahre. Nur, weil in einem Kombi-Präparat vielleicht ein einzelner Impfstoff enthalten ist, der einmal pro Jahr gespritzt werden sollte, heißt das nicht, dass der Hund jedes Mal die „ganze Dröhnung" bekommen muss. Hier darf man durchaus nach Einzelimpfstoffen fragen. Außerdem: Ob und wie lange eine Impfung tatsächlich schützt, hängt davon ab, wie viele Antikörper gebildet werden, und wie lange sie sich im Körper halten. Antikörper bestehen aus Protein. Werden sie länger nicht gebraucht, werden sie abgebaut. Wer Bedenken hat, dass unnötig oft geimpft wird, kann via Blutuntersuchung die Menge der jeweiligen Antikörper bestimmen lassen. Die Methode ist in Tierarztpraxen noch nicht weit verbreitet, sollte aber von jedem großen Labor durchführbar sein.

Impfungen gegen Viren wirken in der Regel gut und halten lange. Impfungen gegen Bakterien wirken meist weniger gut und müssen häufiger aufgefrischt werden. Nicht zuletzt hängt die Wirksamkeit eines Impfstoffs auch von seiner

Haltbarkeit beziehungsweise von der richtigen Lagerung ab.

4. Wie gut schützt die Impfung?

Eine Impfung ist kein hundertprozentiger Schutz. Jedes Immunsystem ist ein wenig anders, der eine Hund bildet mehr Antikörper, der andere weniger. Manche vielleicht gar keine. Ob eine Impfung gewirkt hat oder nicht, könnte man nur herausfinden, indem man das Blut im Nachhinein auf die jeweiligen Antikörper untersucht. Zudem kann es sein, dass eine Impfung nicht vor der Ansteckung schützt, aber zumindest den Krankheitsverlauf mildert. Wenn im Blut der Mutterhündin bereits bestimmte Antikörper vorhanden sind, können sie über das Kolostrum, die Muttermilch der ersten Tage, an die Welpen weitergegeben werden. Ob und wie lange ein Welpe dadurch geschützt ist, hängt von Hund und Krankheit ab. Laut einer Fachpublikation aus dem Jahr 1998 beträgt die Halbwertszeit von Antikörpern gegen Staupe und Infektiöse Hepatitis 8,4 Tage. Im Durchschnitt sinken die Werte der Staupe-Antikörper nach etwa zwölf Wochen auf ein unbedeutendes Niveau. Im Fall von Parvovirose können die mütterlichen Antikörper bis zu 15 Wochen lang nachgewiesen werden.[20] In dieser Zeit kann es sein, dass ein Impfstoff einfach neutralisiert wird, so ähnlich wie die eigentliche Krankheit. Leider kann man das Zeitfenster nicht genau abschätzen.

Grundsätzlich gilt: Je älter der Welpe ist, desto wahrscheinlicher wirkt die Impfung. Die Empfehlung der StIKo Vet, mit der Grundimmunisierung in der achten Woche zu beginnen, ist eine Vorsichtsmaßnahme für den Fall, dass Welpen nicht genügend mütterliche Antikörper im Blut haben. Für den Fall, dass sie doch welche haben, muss mehrmals nachgeimpft werden. Eine Studie aus dem Jahr 2014 zeigt, dass eine Kombi-Impfung von sechs Wochen alten Welpen bessere Immunität bringt, wenn man sie mit entsprechenden Krankheiten infiziert.[21] Leider gibt es keine Studien darüber, wie groß die Chance ist, dass sich Welpen heutzutage mit diesen Krankheiten infizieren. Falls das Risiko gering wäre, könnte man theoretisch mit der Grundimmunisierung erst später beginnen, und dem Welpen ein paar Spritzen ersparen.

Grundimmunisierung

Damit sind die ersten Impfungen gemeint, die für den Aufbau eines stabilen Immunschutzes notwendig sind. In der Regel wird die Grundimmunisierung beim Welpen durchgeführt, ist aber auch auch später möglich.

Es macht Sinn, sich zu den einzelnen Impfungen direkt auf der Website des

20 G. Chappuis, Neonatal immunity and immunisation in early age: lessons from veterinary medicine, Vaccine, 16 (14–15) (1998), pp. 1468-1472

21 S. Wilson et al., Influence of maternally-derived antibodies in 6-week old dogs for the efficacy of a new vaccine to protect dogs against virulent challenge with canine distemper virus, adenovirus or parvovirus, Trials in Vaccinology, 3 (2014), pp. 107-113

Friedrich-Löffler-Instituts zu informieren. In vielen Tierarztpraxen fehlt aktuelles Wissen. Ich spreche aus Erfahrung. Obwohl Chaskas Grundimmunisierung von einer Tierärztin durchgeführt wurde, war sie unvollständig. Auch das Intervall für die Tollwut-Impfung wurde im Impfpass falsch eingetragen. Sie muss nicht jährlich, sondern nur alle drei Jahre wiederholt werden. Wie bei vielen anderen Fragen scheint auch in Sachen Impfung blindes Vertrauen fehl am Platz. Von der StIKo Vet werden derzeit lediglich drei Core-Impfungen empfohlen (Stand Mai 2024):

Leptospirose

Die Krankheit wird verursacht durch verschiedene, in Wildtieren lebende Bakterien der Gattung Leptospira. Die Übertragung erfolgt durch Blut und Urin. Der Hund kann sich durch das Trinken aus stehenden Gewässern infizieren, oder durch das Fressen infizierter Mäuse. Symptome sind Mattigkeit, Fieber, Appetitverlust, Erbrechen und Durchfall. Die Therapie erfolgt mit Antibiotika. Kommt sie zu spät, können bleibende Schäden an inneren Organen auftreten, bis hin zum Tod. Eine Impfung schützt nicht immer vor der Ansteckung, mildert aber die Symptome. Der Impfstoff enthält meist verschiedene, inaktive Arten von Leptospiren, in der Regel vier. Allerdings unterscheiden sich Leptospiren stark in ihrer Oberflächenstruktur. Gegen alle zu impfen ist nahezu unmöglich. Zudem hält der Impfschutz nicht lange, und die Impfung muss nach der Grundimmunisierung im Alter von acht und zwölf Lebenswochen jährlich aufgefrischt werden. Leptospiren sind auch auf den Menschen übertragbar.

Parvovirose

Die Krankheit wird durch das Canine Parvovirus (CPV) ausgelöst. Der Hund infiziert sich durch das Fressen des Kots anderer Hunde, von Füchsen oder Wölfen. CPV befällt unter anderem den Magen-Darm-Trakt sowie das Lymphsystem. Symptome reichen von Fieber und Mattigkeit über Erbrechen und Durchfall bis hin zu blutigem Kot. Nicht selten kommt eine Blutvergiftung hinzu. Gegen die Viren selbst kann man nichts machen, lediglich die Begleiterscheinungen durch Infusionen mildern. Wird frühzeitig etwas unternommen, sind die Überlebenschancen gut. Die StIKo Vet empfiehlt die Grundimmunisierung im Alter von 8, 12 und 16 Lebenswochen sowie eine Wiederholung im Alter von 15 Lebensmonaten. Anschließend werden Auffrischungsimpfungen im Turnus von drei Jahren empfohlen.

Staupe

Staupe ist eine Viruserkrankung bei Fleischfressern, die früher viele Hunde das Leben kostete. Mit der Einführung eines Impfstoffs in den 1960er Jahren konnte sie eingedämmt werden. Derzeit ist sie wieder auf dem Vormarsch, teils weil viele Menschen nicht mehr impfen lassen, teils durch Importhunde aus Osteuropa. Übertragen wird sie durch das Canine Staupevirus (CDV, Canine Distemper Virus). Der Hund infiziert sich dadurch, dass er Speichel, Harn oder Kot von kranken Tieren über die Maul- oder Nasenschleimhaut aufnimmt, beispielsweise von Füchsen. Durchfall und Erbrechen gehören zu den ersten Symptomen, danach folgen Husten, Atemnot und Niesen. Eine Diagnose ist oft schwierig, da in späten Phasen kaum noch Viren im Blut nachweisbar sind. Je nach Immunsystem des einzelnen Tieres kann die Krankheit mild verlaufen. Sie kann aber auch tödlich sein, vor allem wenn das Nervensystem betroffen ist. Die StIKo Vet empfiehlt, Welpen im Alter von 8, 12 und 16 Wochen zu impfen, und nach 15 Monaten aufzufrischen. Erfolgt die Erstimpfung erst nach der zwölften Woche, sind nur die zweite Impfung sowie die Wiederauffrischung nötig. Es gibt inzwischen auch Impfstoffe, bei denen einmaliges Impfen im Alter von zwölf Wochen ausreicht, mit Wiederholung im dreijährigen Intervall.

Mit oder ohne Adjuvans?

Adjuvantien sind Stoffe, die die Immunantwort verstärken. Manchmal sind das Aluminium- oder Quecksilberverbindungen. Sie besitzen keinen guten Ruf. Viele Impfschäden sollen auf sie zurückgehen. Sicher geklärt ist das nicht, aber im Einzelfall auch nicht sicher auszuschließen. Es gibt sehr viele Impfstoffe ohne Adjuvantien. Informationen dazu findet man in der Packungsbeilage.

Zu den Non-Core-Impfungen der StIKo Vet gehören derzeit (Stand Mai 2024):

Infektiöse Hepatitis

Die Krankheit nennt man auch Hepatitis contagiosa canis (HCC). Dabei handelt es sich um eine Leberentzündung, die durch das Canine Adenovirus-1 (CAV-1) verursacht wird. Übertragen wird es durch Körperflüssigkeiten, allen voran Urin, aber auch durch Kot befallener Tiere, etwa Füchse, Wölfe oder Dachse. Zu den typischen Symptomen, die man auch von anderen Infektionskrankheiten kennt, gehören Mattigkeit, Fieber, Durchfall, Erbrechen und Appetitlosigkeit. Dazu kommen Symptome einer Leberentzündung wie Gelbsucht oder eine blau-graue Trübung der Augen. Erkrankte Tiere können eine chronische Leberentzündung entwickeln. HCC kommt durch konsequentes Impfen hierzulande kaum mehr vor. Der Impfstoff ist aber in vielen Kombi-Präparaten enthalten. Daher kommt man oft nicht drum herum.

Parainfluenza

Das Canine Parainfluenzavirus (CPiV) ist der Erreger einer Form des Zwingerhustens. Es wird von Hund zu Hund über die Luft beziehungsweise als Tröpfcheninfektion übertragen, wenn kranke Tiere husten oder niesen. Gefährdet sind vor allem Hunde, die viel Kontakt zu Artgenossen haben, etwa in Welpengruppen, Tierpensionen oder Tierheimen. Die Krankheit kann einen milden Verlauf nehmen und von alleine wieder abheilen, aber auch schwere Verläufe sind möglich. Wie gut die Impfung vor Zwingerhusten schützt, ist fraglich, da bei dieser Krankheit auch andere Erreger eine Rolle spielen.

Tollwut

Tollwut ist eine überaus schmerzhafte Krankheit, die immer tödlich endet. Eine Behandlung gibt es nicht. Jedes Säugetier kann sich infizieren, auch der Mensch. Es gibt verschiedene Erreger, die zur Gattung der Lyssaviren gehören. Der klassische Tollwutvirus ist das *Rabies lyssavirus*. Übertragen wird es durch Speichel eines infizierten Tieres, etwa durch einen Biss. Das Tollwutvirus befällt das Nervensystem und verursacht so große Schmerzen, dass auch brave Hunde aggressiv und bissig werden. So sorgt das Virus für seine Übertragung. Endet eine Hund-Mensch-Beziehung auf diese Weise, ist das besonders tragisch. Seit ich als Kind den alten Film „Sein Freund Jello" gesehen habe, bin ich in Sachen Tollwut traumatisiert. Der Hauptdarsteller musste seinen Hund am Ende selbst erschießen. Durch zahlreiche Maßnahmen, vor allem die Schluckimpfung von Füchsen, gilt Deutschland seit 2008 als tollwutfrei. Allerdings sind andere Länder immer noch Risikogebiete. Durch illegal importierte Hunde kommen auch hierzulande immer wieder Tollwutfälle vor. Ich lasse Chaska alle drei Jahre gegen Tollwut impfen, weil...

... das eine katastrophale Krankheit ist.

... ein ungeimpfter Hund nach einem Biss durch ein infiziertes Tier sofort getötet werden muss. Ist der Hund geimpft, kommt er in Quarantäne.

... bei manchen Hundeveranstaltungen und -prüfungen der Impfnachweis gezeigt werden muss.

... die Tollwutimpfung Pflicht ist für Schulhunde.

... die Impfung auch notwendig ist bei Reisen ins Ausland.

Pseudo-Wut

Gegen diese Krankheit kann man derzeit nicht impfen, umso wichtiger ist es, sie zu kennen. Pseudo-Wut ist für den Hund ähnlich fatal wie die Tollwut, nur kann sich der Mensch nicht anstecken. Verursacht wird sie durch das Aujeszky-Virus. Es wird durch die Körperflüssigkeiten infizierter Schweine übertragen, auch durch ihr Fleisch. Aufgrund strenger Hygienevorschriften spielt das Virus bei heimischen Hausschweinen kaum eine Rolle, wohl aber bei Wildschweinen. Vor allem Jagdhunde sterben immer wieder daran. Scheinbar nicht oft genug, dass es die Entwicklung eines Impfstoffs rechtfertigen würde. Hat sich ein Hund infiziert, kann man nichts mehr machen. Daher ist Vorbeugung der beste Schutz. Der Hund sollte sich nicht frei in Naturräumen bewegen. Auch bei gemeinsamen Spaziergängen sollte man die Aufenthaltsorte von Wildschweinen unbedingt meiden.

Zum Thema Impfen kann man zusammenfassend sagen, dass es bei einigen Krankheiten mehr Sinn macht als bei anderen. Wichtig ist, dass sich Tierarzt oder -ärztin an die Vorgaben der StIKo Vet hält und nur so viel und so oft impft, wie wirklich nötig ist. Dann ist auch das Risiko von Nebenwirkungen gering. Impfen ist keine Nebensache. In der Tierarztpraxis darf man auf ein Beratungsgespräch bestehen. Dabei dürfen die Notwendigkeiten von Non-Core-Impfungen besprochen werden und auch, ob Impfstoffe einzeln oder als Kombi-Präparate gespritzt werden.

Kastrieren oder nicht?

Wie bereits zuvor erwähnt, fallen die Beratungsgespräche zum Thema „Kastration" sehr unterschiedlich aus, je nachdem, wen man fragt. Noch vor ein paar Jahren galt es als ganz normal, einen Hund, der nicht zur Zucht eingesetzt wurde, kastrieren zu lassen. Und das, sobald er geschlechtsreif ist, also meist im Alter von sechs Monaten. Bei Tierschutzhunden wird das teils immer noch so praktiziert, obwohl eigentlich schon allgemein bekannt ist, dass die Geschlechtshormone für das geistige und körperliche Erwachsenwerden unerlässlich sind. Sollte also kein dringender medizinischer Grund dagegen sprechen, kann man sagen: Erst kastrieren, wenn der Hund ausgewachsen ist. Beim Tamaskan heißt das mit drei bis vier Jahren. Bei Chaska konnte ich nach jeder Läufigkeit beobachten, dass sie ruhiger und ausgeglichener wurde. Sie ist bis heute nicht kastriert. Für mich käme der Eingriff nur in Frage, wenn es handfeste medizinische Gründe gäbe, etwa eine lebensgefährliche Gebärmuttervereiterung. Diese wird durch Bakterien ausgelöst, und hängt oft mit hormonellem Ungleichgewicht zusammen. Sie kann zwei bis vier Monate nach einer Läufigkeit auftreten. Die Symptome sind oft unspezifisch. Die Hündin ist schlapp und trinkt viel mehr als üblich. Wird mittels Ultraschall eine Pyometra festgestellt, wird meist sofort operiert.

§6 Tierschutzgesetz - Absatz 1

Verboten ist das vollständige oder teilweise Amputieren von Körperteilen oder das vollständige oder teilweise Entnehmen oder Zerstören von Organen oder Geweben eines Wirbeltieres. Das Verbot gilt nicht, wenn der Eingriff im Einzelfall nach tierärztlicher Indikation geboten ist.

Ginge es nur um die Verhinderung der unkontrollierten Fortpflanzung, wäre beispielsweise auch eine Sterilisation denkbar. Während bei der Kastration die Hoden beziehungsweise die Eierstöcke entfernt werden, werden bei der Sterilisation lediglich Samen- beziehungsweise Eileiter durchtrennt. Hormonell bleibt das Tier intakt. Der kleinere Eingriff wäre vielleicht eine Lösung für junge Straßen- oder Tierheimhunde, die noch nicht ausgewachsen sind.

Die Geschlechtshormone sind es leider auch, die gesundheitliche Probleme oder Verhaltensauffälligkeiten verursachen können. Daher raten viele Tierärztinnen und -ärzte lieber zur Kastration. Allerdings müssen sie jeden Eingriff angesichts des Tierschutzgesetzes begründen können. In der Regel ist das bei einer Kastration kein Problem, aber: Wird nicht aus medizinischem Grund kastriert, sondern nur zur Vorbeugung, dann übernimmt die Versicherung oft die Kosten nicht. Das sollte man im Voraus klären.

Oft werden Hündinnen kastriert, um einer Gebärmuttervereiterung oder Gesäugetumoren vorzubeugen. Auch solchen Hündinnen, die während der Zyklusphase des Metöstrus stark unter ihren Hormonen leiden, kann mit einer Kastration geholfen werden. Hier macht es Sinn, zunächst auf weniger invasive Art und Weise zu versuchen, das hormonelle Gleichgewicht wieder herzustellen. Vielleicht fehlen Vitamine oder Spurenelemente im Futter? Darüber hinaus gibt es zahlreiche Heilkräuter, die auch in der Frauenheilkunde eingesetzt werden. Unter fachkundiger Anleitung könnte man eine Kräuterkur ausprobieren. Ein Mittel der Wahl für Mensch und Tier ist beispielsweise eine Heilpflanze namens Mönchspfeffer.

Die erste Läufigkeit der Hündin tritt im Lebensalter zwischen einem halben und einem Jahr auf und wiederholt sich alle sechs bis sieben Monate. Da unterscheidet sich der Tamaskan normalerweise nicht von anderen Haushunden. Es kann aber sein, dass Tiere mit hohem Wolfsanteil nur einmal im Jahr läufig werden. Der Zyklus der Hündin besteht aus vier Phasen. Wichtig zu wissen ist, dass eine Hündin normalerweise zu jeder Zeit im Zyklus einsatzfähig ist. Training und Prüfungen sind kein Problem, allerdings werden läufige Hündinnen erst zum Schluss eingesetzt, um liebestolle Rüden nicht auszubremsen.

1. Proöstrus (Vorbrunst): Die Eizellen reifen in den Follikeln, der Östrogenspiegel steigt. Die Vulva schwillt an und Blut

tritt aus. Die erste Blutung der Junghündin kann dunkelbraun und dickflüssig sein. Normalerweise sieht man die roten Bluttropfen auf dem Fußboden. Manche Menschen ziehen der Hündin daher im Haus ein Läufigkeitshöschen an. Ich mache das auch gelegentlich, ziehe es Chaska aber an ihrem Platz wieder aus, damit sie ihre Vulva belecken kann. Während das Blut in den ersten Tagen tiefrot ist, wird es im Verlauf immer wässriger und heller. Wichtig: Die Hündin ist während der Vorbrunst zwar attraktiv für Rüden, lässt sich aber nicht decken. Die Vorbrunst dauert im Schnitt zwei Wochen, kann aber auch länger oder kürzer sein.

2. Östrus (Brunst, Standhitze): Das ist die eigentliche Läufigkeit mit Eisprung. Der Scheidenausfluss wird etwas schleimig. Wenn die Hündin einen Rüden trifft, legt sie die Rute zur Seite, ein Zeichen dafür, dass sie sich jetzt decken lassen möchte. Die Standhitze dauert nur etwa vier Tage, kann aber auch länger oder kürzer sein. Während dieser Zeit sollte man die Hündin immer an der Leine führen. Es kann sein, dass sie im Haus ein wenig jammert, weil sie gern zu einem Rüden möchte.

3. Metöstrus (Nachbrunst): Ist die Standhitze vorbei, schwillt die Vulva ab und der Ausfluss lässt nach. Die Hündin interessiert sich nicht mehr für Rüden, auch wenn diese manchmal noch an ihr interessiert sind. Die Phase, die auf die Standhitze folgt, dauert bis zu drei Monate. Dabei handelt es sich immer um eine Scheinschwangerschaft. Die leeren

Follikel im Eierstock bleiben so lange aktiv, wie eine echte Trächtigkeit dauern würde. Sie geben das Schwangerschaftshormon Progesteron ab. Die Hündin ist in dieser Zeit ruhig und anhänglich. Etwa zwei Monate nach der Standhitze folgt die sogenannte Prolaktin-Phase. Prolaktin ist das Elternhormon, das bei der Hündin dafür sorgt, dass das Gesäuge schwillt und manchmal sogar Milch produziert. Man vermutet, dass diese Zyklusphase ein Erbe des Wolfs ist. Denn in einem Wolfsrudel können auf diese Weise auch ungedeckte Fähen die Welpen der Leitfähe säugen. Entgegen landläufiger Meinung gibt es keinen medizinischen Grund, warum eine Hündin Welpen haben sollte. Eine lebenslang ungedeckte Hündin hat kein höheres Risiko für bestimmte Krankheiten als eine, die Welpen aufziehen durfte.

Wenn die Hündin anfängt, ihre Stofftiere zu bemuttern, nennt man das Scheinmutterschaft. Vielen Menschen fällt erst in dieser Phase auf, dass etwas nicht stimmt. Manche Hündinnen machen einen depressiven, antriebslosen Eindruck. Aus Erfahrung kann ich bestätigen, dass sich eine Scheinmutterschaft aufschaukeln kann. Daher macht es durchaus Sinn, dieses Fürsorgeverhalten nicht zu befeuern. Man kann die Hündin durch Training ablenken, ihre Stofftiere wegpacken und es ihr nicht erlauben, ihr Gesäuge zu belecken, sonst schießt nur noch mehr Milch ein. Da die Scheinmutterschaft normal ist, sind ihre Symptome noch kein Kastrationsgrund. Das Ausmaß kann von Läufigkeit zu Läufigkeit verschieden sein, weshalb man ein paar Male abwarten sollte, um eine Vorstellung für „normal" zu bekommen. Scheint die Hündin stark unter ihren Hormonen zu leiden, macht es Sinn, einen Fachtierarzt oder eine -tierärztin in der Verhaltens- oder Reproduktionsmedizin zu konsultieren. Die meisten Allgemeinmediziner und -medizinerinnen können hier nicht ausreichend beraten. Sinnvoll ist es beispielsweise, das Verhalten der Hündin, das Sorgen bereitet, zu filmen. So kann sich eine fachkundige Person besser ein Bild davon machen. Das gilt natürlich auch für Rüden, die aus Verhaltensgründen kastriert werden sollen.

4.Anöstrus (Ruhephase): Nach der Scheinmutterschaft folgt die Ruhephase. Die Blutkonzentration der Sexualhormone ist jetzt am niedrigsten. Der Anöstrus ist daher der beste, wenn nicht sogar der einzig richtige Kastrationszeitpunkt. Wird eine Hündin während einer anderen Phase kastriert, kann sie ihr Leben lang unter hormonellem Ungleichgewicht leiden. Vor allem in Tierkliniken wird das sehr ernst genommen. Eine erfahrene Tierärztin sagte mir bei einem Beratungsgespräch, dass sie sogar eine Gebärmuttervereiterung nicht notoperiere, sondern sie durch eine künstliche Geburt und Antibiotika kurieren würde, um dann den richtigen Kastrationszeitpunkt abzuwarten. Wichtig zu wissen ist, dass auch während des Anöstrus der Östrogenspiegel einer intakten Hündin immer noch um das Fünffache höher ist, als der einer kastrierten Hündin. Daher kann es auch dann Spätfolgen geben, wenn die Hündin zum richtigen Zeitpunkt kastriert wurde. Eine der häufigsten Folgen ist die Harninkontinenz. Die Mechanismen, die dazu führen, sind bis heute nicht geklärt. Man vermutet, dass der veränderte Hormonspiegel nach der Kastration Auswirkungen hat auf Muskulatur und Bindegewebe der Harnröhre. Die medikamentöse Behandlung von Inkontinenz ist relativ einfach, muss aber regelmäßig bis ans Lebensende erfolgen.

Unregelmäßigkeiten im Zyklus

Läuft der Zyklus nicht wie beschrieben ab, kann das viele Gründe haben. Der blutige Scheidenausfluss kann fehlen. Dann sagt man, die Läufigkeit sei „still" oder „weiß". Wenn die Hündin Entzündungen im Körper hat, gestresst ist oder anderweitig krank, kann es sein, dass sie eine Läufigkeit abbricht oder unterdrückt. Wenn zwei Hündinnen im Haus leben, können sie ihre Läufigkeitszyklen aufeinander abstimmen, indem beispielsweise eine der anderen den Vortritt lässt.

Egal, ob Rüde oder Hündin, zuverlässige Studien zu den Spätfolgen einer Kastration gibt es kaum. Um statistisch relevante Aussagen zu treffen, müsste man eine große Anzahl von Hunden untersuchen, die unter ähnlichen Bedingungen gehalten und gefüttert werden. Dafür fehlt den Forschungseinrichtungen oft Zeit, Personal und Geld. Was man aber weiß, ist, dass die Rezeptoren für Sexualhormone nicht nur in den Fortpflanzungsorganen liegen, sondern etwa auch im Nervensystem, im Magen, im Harntrakt, in der Haut oder im Fettgewebe. Derzeit ist noch nicht ausreichend untersucht, ob und inwiefern ein veränderter Hormonspiegel die Funktion dieser Organe beeinflusst. Belegt ist, dass sich bei langhaarigen Hunden die Veränderung am Fell bemerkbar machen kann. Nach einer Kastration legen sie wieder das flusigere Welpenkleid an. Bei kurzhaarigen Hunden hingegen sieht man keine Fellveränderung. Auch beim Tamaskan treten meines Wissens nach Fellveränderungen eher selten auf. Kastrierte Hunde neigen zu Übergewicht. Verschiedene Studien zeigen als Ursache entweder gesteigertes Appetitverhalten oder geringeren Energiebedarf aufgrund einer Stoffwechselumstellung. Wieder andere Studien weisen auf keines von beiden hin. Arlt et al. schreiben dazu in ihrem Übersichtspapier[22]: „Der risikoerhöhende Einfluss der Kastration war aber nur in den ersten beiden Jahren nach der Kastration deutlich und kann auch haltungsbedingten Einflüssen unterliegen." Durch angepasste Fütterung und entsprechende Bewegung lasse sich einer Gewichtszunahme grundsätzlich entgegenwirken.
Auch menschliche Frauen legen nach den Wechseljahren häufig an Gewicht zu. In ihrem Buch „Woman on Fire" (Rowohlt-Verlag, 24. Auflage, März

---

22 S. Arlt et al. „Kastration der Hündin – neue und alte Erkenntnisse zu Vor- und Nachteilen" Tierärztliche Praxis Kleintiere 4/2017, S. 253 - 263

2024) geht die Gynäkologin Dr. med. Sheila de Liz sehr detailliert auf die körperlichen Auswirkungen ein, die durch das Fehlen von Progesteron und Östrogen verursacht werden. Sie berichtet von Studien an kastrierten Mäusen, deren Gewicht sich nach Gabe von Östradiol wieder normalisierte. Die Autorin schreibt:

„Man erklärt sich das so, dass der Körper merkt, dass Östrogene fehlen, und mehr Fettzellen produziert, weil Fett ebenfalls - wenn auch in geringem Maße - Östrone produziert, also eine Östrogenart, vermutlich um das Defizit abzufedern."

Liest man weiter, was der Hormonmangel im weiblichen Körper noch so alles anrichtet, wie das Risiko für Herzinfarkt, Demenz und Osteoporose steigt, fragt man sich unweigerlich, warum die Hormonersatztherapie noch immer nicht ausreichend erforscht ist, weder für Menschen noch für Haustiere.

Rüden werden häufig aufgrund von Verhaltensauffälligkeiten kastriert. Sie sind vielleicht anderen Rüden gegenüber aggressiv, besteigen andere Hunde, Menschen und Stofftiere, oder büxen aus, um auf Brautschau zu gehen. Soll ein Hund aufgrund von Verhaltensauffälligkeiten kastriert werden, macht es Sinn, sich vorher Rat zu holen von fachkundigen Personen im Hundetraining sowie in der Verhaltensmedizin. Vor allem unsichere Rüden können nach einer Kastration noch mehr unerwünschtes Verhalten an den Tag legen als vorher. Wenn man sich nicht sicher ist, ob die Kastration Vorteile bringt, gibt es die Möglichkeit, einen Rüden auf Probe zu kastrieren, mittels Hormonchip. Dabei handelt es sich um ein Wachsstäbchen, das mit Hilfe einer Spritze unter die Haut injiziert wird. Die Wirkung tritt etwa vier Wochen später ein und hält je nach Chip ein halbes bis zu einem Jahr, so lange, bis das Wachsstäbchen vollständig aufgelöst ist. Es macht Sinn, auch den Hormonchip erst dann einzusetzen, wenn der Hund ausgewachsen ist. Schließlich werden die Sexualhormone auch für den Abschluss eines stabilen Knochenwachstums benötigt. Neben dem Hormonchip für den Rüden gibt es auch eine Verhütungsspritze für die Hündin, doch ist sie sehr umstritten. Man erzeugt damit eine künstliche Progesteronphase, die Veränderungen der Gebärmutterschleimhaut, Tumore des Gesäuges und andere Krankheiten zur Folge haben kann. Ich wäre grundsätzlich vorsichtig damit, in den komplexen Hormonzyklus der Hündin einzugreifen. Das sollte man nur gemeinsam mit Fachleuten in der Reproduktionsmedizin entscheiden, nicht in der Tierarztpraxis nebenan.

++Lesetipp++

Im Buch „Kastration und Verhalten beim Hund - Eine Entscheidungshilfe" von Sophie Strodtbeck und Udo Gansloßer (4. Auflage, 2018, Müller-Rüschlikon-Verlag) werden ausführlich die Folgen einer Kastration beschrieben, sowohl beim Rüden als auch bei der Hündin.

Fazit zu Gesundheit und Ernährung

Tierärztinnen und -ärzte sind leider nicht immer umfassend informiert. Daher kann man auch nicht pauschal empfehlen, mit dem Hund in eine x-beliebige Praxis zu gehen, und den Empfehlungen dort blind zu vertrauen. Gerade in Bezug auf alltägliche Themen wie Impfungen, Wurmkuren oder Zeckenschutz, klaffen bei manchen Fachleuten große Wissenslücken. Tiermediziner und -medizinerinnen sollten auf dem aktuellen Stand sein und sich regelmäßig weiterbilden. Quellen dafür, die auch Halterinnen und Halter einsehen können, sind die Website des Friedrich-Loeffler-Instituts, die des European Scientific Counsel Companion Animal Parasites (ESCCAP) sowie die Websites von Laboren wie Laboklin und Idexx. Alle Medikamente, auch Impfstoffe, Wurmkuren und Zeckenmittel, können Nebenwirkungen haben. Alle haben einen Beipackzettel. Für Halterinnen und Halter gilt es, selbst ein wenig mitzudenken und sich zu informieren. Grundsätzlich macht es Sinn, im tiermedizinischen Bereich ähnlich vorzugehen wie im humanmedizinischen. Man sucht sich eine Hausarztpraxis in der Nähe, zu der man für kleinere Wehwehchen und Vorsorgeuntersungungen geht. Vor allem beim Welpen machen mehrere kurze, angenehme Besuche zur Gewöhnung Sinn. Die Menschen in einer Hausarztpraxis sollten in der Lage sein, bei bestimmten Problemen Facharztpraxen oder Kliniken zu empfehlen. Operationen, auch Kastrationen, sollten nur in speziell dafür ausgestatteten tierärztlichen Einrichtungen erfolgen. Die professionelle Überwachung der Vitalwerte während der Narkose ist überaus wichtig. Zudem kann erfahrenes Fachpersonal schneller und sicherer auf Komplikationen reagieren. Ausführliche Beratungsgespräche, teures Equipment und hohe Personalkosten haben dazu geführt, dass Tierarztbesuche weitaus kostspieliger geworden sind als noch vor einigen Jahren. Tierkrankenversicherungen, die ähnlich den Krankenkassen für Menschen alle medizinischen Behandlungen übernehmen, sind attraktiver geworden. Aber aufgepasst: Vor allem Vorsorgeleistungen wie Blut- und Kotuntersuchungen sowie alternativmedizinische Verfahren sind oft nicht abgedeckt. Ein detaillierter Versicherungsvergleich ist ratsam.

Der Zusammenhang zwischen Krankheiten und Ernährung ist noch nicht im Detail erforscht. Die Wissenschaft der Ernährung ist im tierärztlichen Bereich noch stark unterrepräsentiert, vor allem in regulären Kleintierpraxen. Wer sein Futter selbst zusammenstellen möchte, muss derzeit meist zu Ernährungsberater oder -beraterin gehen. Allerdings ist das Thema so wichtig, dass es eigentlich in veterinärmedizinische Hände gehört. Wünschenswert wäre auch ein unabhängiges Beratungsangebot zur Auswahl von Fertigfutter, denn blindes Vertrauen in eine gewinnorientierte Industrie ist nicht zu empfehlen. Zum Glück hat sich in den letzten Jahren einiges getan. Wer ein hochwertiges Futter sucht, der wird es auch finden.

Chaska im Alter von etwa 14 Wochen orientierte sich bereits sehr schön am Menschen. Foto: alo

20 TIPPS FÜR DIE WELPEN- UND JUNGHUNDEZEIT

1. **Urlaub nehmen.** Bald ist es so weit. In wenigen Wochen wird der Welpe einziehen. Jetzt gilt es, Zeit zu schaffen. Ein Welpe im Haus ist ähnlich arbeitsintensiv wie ein Kleinkind. Ein paar Wochen Urlaub sind auch für Menschen im Home Office zu empfehlen, denn zum Arbeiten kommt man in dieser Zeit wenig.

2. **Vorbereitet sein.** Vor dem Einzug des Welpen gibt es schon viel zu tun. Man kann das Haus hundesicher machen, etwa Giftpflanzen entfernen oder teure Möbel wegräumen beziehungsweise schützen. Man kann sich mit Futtervorrat eindecken und Zubehör, etwa Spielzeug und Kauartikel besorgen. Es macht auch Sinn, sich Gedanken zum Alltag mit dem Hundekind zu machen. Wo werden im Haus die Ruhezonen eingerichtet? Wo soll der Hund sein Geschäft erledigen? Was soll er dürfen und was nicht, wann und wo wird er gefüttert und wie gewöhnt man ihn am besten an das neue Zuhause? Bei diesen Fragen können bereits Hundetrainer oder -trainerin beratend zur Seite stehen. Manche Hundeschulen bieten Vorbereitungskurse an.

3. **Tag der Abholung.** An diesem Tag sind alle ein bisschen aufgeregt.

Züchter und Züchterin, weil sie ihren Schützling hergeben. Und natürlich Halter und Halterin, weil sie ein neues Familienmitglied bekommen. Der Welpe spürt, dass heute etwas nicht stimmt. Zudem ist er das Autofahren nicht gewöhnt und wird sehr leicht „seekrank". Höchstwahrscheinlich wird dem Hund auf der Heimfahrt schlecht. Er wird speicheln und brechen. Küchentücher sollten daher im Reisegepäck nicht fehlen, egal wie kurz die Fahrt ist. Chaska hat zum ersten Mal gebrochen, als wir den Motor starteten und aus der Einfahrt fuhren. Das ging eine halbe Stunde so weiter, bis wir die Autobahn verließen und auf einem ruhigen Waldweg Rast machten. Dort atmeten wir alle tief durch und entspannten uns. Die restlichen anderthalb Stunden schlief Chaska auf meinem Schoß, ohne weitere Probleme. Was die Menschen beruhigt, beruhigt meist auch den Hund.

4. **Neues Zuhause gemeinsam erkunden.** Daheim angekommen, geht man zuallererst an den Ort, an dem der Hund künftig sein Geschäft machen soll. Erst danach geht man ins Haus. Um von Anfang an die Bindung zu stärken, erkundet man alles gemeinsam, jede Ecke, jeden Winkel. Unser vertrautes Zuhause ist für den Hund eine neue Welt, in der auch potenzielle Gefahren lauern könnten. Hier kann man sich vom ersten Tag an als zuverlässige Führungspersönlichkeit zeigen.

Es müssen auch nicht gleich alle Räume erkundet werden. Der Welpe ist müde und will wahrscheinlich schlafen, oder den Stress des Tages an einer Kauwurzel abreagieren.

5. **Autofahren.** Hundekinder müssen sich genauso wie Menschenkinder erst ans Autofahren gewöhnen. Das hat mit dem Gleichgewichtssinn zu tun, der auch uns Erwachsene auf Schifffahrten „seekrank" macht. Schnell und schonend gewöhnt sich der Hund bei täglichen, kurzen Fahrten. Das kann auch der halbe Kilometer zum Feldweg um die Ecke sein, den man sonst zu Fuß gehen würde. Wie schnell dem Hund übel wird, hängt auch vom Fahrstil ab. Wichtig: Bei jeder Fahrt ist für ausreichende Sicherung zu sorgen. Am sichersten sind Autoboxen. Bis der Welpe daran gewöhnt ist, tut es auch ein Sicherheitsgeschirr mit Anschnallgurt.

6. **Futter langsam umstellen.** Egal, wie man den Hund später füttern möchte, es macht Sinn, in der ersten Zeit genauso weiterzufüttern wie in der Zuchtstätte. Dabei darf man ruhig ins Detail gehen. Wenn der Hund tagsüber mit Hackfleisch und Hühnerherzen gebarft wurde und abends das Trockenfutter einer bestimmten Marke bekam, macht man genauso weiter. Das eigene Futter mischt man dann langsam darunter und beobachtet, ob der Hund es gut verträgt.

7. **Alles dokumentieren.** Bestimmte Daten aufzuschreiben, hilft bei der Aufklärung plötzlicher Krankheitssymptome. Ich habe bei Chaskas Einzug eine Excel-Tabelle angelegt, in der ich Futterumstellungen eintrage, Medikamentengabe, Läufigkeitszyklen, und ganz wichtig, regelmäßig das Gewicht. Für die Gelenkentwicklung ist es wichtig, dass der Welpe nicht zu schnell an Masse zulegt. Für eine gute Gesundheit sollte er aber auch optimal mit Nährstoffen versorgt sein. Mir hat es geholfen, Chaskas Gewicht mit einer individuellen Wachstumskurve abzugleichen. Die hat eine Ernährungsberaterin für uns anhand des Geburtsgewichts erstellt.

8. **Ruck-zuck stubenrein.** Eigentlich ist es ganz einfach. Ein Welpe muss nach jedem Fressen, Schlafen und Spielen sein Geschäft erledigen. Der Trick ist, nicht zu warten, bis er unruhig wird oder winselt. Dann ist es nämlich oft zu spät. Am besten man geht einfach immer, wenn der Welpe gefressen hat, nach draußen. Hat er sein Geschäft erledigt, bringt man ihn zum Schlafen ins Haus. Wacht er auf, geht es wieder in den Garten zum Spielen. Dann wieder zum Schlafen ins Haus. In den ersten Wochen ist man sehr viel unterwegs. Eine Erdgeschosswohnung hilft. Wenn drinnen ein Malheur passiert, am besten ignorieren, trotzdem nach draußen gehen, und später kommentarlos mit Seife wegputzen, damit der Hund es nicht mehr riecht. Sonst könnte er fälschlicherweise denken, das sei die Indoor-Toilette. Wenn der Welpe nachts winselt, muss man schnell sein. Am besten schläft man im Jogginganzug. Nimmt man den Welpen gleich auf den Arm, ist die Wahrscheinlichkeit größer, dass man es rechtzeitig nach draußen schafft. Kurze Wege sind von Vorteil. Ist man hier konsequent, ist der Welpe innerhalb von wenigen Wochen stubenrein. Eine Hundetoilette im Haus halte ich nicht für zielführend. Ein Kompromiss für lange Nächte wäre eine Toilette aus echtem Gras und Erde auf dem Balkon.

9. **Im gleichen Zimmer schlafen.** Soll der Hund später nicht im Schlafzimmer schlafen, sondern im Wohnzimmer oder im Flur, schläft in den ersten Wochen dort auch der Mensch. Zum einen kann man schnell reagieren, wenn der Hund nachts raus muss, um sein Geschäft zu erledigen. Zum anderen ist das sehr wichtig für die Bindung. Dem Welpen ist das neue Zuhause fremd. Er braucht einen Menschen, an dem er sich orientieren kann. So kommt er schneller zur Ruhe, fühlt sich sicher, und lernt, durchzuschlafen.

10. **Alleinebleiben Schritt für Schritt.** Kein Hund bleibt gern alleine. Jeder Hund muss erst lernen, dass es okay ist, nicht immer bei der Gruppe zu sein. Der Tamaskan ist ein absolutes Rudeltier, und willens, dieses Be-

dürfnis mit sehr viel Energie durchzusetzen. Es macht keinen Sinn, hier einen Kollisionskurs zu fahren und den Hund zum Alleinebleiben zu zwingen. Es kann sein, dass er aus Frust Möbel zerstört oder sich bei Ausbruchsversuchen selbst verletzt. Daher sollte man den Welpen auch nicht gleich in den ersten Tagen in eine Box sperren. Alleinebleiben baut man beim Tamaskan sehr kleinschrittig auf. In den ersten Tagen im neuen Zuhause am besten noch gar nicht. Wenn der Welpe mit ins Bad will, dann darf er mit. Die Nähe fördert die Bindung. Später beginnt man, kurz den Raum zu verlassen, am besten, wenn der Welpe müde ist und an seinem Platz liegt. Erst ein paar Sekunden, dann ein paar Minuten, dann eine Viertelstunde und so weiter. Später könnte man ihm auch einen sehr leckeren Kauartikel geben, den man wegnimmt, sobald man wiederkommt. Am besten lässt man sich von Hundetrainer oder -trainerin beim Hausbesuch beraten. Wichtig ist, dass man vom Welpen nicht gleich zu viel erwartet und ihn nicht unnötig stresst. Kleine Schritte sind der Trick. Ich kenne Menschen, die es geschafft haben, dass ihr Tamaskan stressfrei mehrere Stunden am Stück im Haus alleine bleibt. Im Auto ist das Alleinebleiben für den Hund meist einfacher. Voraussetzung ist, dass er schon an eine Box gewöhnt ist.

11. **Die Box.** Laut Paragraf 2 des Tierschutzgesetzes ist sie nur für den Transport erlaubt. Sie macht aber auch in der Wohnung Sinn. Für den Hund kann eine Box eine Art Höhle sein, ein sicherer Rückzugsort. Die meisten Hunde legen sich gerne in eine Box, wenn diese etwas abgedunkelt ist und an einem ruhigen Ort steht. Um dem Tierschutzgesetz zu entsprechen, kann man die Tür einfach offen lassen, oder sie abmontieren. Liegt der Hund in der Box, sollten Menschen, vor allem Kinder, ihn in Ruhe lassen. Dem Hund sollte es jederzeit freistehen, sich zurückzuziehen. Daher macht es Sinn, in allen Räumen eine Box aufzustellen, in denen der Hund sich längere Zeit aufhält. Hundetrainer und -trainerinnen beraten gerne zu strategisch guten Standorten. Es gibt zahlreiche verschiedene Arten von Boxen. Solche aus Stoff sehen meist sehr sympathisch aus. Leider haben sie dem natürlichen Kaubedürfnis eines Welpen wenig entgegenzusetzen. Stoffboxen empfehle ich daher für erwachsene Hunde, die bereits an daran gewöhnt sind. Für Welpen machen meiner Meinung nach Hartschalenboxen Sinn. Sie sind so gut wie unzerstörbar. Im Gegensatz zu Metallgitterboxen ist die Wahrscheinlichkeit gering, dass der Hund mit dem Maul im Gitter hängen bleibt. Um Unfälle zu vermeiden, würde ich für den Welpen eine kleinere Box verwenden, als für

den erwachsenen Hund. Die Abstände der Schlitze sind der jeweiligen Körpergröße angepasst, sodass der Hund bespielsweise nicht mit dem Kopf darin steckenbleiben kann. Um den Hund auf den Transport in einer Autobox vorzubereiten, kann man das Einsperren positiv und in kleinen Schritten aufbauen, etwa indem man ein Spielzeug in die Box legt. Läuft der Welpe hinterher, um es zu holen, sagt man das Kommando „Box". Kommt er wieder heraus, gibt man das Freigabekommando, zum Beispiel „Lauf". So gewöhnt sich der Hund ohne Druck an die Box. Mit diesem einfachen Spiel kann man bereits in den ersten Tagen anfangen. Später macht man die Tür zu und gleich wieder auf. Hundetrainerinnen und -trainer beraten gern. Achtung: Die Voraussetzungen für Hausboxen sind andere als für Autoboxen. Bei Letzteren spielt das Thema Sicherheit eine große Rolle, weshalb man sich vor dem Kauf ausführlich informieren sollte. Leider werden Hundeboxen viel zu selten im Crash-Test geprüft. Falls doch, geht es meist ausschließlich um die Sicherheit der Menschen im Fahrzeug, nicht um die des Hundes. Da müsste ein Umdenken stattfinden.

12. **Sozialisierungsphase nutzen.** Auf die Prägungsphase des Welpen folgt die Sozialisierungsphase bis etwa zur 16. Lebenswoche, oft noch länger. In dieser Zeit lernt der Welpe zu generalisieren. Macht der Hund beispiels-

weise gute Erfahrungen mit Kindern, werden von da an Kinder grundsätzlich positiv wahrgenommen, auch wenn später einzelne Erfahrungen vielleicht weniger positiv sind. So verhält sich das auch mit Pferden, Kühen, Katzen, Fahrrädern, Autos, Bussen, Staubsaugern und so weiter. Ausführliche Listen findet man im Internet. Tamaskan-Welpen ziehen meist im Alter von neun Wochen ins neue Zuhause. Das heißt, es macht Sinn, ungefähr die nächsten beiden Monate für die Sozialisierung einzuplanen. Dabei sind auch Begegnungen mit Hunden wichtig, vor allem mit anderen Welpen, aber auch mit gut sozialisierten erwachsenen Hunden. Hier gilt: Qualität statt Quantität. Für den Welpen sollten alle Erfahrungen durchweg positiv sein, nicht stressbeladen. Bei Besuchen in der Innenstadt, am Bahnhof oder an der Pferdekoppel sind kurze Einheiten zu empfehlen, mit anschließenden Ruhephasen. Im Schlaf kann der Hund das Erlebte besser verarbeiten. Eine Hundetrainerin hat mir empfohlen, **nur zwei neue Dinge am Tag** zu machen, damit der Hund nicht überfordert wird. Das könnte beispielsweise bedeuten, dass man sich mit dem Welpen früh zehn Minuten auf den Parkplatz vor dem Supermarkt stellt, und nachmittags zehn Minuten an eine Viehweide. Mehr braucht es meist gar nicht. Schauen, Hören und Schnuppern reicht vollkommen aus.

13. **Achtsam Spazierengehen.** Wir Menschen haben gelernt, unseren Alltag effizient abzuarbeiten. Viele Eindrücke aus unserer Umwelt blenden wir aus. Welpen sind neu in dieser Welt. Vieles ist für sie nicht so selbstverständlich wie für uns. Daher sollte man dem Hund immer Zeit geben, neue Eindrücke zu verarbeiten und seine Umwelt mit allen Sinnen wahrzunehmen. Das heißt, dass man erst einmal gemeinsam stehen bleibt und sich umschaut, wenn man vor die Haustür tritt. Das gilt vor allem auch dann, wenn man zum Spazierengehen an andere Ort fährt. Bevor man den Hund aus dem Auto holt, öffnet man die Tür und wartet, bis er Geräusche und Gerüche verarbeitet hat. Ist der Hund draußen, wartet man geduldig, bis er sich umgeschaut hat. Wenn sich Hunde entspannen zeigen sie das meist, indem sie sich schütteln. Geht es dann los, benötigt ein junger Hund die volle Aufmerksamkeit von Halterin oder Halter. Es geht darum, die Körpersprache des Tieres zu beobachten, zu reagieren, wenn der Hund sich fürchtet, Jagdverhalten abzubrechen oder umzulenken, den Rückruf zu festigen oder die Leinenführigkeit zu üben. Beim Spazierengehen vor sich hin träumen, oder sich mit der besten Freundin unterhalten, geht in dieser Zeit nicht. Auch den Wunsch, von A nach B zu kommen, lässt man besser los. Der Weg ist das Ziel. Ein Hund wird auch vom Schauen, Schnuppern und Hören müde, nicht nur von der Bewegung. Für geistige Beschäftigung hilft es, wenn man gelegentlich den Ort wechselt. Jetzt, wo Chaska erwachsen ist, machen wir eigentlich jeden Tag in der Woche eine andere Tour, sonst wird auch mir langweilig.

14. **Keine Quietschies.** Es ist ein Rätsel, warum sämtliche Hundespielzeuge aus dem Tierfachgeschäft quietschen. Welpen sollen doch eigentlich lernen: „Wenn es quietscht, muss ich aufhören", beispielsweise, wenn sie mit anderen Welpen spielen. Es gibt zwei Möglichkeiten, dem Quietschie-Wahn zu entkommen. Manche Menschen operieren die Spielsachen. Sie entfernen die Quietschies oder zerstören sie mit Stricknadeln. Andere suchen einfach so lange, bis sie Spielsachen ohne Quietschies finden. Eine Möglichkeit wäre es, Stofftiere für Kinder zu verwenden. Da ist vielleicht auch das Füllmaterial besser auf Schadstoffe untersucht. Insgesamt macht es Sinn, Spielsachen zu verwalten, sodass der Hund nicht zu jeder Zeit Zugang zu allen Spielsachen hat. So bleiben sie interessant. Eine Ausnahme sind Kauartikel. Die sollten für Welpen immer zugänglich sein, vor allem beim Zahnwechsel.

15. **Gelenke schonen.** Viele Menschen wissen, dass man den Welpen in der ersten Zeit keine Treppen steigen lässt. Aber auch Sprünge, zum Beispiel aus dem Kofferraum oder von Möbeln, sind Faktoren, die

die Gelenke strapazieren, genauso wie rutschige Böden im Haus. Es macht Sinn, in den Räumen, in denen sich der Hund lange aufhalten wird, Teppiche auszulegen, für das eigene Hygieneempfinden am besten solche, die man waschen kann. Solche Anti-Rutsch-Beläge helfen später auch dem Hundesenior beim Gehen und Sitzen. Für Treppen und Sprünge gilt dasselbe wie für das Bergsteigen: Nach oben ist es für die Gelenke schonender als nach unten. Irgendwann soll der Junghund anfangen, die Treppen selbst zu steigen - spätestens wenn er nach einiger Zeit an Gewicht zulegt und nicht mehr so leicht zu tragen ist. Ich habe mit Chaska das Treppensteigen langsam begonnen, am Anfang nur wenige Stufen und nur nach oben. Nach unten habe ich sie länger getragen. Spezielle Anti-Rutsch-Matten für Treppenstufen helfen dem Hund auch beim Weg nach unten trittsicher zu werden. Für das Ein- und Aussteigen aus dem Kofferraum gibt es Rampen. Über die freut sich auch ein Hundesenior. Viele Krankheiten entstehen durch das Zusammenwirken von Genetik und Umwelt. Ein Hund kann die Veranlagung zu schwachen Sehnen haben, und dementsprechend empfindlicher auf Dauerbelastungen oder Stauchungen reagieren, als ein Hund ohne eine solche Veranlagung. Zur Vorbeugung sowie zur Förderung der Motorik machen regelmäßige Stabilisierungs- und Gleichgewichtsübungen Sinn. Hierzu beraten Hunde-Physiotherapeuten und -therapeutinnen gerne.

16. **Zoomies.** In der Fachsprache nennt man sie frenetische, spontane Aktivitätsausbrüche, auf Englisch Frenetic Random Activity Periods, kurz FRAPs. Das heißt, dass der Hund wie von der Tarantel gestochen über die Wiese flitzt oder anderweitigen Blödsinn macht. Zoomies entstehen durch Freude und aufgestaute Energie. Für Welpen und Junghunde ist das ganz normal. Sie dabei zu beobachten, macht Spaß, denn die gute Laune ist ansteckend. Gleichzeitig sind ausreichende Ruhephasen wichtig für ein gesundes Hundeleben. Gemäß dem Grundsatz „Nach müde kommt doof" dreht ein Welpe erst noch einmal richtig auf, wenn er todmüde ist. Doch wie erkennt man den Unterschied? Meist bekommt man mit der Zeit ein Gespür für den eigenen Hund. Am Anfang hilft es, das Verhalten im Kontext zu sehen. Kommt mein Welpe aus einer anstrengenden Trainingssituation, und beginnt dann, fröhlich zu toben, lasse ich ihn. So baut der Hund Druck ab. Beginnt mein Welpe nach ausgelassenem Spielen im Garten, drinnen im Haus noch einmal aufzudrehen, dann ist er wahrscheinlich übermüdet und sollte jetzt an seinen Ruheplatz gebracht werden. Wie man junge Hunde zur Ruhe bringt, dazu beraten Trainerinnen und -Trainer viel und gerne.

17. **Altersgemäße Bewegung.** Hunde brauchen Bewegung, aber im richtigen Maß. Vor allem das Welpenskelett, dessen Knochen und Gelenke noch im Wachstum sind, sollte man nicht überstrapazieren. Es gibt eine Faustregel, die besagt, dass man nur fünf Minuten pro Lebensmonat spazierengehen sollte. Für einen drei Monate alten Welpen wären das 15 Minuten am Stück. Das ist nur ein ungefährer Richtwert. Grundsätzlich gilt: lieber öfter, kurze Einheiten, und danach wieder schlafen lassen. Lange Spaziergänge am Stück oder Wanderungen sollte man besser vermeiden. Wenn es doch sein muss, weil man vielleicht einen Ersthund hat, der mehr Bewegung braucht, dann gibt es spezielle Tragerucksäcke, Fahrradanhänger oder Buggys, in denen man einen Welpen über längere Strecken transportieren kann. Ich kann mich erinnern, dass Chaska in ihrer gesamten Junghundezeit lieber spielen wollte, als weite Strecken spazieren zu gehen. Für andere Menschen war das kaum vorstellbar. Viele Leute denken, Hunde sind wie die berühmten Duracell-Hasen aus den Werbespots, die rund um die Uhr laufen können.

18. **Lieber an der Leine lassen.** Vor allem das erste halbe Jahr im Hundeleben ist eine prägende Zeit für Jagdverhalten. Chaska jagte bereits im Alter von 14 Wochen einem Reh nach. Oft heißt es, dass man mit einem Welpen die Freifolge gut trainieren könne, weil die Kleinen einen natürlichen Nachfolgeinstinkt haben. In Naturräumen mit viel Wild würde ich mich nicht darauf verlassen. Die Freifolge übt man am besten an Orten, wo kein Wild sein kann. In Naturräumen lässt man den Hund lieber an der Schleppleine. Achtung: Eine Schleppleine gehört ans Geschirr und nicht ans Halsband. Viele große Hunde, auch der Tamaskan, entwickeln beim Beschleunigen sehr viel Kraft. Je mehr Weg zum Beschleunigen vorhanden ist, desto mehr Kraft kann wirken. Eine Schleppleine am Halsband kann zu schweren Verletzungen führen, bis hin zum Genickbruch. Auch für den Menschen können lange Leinen gefährlich werden. In ungeübten Händen kann die Reibung, die beim Beschleunigen entsteht, zu Verbrennungen führen. Daher am besten Handschuhe tragen. Für den Umgang mit Schleppleinen gibt es an vielen Hundeschulen eigene Kurse. Die sind sehr zu empfehlen. Denn an der Schleppleine lassen sich auch Such- und Apportierspiele gut umsetzen. Ich persönlich nutze zum normalen Gassigehen auch gelegentlich eine Flexileine. Die ist umstritten. Aber vor allem bei Matschewetter hat sie den Vorteil, dass die Hände trocken bleiben. Vorsicht: Auch bei einer Flexileine besteht Verletzungsgefahr. Wenn der Hund beschleunigt, niemals in die Leine greifen. Hier drohen sogar Schnittwunden. Nie-

mals die Leine loslassen. Durch das Flexisystem kann der Griff den Hund verfolgen und ihn verängstigen. Am besten immer achtsam sein und ein plötzliches Beschleunigen des Hundes durch Abrufen verhindern. Beim Spazierengehen in der Natur lässt man den Hund am besten so lange an der Leine, bis er zuverlässig abrufbar ist, auch von rennendem Wild. Während der Junghundezeit ist der Gehorsam mal mehr mal weniger stark ausgeprägt. Daher würde ich auf Nummer sicher gehen, bis der Hund ausgewachsen ist.

19. **Kein Hundekontakt an der Leine.** Den Grundsatz predigen Hundetrainerinnen und -trainer wie Pfarrerinnen und Pfarrer in der Kirche. Im Alltag ist es aber häufig so, dass man sehr oft nette Menschen mit netten Hunden trifft. Dann möchte man gerne kurz „Hallo" sagen. Vor allem Tamaskane sind soziale Zeitgenossen, und der Kontakt mit anderen Hunden ist oft freundlich und angenehm. Ich habe Chaska immer gern bei der Interaktion mit anderen Hunden zugesehen. Dabei habe ich oft den Rat meiner Hundetrainerinnen missachtet und ein erstes Beschnuppern an der Leine erlaubt. Im Nachhinein weiß ich, dass ich lieber auf sie hätte hören sollen. Chaska hatte irgendwann eine Phase, in der sie sehr frustriert war, wenn sie einen Artgenossen nicht persönlich begrüßen durfte. Das wieder in den Griff zu bekommen, hat Extratraining gebraucht. Wäre ich gleich konsequenter gewesen, hätte ich hier Zeit, Geld und Nerven gespart.

20. **Nicht aufgeben!** Jeder Hund - egal welcher Rasse - ist in den ersten Lebensjahren anstrengend. Ein Welpe hält seine Menschen Tag und Nacht auf Trab, weil er häufiger fressen und sein Geschäft machen muss, weil man öfter zum Training geht, spielt oder die sensible Sozialisierungsphase nutzt. Der Junghund - so nennt man den Welpen nach dem Zahnwechsel - ist wie ein Teenager. In der Pubertät stellt er alles bisher Gelernte noch einmal in Frage. Vor allem beim Tamaskan kommt der Trotzkopf noch einmal so richtig zum Vorschein. Man fängt mit der Ausbildung wieder von vorne an. Das kann sehr frustrierend sein. Zur Beruhigung sei aber gesagt: Unerwünschtes Verhalten hört manchmal von einem Tag auf den anderen auf. Man muss nur am Ball bleiben. Wer sich in den ersten zwei bis drei Jahren engagiert, hat für die nächsten zehn bis 15 Jahre einen wunderbaren Hund. Es lohnt sich.

++Lesetipp++

Mit dem Buch „Welpen-Erziehung" von Katharina Schlegl-Kofler (20. Auflage, 2019, Gräfe und Unzer Verlag) kann man sich gut auf das Leben mit einem Welpen vorbereiten. Individuelles Training mit einer fachkundigen Person ersetzt es nicht.

GEDANKEN ZUR NACHHALTIGEN HUNDEHALTUNG

Das Thema „Nachhaltigkeit" ist seit vielen Jahren in aller Munde. Das ist auch gut so, denn nur mit einem nachhaltigen Lebensstil lässt sich die Welt, wie wir sie kennen, erhalten. Nachhaltig zu leben, bedeutet so zu leben, dass auch kommende Generationen die Ressourcen der Erde nutzen können. Wie man das am besten anstellt, dazu haben die Vereinten Nationen einen ausführlichen Zukunftsplan erstellt. In ihrer Agenda 2030 haben sie der Weltgemeinschaft 17 Sustainable Development Goals (SDGs), übersetzt Nachhaltigkeitsziele, an die Hand gegeben. Die umfassen Frieden und Gerechtigkeit sowie den Kampf gegen Armut, Hunger und Ungleichheit. Viele dieser Ziele müssen von politischer Seite umgesetzt werden. Doch auch Privatleute können Einfluss nehmen, vor allem wenn es um den nachhaltigen Konsum geht, Maßnahmen zum Klimaschutz, zum Schutz des Lebens unter Wasser sowie des Lebens an Land. In unserem Wirtschaftssystem sitzen Verbraucherinnen und Verbraucher am Hebel. Die Nachfrage bestimmt das Angebot. Was vermehrt gekauft wird, wird auch vermehrt produziert und andersherum. So können Privathaushalte einen Beitrag leisten, und die Welt ein bisschen besser machen. Das betrifft unter anderem zahlreiche Aspekte der Hundehaltung. Mit solchen Ausführungen füllt Journalistin Kinga Rybinska ein ganzes Buch.

Mittlerweile ist es allgemein bekannt, dass Fleischkonsum alles andere als nachhaltig ist. Tropische Regenwälder werden gerodet, damit die Flächen für die Viehfutterproduktion dienen können. Mittlerweile gibt es mehr Nutztiere als Wildtiere auf diesem Planeten. Die scheiden dazu noch Methan aus, was bekanntlich die Klimaerwärmung befeuert. Es macht Sinn, dass Allesfresser wie wir Menschen auf das eine odere andere Steak verzichten und vielleicht lieber zur Gemüse-Lasagne greifen. Eine überwiegend pflanzliche Ernährung tut auch unserer Gesundheit gut. Bei Haustieren ist das nicht der Fall. Für einen Fleischfresser wie die Katze kommt eine vegane Ernährung nicht in Frage. Bei manchen Hunden mag sie funktionieren, bei anderen aber nicht. Das hängt auch von der genetischen Ausstattung des einzelnen Hundes ab. Vor allem bei Urtyp- oder Wolfhunden ist die Chance gering, dass das gutgeht. Wem die vegane Lebensweise seines Haustiers wichtig ist, der sollte über Alternativen nachdenken. Mittlerweile werden häufig Kaninchen anstatt Katzen gehalten. Minischweine vertreten Hunde ganz gut. In Sachen Intelligenz und Trainierbarkeit stehen sie ihnen in nichts nach. Zudem lassen sie sich sehr gut pflanzlich ernähren. Futter auf Pflanzen- oder Insektenbasis kann in der Hundeernährung ein Zubrot sein, aber das Fleisch ersetzt es nicht. Hier spielt die in Kapitel 6 erwähnte Bioverfügbarkeit von Nährstoffen eine Rolle.

Für alle, die am Fleischkonsum nicht vorbeikommen, sei gesagt, dass man Nutztiere auch nachhaltig halten kann. Weidetiere haben die einzigartige Fähigkeit, für Menschen unverdauliches Gras in Biomasse umzuwandeln. Auf solchen Flächen, auf denen man keinen Ackerbau betreiben kann, macht Beweidung durchaus Sinn. Wichtig ist, dass sie extensiv betrieben wird, also im Einklang mit der Natur. Zahlreiche Tier- und Pflanzenarten sind auf Offenland angewiesen. Beweidung kann also auch ein Konzept im Naturschutz sein. In Sachen Tierwohl lässt sich die Produktion von Fleisch besser umsetzen als die von Milch. Um Milch zu geben, müssen Kühe jedes Jahr Kälber bekommen, die dann von den Müttern getrennt werden und früher oder später auch im Schlachthaus landen. Weiderinder, -schafe und -ziegen wachsen bei der Mutter auf und führen ein artgerechtes Leben. Wenn sie dann auch noch ohne langen Transport direkt vor Ort geschlachtet werden, ist diese Haltungsform meiner Meinung nach ethisch durchaus vertretbar.

Die Rückkehr des Wolfs gefährdet die Existenz vieler Weidebetriebe. Herdenschutzmaßnahmen kosten Zeit und Geld. Vor allem als Wolfhundehalter darf man sich hier in der Verantwortung sehen,

und heimische Weidebetriebe durch das eigene Kaufverhalten unterstützen. Nicht zuletzt ist das Fleisch nährstoffreicher als das aus Massentierhaltung. Ähnlich nachhaltig ist Fleisch aus heimischer Jagd. Vor allem die steigende Zahl von Rehen macht Forstleuten das Leben schwer. Jägerinnen und Jäger kommen kaum mehr nach, die behördlichen Abschussvorgaben zu erfüllen. Hinzu kommt, dass sie das Fleisch nur schlecht loswerden. Denn Reh wird in Deutschland nur noch selten gegessen. Dabei könnte es kein artgerechteres Leben geben, als das in Freiheit. Heimisches Rehfleisch ist also ebenfalls eine gute Wahl - wegen des hohen Puringehalts nicht unbedingt jeden Tag.

Auch beim Geflügel darf man sich einzelne Haltungsformen genau ansehen. Meiner Meinung nach gibt es nichts dagegen einzuwenden, wenn das Leben einer alternden Freilandhenne nicht in der Suppe, sondern im Hundenapf endet. Von Geflügel landen oft nur die Filetstücke in heimischen Supermärkten. Der Rest wird nach Afrika exportiert. Der lange Transport verbraucht zunächst Ressourcen. An seinem Ziel überschwemmt das Billigfleisch die Märkte und zerstört die Existenzgrundlage der Landwirtinnen und Landwirte vor Ort. Das müsste nicht sein, gibt es doch in Deutschland zahlreiche Haustiere, die sich über hochwertige Schlachtreste freuen würden. Was im Tierfutter landet, sind oft nur solche Schlachtabfälle, die sonst in der Tierkörperbeseitigungsanstalt entsorgt würden.

Oft verhindert allein die Handelsinfrastruktur ein nachhaltiges Wirtschaften und Konsumieren.

Beim Kauf von Hundefutter bedeutet Nachhaltigkeit für mich, dass es nach hohem Tierwohlstandard sowie boden- und umweltschonend erzeugt wurde, am besten noch regional, mit kurzen Wegen, und bezahlbar. Ein Fertigfutter, das alle diese Kriterien erfüllt, gibt es meines Wissens nach nicht. Daher sollte man abwägen, wo die eigenen Prioritäten liegen. Eine nachhaltige Haushaltsführung lässt sich meist nicht zu hundert Prozent und auch nicht von heute auf morgen erreichen. Daher braucht man sich auch nicht unter Druck zu setzen, alles gleich richtig zu machen. Auch kleine Schritte führen zum Ziel. Wenn Jeder und Jede so viel macht, wie im Bereich der eigenen Möglichkeiten liegt, wäre schon viel erreicht. Wenn ich in meinen Einkaufskorb schaue, ist auch nicht alles nachhaltig, aber zumindest denke ich viel darüber nach. Wenn ich dann die Chance habe, ein besseres Produkt zu wählen, dann greife ich zu.

Manchmal kann man mit einer nachhaltigen Einkaufsstrategie sogar Geld sparen. Bei Hundezubehör beispielsweise kann man zwei Wege gehen: Entweder man kauft Ware aus nachhaltiger Produktion oder Second Hand. Leider gibt es viel zu wenige Second-Hand-Geschäfte für Hundezubehör. Kleinanzeigenportale bieten eine gute Möglichkeit, größere Artikel wie Hundeboxen kostengünstig zu erwerben. Für kleinere Artikel rentieren sich oft die Wege nicht. Wegen einer Leine 20 Kilometer mit dem Auto zu fahren, scheint nicht sehr nachhaltig zu sein. Daher wäre es sinnvoll, wenn jedes Tierbedarfsgeschäft auch eine Second-Hand-Abteilung hätte. Dann würde man sich die Wege sparen und bekäme alles mit einem Einkauf. Im Sortiment vieler Geschäfte gibt es Produkte, die als „Nachhaltig" oder „Natürlich" gekennzeichnet sind. Oft muss man sehr genau hinsehen, denn in vielen Fällen handelt es sich um sogenanntes „Greenwashing". Der Hersteller möchte den Eindruck erwecken, dass es sich um ein umweltfreundliches Produkt handelt, obwohl es das gar nicht ist, oder nur teilweise. Beispielsweise stand auf einem von Chaskas Spielzeugen „Aus nachhaltig erzeugter Baumwolle". Das traf allerdings nur auf die Hülle zu, nicht auf den Füllstoff. Der Teufel steckt oft im Kleingedruckten.

Eine Expertin für nachhaltiges Hundezubehör ist Kinga Rybinska, die Autorin des zuvor genannten Buchs „Grüner Hund". Auf der Website ihres Hundeshops www.unique.dog gibt sie zahlreiche Hinweise zu vertrauenswürdigen Marken, die tatsächlich nachhaltig produzieren. „Upcycling" ist in diesem Zusammenhang ein wichtiger Begriff. Übersetzt heißt das so viel wie „aus Alt mach Neu". Vor allem Hundespielzeug kann man sehr schön selbermachen. Der Hund wird genauso gerne mit einer Krake aus alten Socken spielen wie mit dem 20-Euro-Stofftier aus dem Geschäft. Es geht noch einfacher: Ähnlich wie bei Kindern macht die Verpackung oft mehr

Spaß als das Geschenk. In ihrer Welpenzeit konnte sich Chaska stundenlang mit der Zerstörung alter Kartons beschäftigen. Die passten dann auch besser in die Papiertonne. Zwei Fliegen mit einer Klappe.

Thema „Kotbeutel": Entgegen landläufiger Meinung tragen sie nicht maßgeblich zum Plastikmüll-Problem bei. Da sie mitsamt Inhalt im Restmüll und damit in der Müllverbrennung landen, sind sie in Sachen Entsorgung mit Babywindeln gleichzusetzen. Kompostierbare Beutel bringen nichts, es sei denn man kompostiert sie selbst. Für die Biotonne kompostieren sie meist zu langsam. Dazu kann man sich bei der jeweiligen Kommune informieren, denn das läuft überall ein wenig anders. Papierbeutel sind aus Gründen der Handhabung und Hygiene nicht zu empfehlen. Ihre Produktion verbraucht ebenfalls eine wichtige Ressource, nämlich Holz. Mehr Sinn als normale Plastikbeutel machen beispielsweise Beutel aus Recyclingplastik. Für ihre Produktion wurde nicht erneut die endliche Ressource Erdöl aufgewendet. Für die Umwelt ist es besser, einen Kothaufen im Beutel mitzunehmen, als ihn liegenzulassen. Hundekot enthält viel Phosphor und Stickstoff. In großen Mengen führen diese dazu, dass das ökologische Gleichgewicht von Böden und Gewässern kippt. Das kann zu einer höheren Keimbelastung führen, die sich wiederum auf die Qualität des Grundwassers auswirkt. Neben dem Nutzen für die Umwelt gibt es noch viele weitere

Gründe, Hundekot mitzunehmen. Grünland dient oft als Quelle für Viehfutter. Das Gras wird gemäht und entweder gleich verfüttert, oder haltbar gemacht durch Trocknung oder Milchsäuregärung. Letzteres nennt man auch Silieren. Dabei wird das noch feuchte Gras luftdicht verschlossen und eingelagert. Enthält es Hundekot, ist das nicht nur unappetitlich, sondern die Nutztiere können auch krank werden. Zu guter Letzt ärgern sich andere Menschen, wenn sie in einen Haufen treten. Gerade in Stadtparks oder an Wanderwegen ist es sehr anstrengend, um solche Tretminen herum zu manövrieren. Vor allem Kindern gelingt das häufig nicht so gut. Jeder weiß, wie aufdringlich es riecht, wenn man mit Kot an der Schuhsohle einen Raum betritt. Obwohl das eigentlich für jeden Menschen nachvollziehbar sein müsste, gibt es Leute, die an den offensichtlichsten Stellen die Kothaufen ihrer Hunde liegen lassen, meist direkt neben der Hundekot-Entsorgungsstation. Das ist, als würden sie sagen wollen: „An eure Regeln halte ich mich nicht!" Es scheint sich also weniger um Bequemlichkeit, sondern eher um ein anderes Problem zu handeln. Hierzu habe ich eine Theorie: Sehr viele Menschen haben als Kinder physische oder psychische Gewalt erfahren. Bis ins hohe Erwachsenenalter leben sie mit einer unterdrückten Wut, die nie verarbeitet wurde. Verzweifelt sucht diese nach einem Ventil. Ich glaube, dass manche Menschen ihre Übergriffigkeit durch ihre Hunde ausleben. Sie scheinen sich innerlich zu freuen, wenn ihr unangeleinter Hund andere Hundehalterinnen oder -halter überfällt, und diese dann in Panik geraten. Ich habe sogar einmal beobachtet, wie der Halter eines Schäferhundes lauthals gelacht hat, als sich eine Frau vor seinem bellenden Hund gefürchtet und die Straßenseite gewechselt hat. Daher glaube ich auch, dass das absichtliche Liegenlassen von Kothaufen eine stille Rebellion ist, ein Anstinken gegen das Establishment, stellvertretend für die Ungerechtigkeiten der eigenen Kindheit. Da hört es aber leider nicht auf: Wie es im „Schunder-Song" der Ärzte so schön heißt: „Gewalt erzeugt Gegengewalt, hat man dir das nicht erklärt?" Die stinkenden Ärgernisse treffen auf eine andere Gruppe von Personen, solche, die sehr viel Hass in sich tragen, und nicht wissen, wohin damit. Und das ist meiner Meinung nach der Grund, warum immer mehr Giftköder ausgelegt werden. Wahrscheinlich verbirgt sich dahinter kein Hundehass, sondern Menschenhass. Mit dem Verlust des Tieres soll Halterinnen und Haltern größtmöglicher Schmerz zugefügt werden, auch wenn es dabei Unschuldige trifft. Menschen, die Giftköder auslegen, scheinen eine große Sehnsucht nach Rache zu haben, die wahrscheinlich einem sehr großen Gefühl von Hilflosigkeit entspringt. Eine ähnliche Dynamik habe ich auch schon in einem anderen Zusammenhang beobachtet: Freilaufende Hunde in der Kulturlandschaft. Hier wird ebenfalls über den Hund ein Konflikt unter Menschen ausgetragen: Halter und Halterinnen gegen Jägerinnen und Jäger. Letztere werden durch die Unruhe, die

ein freilaufender Hund verursacht, oft bei der Arbeit gestört. Zudem sind sie es, die schlimm zugerichtete Wildtiere finden, beispielsweise Rehkitze, die bei lebendigem Leib angefressen wurden. Da kocht natürlich Wut hoch über die Rücksichtslosigkeit derjenigen, die das ihrem Hund erlauben. Wenn dann der nächste Hund im Freilauf um die Ecke kommt, juckt es die Jagdausübungsberechtigten schon im Zeigefinger. Das Gesetz ist auf ihrer Seite. In den meisten Bundesländern ist es erlaubt, einen wildernden Hund zu schießen. Was „wildern" bedeutet, ist aber Auslegungssache, und so kann es auch hier Unschuldige treffen.

Auf diese Zusammenhänge gehe ich deshalb so ausführlich ein, weil ich auch in der gegenseitigen Rücksichtname einen wichtigen Aspekt der Nachhaltigkeit sehe. Hier greift der kategorische Imperativ nach Kant: Wenn sich jeder so verhalten würde, dass das eigene Handeln zu einer allgemeinen Gesetzmäßigkeit werden könnte, dann ließen sich viele Konflikte vermeiden. Das heißt, dass man die Kothaufen seines Hundes auch dann mitnimmt, wenn keiner zusieht. Das heißt auch, dass man sich die Mühe macht, den eigenen Hund ausreichend zu beschäftigen, so dass er seine Energie nicht in der Kulturlandschaft abreagieren muss. Wenn jemand mit Wut im Bauch daherkommt, dann steigt man am besten nicht darauf ein: Ruhig bleiben, deeskalieren, und wenn es nicht anders geht, die Situation verlassen - auch dem Hund zuliebe.

NACHWORT

Zusammenfassend könnte man sagen, der Tamaskan ist eine Mischung aus verschiedenen Schäferhund- und Schlittenhundrassen mit einer Prise Wolfsblut. Dabei handelt es sich in der Regel um einen alten Wolfsanteil, der von anerkannten, etablierten Wolfhundrassen stammt, wie dem Tschechoslowakischen Wolfhund. Nachfragen schadet nichts. Denn die Wolfhundszene ist ein wenig wie der Wilde Westen. Man kann auch hochprozentige Tiere bekommen, also solche mit hohem Wolfsanteil. Die sind allerdings nicht so einfach zu halten wie ein Tamaskan, der gemäß Rassestandard gezüchtet wurde. Daher ist es wichtig, eine vertrauenswürdige Zuchtstätte zu finden, die in Sachen Stammbaum und Genetik transparent ist.

Während es in den Anfangsjahren des Tamaskans zahlreiche Meinungsverschiedenheiten gab, ist heute in der Zucht wieder mehr Harmonie eingekehrt. Jedes Jahr werden vereinsübergreifend Tamaskantreffen abgehalten. Diese bieten die Möglichkeit, Menschen und Hunde kennenzulernen. Ich empfehle sie sehr, denn nichts ist besser als ein persönlicher Eindruck. Die Termine findet man in den Facebook-Gruppen, die im vierten Kapitel gelistet sind.

Die Entscheidung für einen Tamaskan will gut überlegt sein. Zwar sind die Hunde nicht schwerer zu erziehen als Nordische Hunde, aber der Schäferhundanteil verlangt nach mehr geistiger Beschäftigung.

Er macht den Tamaskan auch vielseitiger und leichter trainierbar als einen Siberian Husky oder Alaskan Malamute. Allerdings hat er von diesen beiden Rassen seine Eigenwilligkeit geerbt. Das gibt der Mensch-Hund-Bindung einen sehr hohen Stellenwert. Sie ist der Joker im Training. Der Tamaskan möchte in allem, was man von ihm verlangt, den Sinn sehen. Sieht er ihn nicht, macht ein sicher gebundener Hund so manche Übung vielleicht einfach seinem Menschen zuliebe, beispielsweise den Abbruch des Jagdverhaltens. Manchen Tamaskanen ist eine starke jagdliche Motivation angeboren, andere lassen sich nach ausreichend Übung auch sicher in der Freifolge führen. Um einen ruhigen, ausgeglichenen Hund zu bekommen, ist es notwendig, entweder selbst viel Erfahrung in der Hundeerziehung zu haben, oder sich intensiv von fachkundigen Personen beraten zu lassen. Daher ist der Tamaskan nur für hochmotivierte Hundeanfängerinnen und -anfänger zu empfehlen, die bereit sind, nicht aufzugeben, auch wenn es schwierig wird. Auch ich hatte einige Momente, in denen ich dachte: „Ein Golden Retriever wäre einfacher gewesen." Ein wölfisch aussehender Hund bedeutet Verantwortung. Stellt man nach einiger Zeit fest, dass man sich mit dem kleinen Querulanten übernommen hat, findet sich nicht so leicht ein neues Zuhause wie für einen Pudel oder Labrador. Hält man die anstrengende Welpen- und Junghundezeit durch, bekommt man den besten Hund aller Zeiten. Das ist keine Übertreibung. Ein Tamaskan aus guter Zucht bringt alle Anlagen mit, um ein ruhiger und ausgeglichener Alltagsbegleiter zu werden, ein Therapie- oder Rettungshund, ein Sportgefährte und bester Freund durch dick und dünn, nervenstark auch bei Kindergeschrei, Silvesterfeuerwerk und Gewitter. Ein gut geführter Tamaskan ist ein Hund zum Pferdestehlen, für den man von so manchen Hundefachleuten neidische Blicke erntet. Nicht zuletzt fällt man auf. Wenn ich mit Chaska in der Innenstadt unterwegs bin, werde ich oft von Passanten angesprochen: „So ein schöner Hund. Was ist das denn für eine Rasse?" oder „Schau mal, der sieht ja aus wie ein Wolf!" In Sachen Außenwahrnehmung waren meine Erfahrungen bisher durchweg positiv. Das liegt wahrscheinlich auch an Chaskas Ausstrahlung, die rein gar nichts hat von einem „bösen Wolf", ganz im Gegenteil. Im Außenbereich einer Klinik verursachte Chaska einmal beinahe ein Massenphänomen der Hundeliebe. Sowohl Klinikpersonal als auch Patientinnen und Patienten waren ganz hingerissen von ihr. Chaska genoss die positive Stimmung und ließ sich ausgiebig streicheln, von Schüchternheit keine Spur.

Meiner Meinung nach bringt ein gut geführter Wolfhund einen gesamtgesellschaftlichen Nutzen. Was mich antreibt - privat wie beruflich - ist meine Liebe zur Natur und die Hoffnung, dass wir sie für künftige Generationen bewahren können. Das wird nur gelingen, wenn möglichst viele Menschen sie kennen und lieben lernen, auch die Aspekte, die furchteinflößend scheinen. In Deutschland kennen die meisten modernen Menschen den Wolf nur aus Kindermärchen. An diesem emotionalen Bild lässt sich kaum durch Fachwissen rütteln, wohl aber durch positive Erfahrungen. Denn das Erlebte berührt den Menschen mehr als Worte allein. Vor allem Kinder sind empfänglich für solche Eindrücke. Deshalb habe ich mit Chaska eine Zusatzausbildung zum zertifizierten Schulhunde-Team gemacht. Gelegentlich besuchen wir Schulen und Ferienkurse, um entweder von der Domestikation des Hundes zu erzählen, oder von den vielen verschiedenen Meinungen, die es zur Rückkehr des Wolfs gibt. Es ist wichtig, dass die Menschen verstehen, dass der Wolf ein ganz normales Tier ist, und nicht die menschenfressende Märchengestalt aus den Geschichten der Gebrüder Grimm. Es wird Zeit, dass das Märchen vom Rotkäppchen neu geschrieben wird. Vor diesem Hintergrund müsste man sogar sagen: Es sollte mehr freundliche, gut erzogene Wolfhunde geben. So würde der Anblick des wolfsgrauen Agouti-Fells vielleicht zur Selbstverständlichkeit werden. Dann könnte man ohne erhitzte Gemüter, sondern mit kühlem Kopf, den Spagat schaffen aus Naturschutz und Landschaftsnutzung. Denn Maßnahmen sind notwendig, das ist klar. Wer mehr über das Thema erfahren möchte, der kann Chaska und mich gerne auf einer Naturexkursion begleiten, die ich via „AirBnB Entdeckungen" in der Fränkischen Schweiz nahe Bayreuth anbiete.

Abschließend bedanke ich mich herzlich für's Lesen und hoffe, ich konnte den ein oder anderen Denkanstoß liefern.

Weitere Informationen:

Chaskas Leben ist in vielen Bildern und Videos auf Instagram dokumentiert. Der Name des Profils lautet @chaska_tamaskan

Informationen zu mir findet man auf der Website www.adriane-lochner.de, auf meinem Profil bei freischreiber.de oder auch auf meinen etwas stiefmütterlich gepflegten Social-Media-Seiten:

Facebook: Adriane Lochner
Instagram: @die_umweltjournalistin

Bei AirBnB (www.airbnb.de) gibt es keine Profilnamen. Man findet meine Angebote zu Übernachtungen oder Exkursionen in der Fränkischen Schweiz, wenn man im Suchfeld „Wonsees" eingibt (PLZ 96197). Für die Buchung ist ein eigener AirBnB-Account Voraussetzung.

Bei Fragen und Anmerkungen zum Buch kontaktiert mich gerne unter info@adriane-lochner.de

Bei Fragen zu Hundetraining, Fütterung oder tiermedizinischer Versorgung, wendet man sich am besten an die jeweiligen Fachleute. Bei Fragen zu Zuchtstätten oder Zuchttieren helfen die Zuchtvereine gerne weiter. Sämtliche Kontakte und Informationsquellen findet man im Kapitel zur richtigen Zuchtstätte.